BESTACTIVITYBOOKS.COM

PRIMERA EDICIÓN - 2022

Ilustración Gráfica Extra: www.freepik.com
Gracias a Alekksall, Starline, Pch.vector, Rawpixel.com, Vectorpocket, Dgim-studio, Upklyak, Macrovector, Stockgiu, Pikisuperstar & Freepik.com Designers

5 CONSEJOS PARA EMPEZAR

1) CÓMO RESOLVER LAS SOPA DE LETRAS

Los rompecabezas tienen un formato clásico:

- Las palabras se ocultan sin espacios ni guiones,...
- Orientación: Las palabras pueden escribirse hacia delante, hacia atrás, hacia arriba, hacia abajo o en diagonal (pueden estar invertidas).
- Las palabras pueden superponerse o cruzarse.

2) APRENDIZAJE ACTIVO

Junto a cada palabra hay un espacio para anotar la traducción. Para fomentar un aprendizaje activo, un **DICCIONARIO** al final de esta edición te permitirá comprobar y ampliar tus conocimientos. Busca y anota las traducciones, encuéntralas en el puzzle y añádelas a tu vocabulario!

3) MARCAR LAS PALABRAS

Puedes inventar tu propio sistema de marcado. ¿Quizás ya usas uno? También puedes, por ejemplo, marcar las palabras difíciles de encontrar con una cruz, las que te gustan con una estrella, las nuevas con un triángulo, las raras con un diamante, etc.

4) ESTRUCTURAR EL APRENDIZAJE

Esta edición ofrece un **CUADERNO DE NOTAS** muy práctico al final del libro. En vacaciones, de viaje o en casa, podrás organizar fácilmente tus nuevos conocimientos sin necesidad de un segundo cuaderno!

5) ¿HABÉIS TERMINADO TODAS LAS PARRILLAS?

En las últimas páginas de este libro, en la sección **DESAFÍO FINAL**, encontrarás un juego gratis!

¡Rápido y sencillo! Echa un vistazo a nuestra colección de libros de actividades para tu próximo momento de diversión y aprendizaje, ¡a sólo un clic de distancia!

Encuentre su próximo reto en:

BestActivityBooks.com/MiProximoLibro

En sus marcas, listos, ¡Ya!

¿Sabías que hay unas 7.000 lenguas diferentes en el mundo? Las palabras son preciosas.

Nos encantan los idiomas y hemos trabajado duro para crear libros de la más alta calidad para tí. ¿Nuestros ingredientes?

Una selección de temas adecuados para el aprendizaje, tres buenas porciones de entretenimiento, y luego añadimos una cucharada de palabras difíciles y una pizca de palabras raras. Los servimos con cariño y máxima diversión para que puedas resolver los mejores juegos de palabras y te diviertas aprendiendo!

Tu opinión es esencial. Puedes participar activamente en el éxito de este libro dejándonos un comentario. Nos encantaría saber qué es lo que más le ha gustado de esta edición.

Aquí hay un enlace rápido a tu página de pedidos:

BestBooksActivity.com/Opiniones50

Gracias por tu ayuda y diviértete!

Todo el equipo

1 - Agua

Μ	Η	Χ	Μ	Ο	Π	Η	Ι	Λ	Μ	Έ	Χ	Χ	Ξ	Ρ	Μ
Β	Έ	Λ	Π	Ρ	Ο	Λ	Χ	Β	Π	Γ	Υ	Μ	Μ	Σ	Ο
Ρ	Ω	Κ	Ε	Α	Ν	Ό	Σ	Υ	Ο	Τ	Ν	Γ	Τ	Χ	Υ
Π	Λ	Λ	Π	Ψ	Ρ	Ρ	Π	Ψ	Έ	Ω	Λ	Τ	Ρ	Ν	Σ
Δ	Ω	Γ	Ό	Ο	Ρ	Ί	Π	Υ	Ο	Έ	Γ	Β	Ρ	Ό	Ώ
Ω	Α	Δ	Σ	Η	Σ	Ι	Μ	Τ	Ά	Ξ	Ε	Λ	Σ	Υ	Ν
Σ	Τ	Η	Ι	Ν	Ό	Ι	Χ	Π	Ά	Γ	Ο	Σ	Ψ	Ρ	Α
Α	Ρ	Ύ	Μ	Μ	Η	Λ	Π	Μ	Γ	Ι	Υ	Γ	Ο	Η	Σ
Ο	Ω	Ν	Ο	Ί	Α	Ά	Ά	Π	Π	Γ	Ν	Λ	Ί	Α	Ρ
Κ	Π	Υ	Λ	Λ	Ψ	Ν	Ρ	Ο	Ρ	Ν	Σ	Ω	Ω	Ί	Α
Η	Ύ	Ί	Ξ	Έ	Ρ	Α	Δ	Τ	Β	Ρ	Η	Ψ	Γ	Σ	Η
Ν	Ι	Μ	Β	Λ	Λ	Κ	Ε	Α	Ρ	Σ	Π	Τ	Γ	Α	Σ
Ξ	Β	Χ	Α	Σ	Σ	Ρ	Υ	Μ	Ο	Ν	Π	Μ	Γ	Ρ	Π
Ί	Ο	Σ	Ε	Τ	Ί	Η	Σ	Ό	Χ	Ξ	Ι	Υ	Ξ	Γ	Π
Α	Τ	Μ	Ο	Ύ	Α	Έ	Η	Σ	Ή	Ο	Η	Γ	Ν	Υ	Ε
Γ	Χ	Ι	Ο	Υ	Ρ	Ι	Κ	Α	Ν	Α	Σ	Λ	Ί	Π	Έ

ΚΑΝΆΛΙ
ΝΤΟΥΣ
ΕΞΆΤΜΙΣΗ
ΠΑΓΩΝΙΆ
ΠΆΓΟΣ
ΥΓΡΑΣΊΑ
ΧΙΟΥΡΙΚΑΝΑΣ
ΥΓΡΌ
ΠΛΗΜΜΎΡΑ
ΛΊΜΝΗ
ΒΡΟΧΉ
ΜΟΥΣΏΝΑΣ
ΧΙΌΝΙ
ΩΚΕΑΝΌΣ
ΚΎΜΑΤΑ
ΠΌΣΙΜΟ
ΆΡΔΕΥΣΗ
ΠΟΤΑΜΌΣ
ΑΤΜΟΎ

2 - Arqueología

Ο	Τ	Χ	Λ	Σ	Ε	Ψ	Σ	Ο	Ν	Ο	Γ	Ό	Π	Α	Ξ
Ε	Μ	Ο	Ρ	Ε	Σ	Ρ	Έ	Ι	Α	Ο	Ε	Η	Ε	Έ	Π
Π	Υ	Ά	Α	Ο	Ί	Β	Ε	Α	Ό	Σ	Λ	Ε	Λ	Μ	Έ
Ο	Ψ	Τ	Δ	Τ	Π	Ψ	Ο	Υ	Ξ	Τ	Λ	Ψ	Ι	Υ	Σ
Χ	Ο	Δ	Χ	Α	Ο	Χ	Α	Ί	Ν	Ά	Χ	Ι	Α	Σ	Έ
Ή	Λ	Ψ	Ο	Α	Λ	Β	Τ	Ν	Π	Η	Ξ	Ψ	Τ	Τ	Τ
Μ	Ο	Γ	Ρ	Ι	Ι	Ξ	Ί	Ψ	Ο	Σ	Τ	Ι	Α	Ή	Δ
Ί	Ν	Γ	Η	Ν	Τ	Ξ	Ε	Τ	Ρ	Υ	Α	Ή	Μ	Ρ	Κ
Α	Τ	Η	Τ	Ό	Ι	Α	Χ	Ρ	Α	Λ	Π	Λ	Σ	Ι	Α
Υ	Ί	Σ	Ν	Ρ	Σ	Ξ	Ι	Ι	Δ	Ά	Ο	Ψ	Ύ	Ο	Θ
Ι	Η	Ε	Έ	Χ	Μ	Ι	Έ	Ψ	Β	Ν	Λ	Σ	Α	Έ	Η
Α	Η	Σ	Η	Γ	Ό	Λ	Ο	Ι	Ξ	Α	Ί	Ί	Ρ	Μ	Γ
Ξ	Μ	Χ	Ξ	Λ	Σ	Μ	Ο	Υ	Ρ	Π	Θ	Α	Θ	Γ	Η
Ξ	Ε	Χ	Α	Σ	Μ	Έ	Ν	Ο	Α	Ρ	Ω	Ρ	Λ	Χ	Τ
Α	Ν	Τ	Ι	Κ	Ε	Ί	Μ	Ε	Ν	Α	Μ	Ή	Ν	Μ	Ή
Ά	Γ	Ν	Ω	Σ	Τ	Ο	Σ	Τ	Υ	Λ	Α	Ξ	Γ	Ρ	Σ

ΑΝΆΛΥΣΗ
ΑΡΧΑΙΌΤΗΤΑ
ΧΡΌΝΙΑ
ΠΟΛΙΤΙΣΜΌΣ
ΑΠΌΓΟΝΟΣ
ΆΓΝΩΣΤΟΣ
ΟΜΆΔΑ
ΕΠΟΧΉ
ΑΞΙΟΛΌΓΗΣΗ
ΑΠΟΛΊΘΩΜΑ
ΘΡΑΎΣΜΑΤΑ
ΟΣΤΆ
ΕΡΕΥΝΗΤΉΣ
ΜΥΣΤΉΡΙΟ
ΑΝΤΙΚΕΊΜΕΝΑ
ΞΕΧΑΣΜΈΝΟ
ΚΑΘΗΓΗΤΉΣ
ΛΕΊΨΑΝΟ
ΝΑΌ
ΜΝΉΜΑ

3 - Granja #2

Π	Ρ	Έ	Τ	Φ	Τ	Ε	Γ	Δ	Ί	Ι	Α	Μ	Ί	Α	Κ
Ρ	Ε	Σ	Ε	Υ	Υ	Η	Σ	Υ	Ε	Δ	Ρ	Ά	Ν	Χ	Α
Ρ	Ρ	Ρ	Ν	Τ	Λ	Χ	Ι	Ρ	Ά	Θ	Ι	Ρ	Κ	Υ	Λ
Ω	Ι	Γ	Ι	Ό	Ί	Λ	Τ	Έ	Ρ	Ψ	Δ	Β	Μ	Ρ	Α
Ι	Λ	Λ	Σ	Β	Δ	Ν	Ά	Τ	Τ	Α	Ά	Ο	Ξ	Ώ	Μ
Ρ	Ω	Ρ	Η	Λ	Ό	Α	Ρ	Κ	Ι	Ξ	Β	Σ	Ξ	Ν	Π
Ε	Α	Ε	Λ	Γ	Ι	Λ	Ι	Α	Τ	Ν	Ι	Κ	Η	Α	Ό
Π	Έ	Λ	Ψ	Χ	Ν	Η	Ι	Ρ	Μ	Δ	Λ	Ό	Κ	Η	Κ
Ζ	Ώ	Α	Τ	Λ	Ά	Μ	Α	Τ	Γ	Β	Δ	Σ	Υ	Ξ	Ι
Π	Λ	Μ	Ρ	Ρ	Δ	Σ	Ω	Ε	Ί	Π	Ε	Π	Ψ	Ξ	Η
Γ	Υ	Β	Χ	Ί	Ο	Τ	Α	Β	Ό	Ρ	Π	Υ	Έ	Έ	Η
Ρ	Μ	Μ	Ο	Δ	Τ	Φ	Β	Α	Δ	Ν	Μ	Γ	Λ	Σ	Α
Ω	Σ	Τ	Τ	Ι	Ύ	Η	Ή	Έ	Σ	Γ	Τ	Ι	Η	Γ	Γ
Δ	Έ	Τ	Ί	Έ	Ο	Α	Γ	Ρ	Ο	Τ	Η	Σ	Έ	Τ	Ά
Α	Α	Έ	Ω	Ψ	Ρ	Π	Σ	Ν	Ν	Χ	Ω	Σ	Λ	Υ	Λ
Α	Ε	Χ	Π	Γ	Φ	Π	Β	Ω	Ρ	Π	Ά	Π	Ι	Α	Α

ΑΓΡΟΤΗΣ
ΖΏΑ
ΚΡΙΘΆΡΙ
ΚΥΨΈΛΗ
ΤΡΟΦΉ
ΑΡΝΊ
ΦΡΟΎΤΟ
ΑΧΥΡΏΝΑ
ΠΕΡΙΒΌΛΙ
ΓΆΛΑ
ΛΆΜΑ
ΚΑΛΑΜΠΌΚΙ
ΠΡΌΒΑΤΟ
ΒΟΣΚΌΣ
ΠΆΠΙΑ
ΛΙΒΆΔΙ
ΆΡΔΕΥΣΗ
ΤΡΑΚΤΈΡ
ΣΙΤΆΡΙ
ΦΥΤΌ

4 - La Empresa

Λ	Ξ	Χ	Λ	Ί	Η	Έ	Ί	Δ	Ε	Π	Π	Σ	Έ	Δ	Ί
Ε	Μ	Γ	Ν	Μ	Σ	Ν	Β	Η	Π	Ρ	Α	Β	Δ	Ι	Ε
Ν	Τ	Έ	Λ	Ί	Υ	Δ	Έ	Μ	Ι	Ό	Ρ	Ι	Δ	Ο	Μ
Ω	Η	Ι	Ε	Χ	Δ	Ξ	Ω	Ι	Χ	Ο	Ο	Ο	Ι	Ο	Ε
Κ	Ί	Ν	Δ	Υ	Ν	Ο	Ι	Ο	Ε	Δ	Υ	Μ	Α	Γ	Δ
Τ	Π	Π	Ε	Η	Έ	Β	Ρ	Υ	Ί	Ο	Σ	Η	Μ	Ή	Φ
Μ	Η	Ό	Ρ	Π	Π	Β	Υ	Ρ	Ρ	Σ	Ί	Χ	Γ	Μ	Τ
Γ	Σ	Ί	Ρ	Ο	Ε	Υ	Ω	Γ	Η	Δ	Α	Α	Α	Ο	Έ
Έ	Η	Σ	Τ	Ω	Ϊ	Χ	Ί	Ι	Σ	Η	Σ	Ν	Π	Ν	Ρ
Ξ	Λ	Υ	Ν	Ν	Ν	Ό	Ι	Κ	Η	Π	Η	Ί	Ό	Ά	Υ
Π	Ό	Ξ	Σ	Χ	Π	Ν	Ν	Ή	Ν	Υ	Ί	Α	Φ	Δ	Τ
Έ	Χ	Π	Ο	Ι	Ό	Τ	Η	Τ	Α	Υ	Τ	Ψ	Α	Ε	Ρ
Ρ	Σ	Ξ	Α	Κ	Α	Ι	Ν	Ο	Τ	Ό	Μ	Ο	Σ	Σ	Δ
Η	Α	Ο	Τ	Ά	Σ	Ε	Ι	Σ	Υ	Χ	Ω	Η	Η	Μ	Γ
Η	Π	Τ	Δ	Δ	Υ	Ν	Α	Τ	Ό	Τ	Η	Τ	Α	Χ	Η
Ξ	Α	Ω	Η	Α	Ι	Μ	Σ	Ό	Κ	Γ	Α	Π	Ν	Ί	Υ

ΠΟΙΌΤΗΤΑ
ΔΗΜΙΟΥΡΓΙΚΉ
ΑΠΌΦΑΣΗ
ΑΠΑΣΧΌΛΗΣΗ
ΠΑΓΚΌΣΜΙΑ
ΒΙΟΜΗΧΑΝΊΑ
ΈΣΟΔΑ
ΚΑΙΝΟΤΌΜΟ
ΕΠΈΝΔΥΣΗ
ΕΠΙΧΕΊΡΗΣΗ
ΔΥΝΑΤΌΤΗΤΑ
ΠΑΡΟΥΣΊΑΣΗ
ΠΡΟΪΌΝ
ΠΡΌΟΔΟΣ
ΠΌΡΩΝ
ΦΉΜΗ
ΚΊΝΔΥΝΟΙ
ΤΆΣΕΙΣ
ΜΟΝΆΔΕΣ

5 - Pesca

Υ	Π	Β	Ρ	Ά	Γ	Χ	Ι	Α	Ω	Α	Σ	Χ	Ω	Χ	Ε
Ε	Π	Γ	Ν	Δ	Μ	Β	Δ	Π	Ν	Κ	Ω	Ψ	Ρ	Ω	Π
Υ	Ξ	Ε	Ω	Ξ	Ο	Ν	Ρ	Ι	Η	Δ	Ε	Χ	Γ	Ί	Ο
Π	Μ	Ο	Ρ	Β	Δ	Ε	Τ	Σ	Ξ	Γ	Δ	Α	Β	Σ	Χ
Ο	Ω	Ι	Π	Β	Δ	Σ	Ι	Ι	Ρ	Ν	Σ	Κ	Ν	Ί	Ή
Μ	Χ	Ψ	Δ	Λ	Ο	Ά	Γ	Κ	Ι	Σ	Τ	Ρ	Ο	Ό	Λ
Ο	Ε	Ξ	Δ	Λ	Ι	Λ	Π	Ξ	Δ	Ω	Ψ	Ά	Ί	Ρ	Σ
Ν	Υ	Β	Γ	Τ	Η	Σ	Ή	Ρ	Ι	Ρ	Ν	Β	Υ	Ε	Ξ
Ή	Μ	Π	Ξ	Ω	Η	Ν	Μ	Ί	Λ	Ξ	Ω	Τ	Μ	Ν	Κ
Π	Α	Ρ	Α	Λ	Ί	Α	Ω	Ό	Ί	Υ	Δ	Χ	Ί	Τ	Α
Λ	Δ	Ό	Λ	Ω	Μ	Α	Ο	Ο	Σ	Χ	Σ	Δ	Ε	Μ	Λ
Μ	Ζ	Υ	Γ	Ί	Ζ	Ω	Σ	Α	Γ	Ό	Ν	Ι	Ψ	Έ	Ά
Λ	Π	Ο	Τ	Α	Μ	Ό	Σ	Τ	Α	Ν	Β	Μ	Τ	Ω	Θ
Τ	Β	Α	Σ	Ύ	Ρ	Μ	Α	Ι	Γ	Ύ	Ρ	Ε	Τ	Π	Ι
Λ	Γ	Ω	Υ	Χ	Ψ	Δ	Δ	Ε	Έ	Γ	Ρ	Τ	Χ	Ν	Υ
Χ	Λ	Υ	Ρ	Β	Τ	Α	Ρ	Δ	Τ	Β	Α	Γ	Υ	Χ	Γ

ΝΕΡΌ
ΠΤΕΡΎΓΙΑ
ΒΆΡΚΑ
ΒΡΆΓΧΙΑ
ΣΎΡΜΑ
ΔΌΛΩΜΑ
ΚΑΛΆΘΙ
ΕΞΟΠΛΙΣΜΌΣ
ΥΠΕΡΒΟΛΉ
ΆΓΚΙΣΤΡΟ
ΛΊΜΝΗ
ΣΑΓΌΝΙ
ΩΚΕΑΝΌΣ
ΥΠΟΜΟΝΉ
ΖΥΓΊΖΩ
ΠΑΡΑΛΊΑ
ΠΟΤΑΜΌΣ
ΕΠΟΧΉ

6 - Aviones

Ι	Κ	Μ	Λ	Μ	Η	Χ	Α	Ν	Ή	Υ	Σ	Ψ	Ο	Ν	Κ
Ρ	Δ	Α	Έ	Π	Π	Ε	Ρ	Ι	Π	Έ	Τ	Ε	Ι	Α	Α
Έ	Β	Ε	Τ	Δ	Λ	Υ	Ι	Ρ	Ρ	Μ	Δ	Π	Δ	Ί	Τ
Α	Ε	Σ	Β	Α	Ρ	Ή	Σ	Δ	Ξ	Ε	Ρ	Λ	Έ	Α	Ε
Ί	Έ	Α	Λ	Ί	Σ	Ω	Ρ	Ξ	Ο	Δ	Χ	Τ	Χ	Έ	Ύ
Ρ	Α	Ρ	Β	Ο	Ο	Κ	Ψ	Ω	Λ	Λ	Ε	Ε	Σ	Σ	Θ
Ο	Ν	Ι	Α	Ψ	Ψ	Π	Ε	Ω	Μ	Μ	Ψ	Λ	Ο	Υ	Υ
Τ	Α	Α	Ψ	Σ	Υ	Ι	Η	Υ	Α	Α	Ο	Π	Α	Ε	Ν
Σ	Τ	Φ	Υ	Ξ	Ν	Λ	Χ	Μ	Ή	Έ	Ο	Π	Ν	Έ	Σ
Ι	Α	Σ	Ρ	Χ	Έ	Ο	Ν	Ό	Γ	Ο	Ρ	Δ	Υ	Λ	Η
Ν	Ρ	Ό	Ε	Α	Ξ	Τ	Π	Χ	Σ	Μ	Τ	Χ	Ε	Ι	Τ
Ό	Α	Μ	Ψ	Ψ	Α	Ι	Β	Π	Ω	Ι	Ε	Α	Σ	Κ	Ά
Λ	Χ	Τ	Τ	Π	Λ	Κ	Ρ	Έ	Ί	Σ	Μ	Δ	Υ	Α	Β
Α	Ή	Α	Έ	Ν	Η	Ή	Τ	Ί	Υ	Ύ	Ό	Ι	Λ	Χ	Ι
Π	Ρ	Ο	Σ	Γ	Ε	Ί	Ω	Σ	Η	Α	Ψ	Ξ	Π	Ε	Π
Μ	Λ	Π	Ο	Υ	Ρ	Α	Ν	Ό	Σ	Κ	Υ	Β	Ω	Ω	Ε

ΑΈΡΑΣ
ΥΨΌΜΕΤΡΟ
ΥΨΟΣ
ΠΡΟΣΓΕΊΩΣΗ
ΑΤΜΌΣΦΑΙΡΑ
ΠΕΡΙΠΈΤΕΙΑ
ΟΥΡΑΝΌΣ
ΚΑΎΣΙΜΟ
ΚΑΤΑΣΚΕΥΉ
ΚΑΤΕΎΘΥΝΣΗ
ΣΧΈΔΙΟ
ΜΠΑΛΌΝΙ
ΈΛΙΚΑ
ΥΔΡΟΓΌΝΟ
ΙΣΤΟΡΊΑ
ΜΗΧΑΝΉ
ΕΠΙΒΆΤΗ
ΠΙΛΟΤΙΚΉ
ΠΛΉΡΩΜΑ
ΑΝΑΤΑΡΑΧΉ

7 - Tipos de Cabello

Γ	Σ	Ο	Π	Η	Δ	Μ	Π	Λ	Ε	Ξ	Ο	Ύ	Δ	Ε	Σ
Ν	Λ	Α	Χ	Λ	Ί	Λ	Α	Ί	Ι	Ε	Μ	Ξ	Ο	Ψ	Ο
Β	Δ	Ά	Ξ	Ο	Ε	Σ	Έ	Λ	Σ	Γ	Ο	Υ	Ρ	Ά	Μ
Ι	Ν	Π	Θ	Ι	Λ	Γ	Έ	Τ	Α	Ξ	Σ	Ω	Ύ	Ρ	Α
Ο	Ί	Ό	Τ	Ν	Ο	Κ	Μ	Ι	Α	Κ	Π	Μ	Α	Ε	Κ
Σ	Υ	Έ	Ο	Έ	Α	Τ	Γ	Έ	Ρ	Τ	Ό	Γ	Μ	Π	Ρ
Χ	Ι	Λ	Ν	Μ	Ν	Ξ	Δ	Β	Ν	Δ	Ί	Κ	Π	Μ	Ύ
Ι	Ι	Μ	Υ	Η	Χ	Β	Δ	Ξ	Ψ	Ο	Ε	Ρ	Ο	Α	Λ
Ρ	Ο	Η	Τ	Σ	Ό	Ρ	Κ	Α	Λ	Α	Φ	Ι	Ύ	Λ	Ε
Λ	Π	Γ	Π	Α	Χ	Ύ	Ψ	Τ	Ι	Ξ	Μ	Τ	Κ	Η	Ί
Ε	Β	Ξ	Ψ	Γ	Σ	Π	Κ	Ο	Δ	Ω	Υ	Ρ	Λ	Ε	Ε
Π	Τ	Υ	Ί	Γ	Ω	Σ	Α	Α	Δ	Ρ	Χ	Λ	Ε	Λ	Δ
Τ	Β	Υ	Έ	Π	Π	Ω	Φ	Σ	Ε	Ξ	Δ	Ε	Σ	Ρ	Τ
Ή	Ι	Γ	Υ	Η	Π	Γ	Έ	Γ	Β	Η	Ν	Υ	Γ	Έ	Ω
Β	Π	Ο	Ν	Μ	Δ	Σ	Ί	Γ	Ι	Έ	Γ	Κ	Β	Β	Ψ
Ο	Ο	Έ	Λ	Δ	Ο	Τ	Ί	Γ	Η	Ο	Χ	Ό	Ρ	Η	Ξ

ΛΕΥΚΌ
ΛΑΜΠΕΡΆ
ΦΑΛΑΚΡΌΣ
ΚΟΝΤΌ
ΛΕΠΤΉ
ΓΚΡΙ
ΠΑΧΎ
ΜΑΚΡΎ
ΚΑΦΈ
ΜΑΎΡΟ
ΑΣΗΜΈΝΙΟ
ΣΓΟΥΡΆ
ΜΠΟΎΚΛΕΣ
ΞΑΝΘΆ
ΥΓΙΉ
ΞΗΡΌ
ΜΑΛΑΚΌ
ΠΛΕΓΜΈΝΟ
ΠΛΕΞΟΎΔΕΣ

8 - Ética

Α	Σ	Σ	Τ	Σ	Η	Α	Ί	Α	Σ	Κ	Γ	Δ	Φ	Λ	Υ
Τ	Υ	Ό	Υ	Σ	Χ	Τ	Έ	Ί	Ι	Α	Ν	Ι	Ι	Ο	Π
Ο	Ν	Μ	Χ	Μ	Π	Η	Σ	Ξ	Ε	Λ	Ε	Π	Λ	Γ	Ο
Μ	Ε	Σ	Ρ	Δ	Π	Τ	Σ	Ο	Χ	Ο	Ν	Λ	Ο	Ι	Μ
Ι	Ρ	Ι	Γ	Γ	Δ	Ό	Μ	Δ	Έ	Σ	Ε	Ω	Σ	Κ	Ο
Κ	Γ	Υ	Σ	Υ	Σ	Ι	Ν	Ο	Α	Ύ	Ι	Μ	Ο	Ό	Ν
Ι	Α	Ο	Ψ	Μ	Β	Α	Ι	Ι	Β	Ν	Λ	Α	Φ	Τ	Ή
Σ	Σ	Ρ	Δ	Β	Ί	Ρ	Χ	Σ	Α	Η	Ι	Τ	Ί	Η	Ε
Μ	Ί	Τ	Μ	Ο	Ψ	Ε	Δ	Ι	Ρ	Ρ	Κ	Ι	Α	Τ	Σ
Ό	Α	Λ	Δ	Ξ	Μ	Κ	Ξ	Α	Μ	Α	Ρ	Κ	Ω	Α	Σ
Σ	Ψ	Α	Ί	Τ	Μ	Α	Μ	Μ	Π	Γ	Ί	Ό	Ψ	Σ	Ε
Α	Ν	Θ	Ρ	Ω	Π	Ό	Τ	Η	Τ	Α	Ν	Α	Ρ	Ο	Α
Β	Ε	Α	Τ	Η	Τ	Ό	Κ	Ι	Τ	Κ	Ε	Ν	Α	Φ	Ω
Ρ	Ε	Α	Λ	Ι	Σ	Μ	Ο	Σ	Π	Π	Ι	Χ	Ι	Ί	Υ
Ε	Ύ	Λ	Ο	Γ	Ο	Α	Ξ	Ι	Ε	Σ	Α	Ί	Ν	Α	Ω
Η	Ί	Α	Ξ	Ι	Ο	Π	Ρ	Έ	Π	Ε	Ι	Α	Α	Έ	Έ

ΑΛΤΡΟΥΙΣΜΌΣ
ΚΑΛΟΣΎΝΗ
ΣΥΜΠΌΝΙΑ
ΣΥΝΕΡΓΑΣΊΑ
ΑΞΙΟΠΡΈΠΕΙΑ
ΔΙΠΛΩΜΑΤΙΚΌ
ΦΙΛΟΣΟΦΊΑ
ΕΙΛΙΚΡΊΝΕΙΑ
ΑΝΘΡΩΠΌΤΗΤΑ
ΑΤΟΜΙΚΙΣΜΌΣ

ΑΚΕΡΑΙΌΤΗΤΑ
ΑΙΣΙΟΔΟΞΊΑ
ΥΠΟΜΟΝΉ
ΛΟΓΙΚΌΤΗΤΑ
ΈΥΛΟΓΟ
ΡΕΑΛΙΣΜΟΣ
ΣΟΦΊΑ
ΑΝΕΚΤΙΚΌΤΗΤΑ
ΑΞΙΕΣ

9 - Ciencia Ficción

Ο	Υ	Τ	Ο	Π	Ί	Α	Ί	Μ	Σ	Ε	Έ	Ω	Ξ	Β	Ρ
Γ	Ν	Λ	Β	Ρ	Μ	Ρ	Ί	Α	Ο	Δ	Γ	Η	Α	Δ	Ε
Έ	Ι	Ά	Ι	Τ	Ω	Φ	Δ	Κ	Ι	Μ	Τ	Π	Α	Ό	Α
Μ	Ν	Ψ	Β	Χ	Η	Ξ	Η	Ρ	Κ	Έ	Υ	Ί	Έ	Κ	Λ
Α	Έ	Ξ	Λ	Ι	Γ	Τ	Ο	Ι	Ρ	Ά	Ν	Ε	Σ	Ι	Ι
Ί	Ό	Κ	Ι	Τ	Σ	Α	Τ	Ν	Α	Φ	Β	Π	Η	Τ	Σ
Γ	Ι	Έ	Α	Έ	Ψ	Ξ	Ό	Ό	Ρ	Γ	Α	Τ	Π	Σ	Τ
Ο	Α	Ο	Β	Π	Ν	Σ	Κ	Η	Ε	Ο	Ρ	Κ	Ά	Ι	Ι
Λ	Υ	Λ	Β	Ν	Σ	Ω	Ι	Σ	Ν	Β	Μ	Π	Λ	Ρ	Κ
Ο	Ψ	Ρ	Α	Τ	Ψ	Ξ	Μ	Γ	Γ	Δ	Ί	Π	Ν	Υ	Ή
Ν	Γ	Ν	Ν	Ξ	Χ	Η	Ο	Μ	Σ	Ό	Κ	Τ	Ό	Ο	Μ
Χ	Ρ	Τ	Μ	Ο	Ί	Ε	Τ	Ν	Α	Μ	Π	Ί	Ί	Τ	Ψ
Ε	Ί	Χ	Α	Τ	Η	Α	Α	Σ	Ν	Ι	Π	Ρ	Ί	Υ	Δ
Τ	Δ	Ο	Η	Σ	Η	Θ	Σ	Ί	Α	Δ	Υ	Ε	Ψ	Ο	Χ
Μ	Υ	Σ	Τ	Η	Ρ	Ι	Ώ	Δ	Η	Σ	Α	Ξ	Π	Φ	Ν
Υ	Ρ	Μ	Α	Υ	Ξ	Π	Λ	Α	Ν	Ή	Τ	Η	Σ	Ψ	Υ

ΑΤΟΜΙΚΌ
ΜΑΚΡΙΝΌ
ΣΕΝΆΡΙΟ
ΈΚΡΗΞΗ
ΆΚΡΟ
ΦΩΤΙΆ
ΦΟΥΤΟΥΡΙΣΤΙΚΌ
ΓΑΛΑΞΊΑΣ
ΨΕΥΔΑΊΣΘΗΣΗ
ΦΑΝΤΑΣΤΙΚΌ
ΒΙΒΛΙΑ
ΜΥΣΤΗΡΙΏΔΗΣ
ΚΌΣΜΟ
ΜΑΝΤΕΊΟ
ΠΛΑΝΉΤΗΣ
ΡΕΑΛΙΣΤΙΚΉ
ΡΟΜΠΌΤ
ΤΕΧΝΟΛΟΓΊΑ
ΟΥΤΟΠΊΑ

10 - Granja #1

Ο	Ξ	Ί	Λ	Β	Λ	Ν	Π	Ά	Χ	Ω	Υ	Χ	Π	Ε	Ν
Γ	Ί	Δ	Α	Ν	Ο	Π	Ε	Ί	Λ	Σ	Τ	Γ	Μ	Σ	Ξ
Ε	Ο	Υ	Δ	Χ	Ν	Σ	Δ	Ω	Τ	Ο	Β	Ο	Ξ	Γ	Η
Ω	Ρ	Ε	Ά	Υ	Ν	Δ	Ί	Ξ	Ρ	Γ	Γ	Γ	Ά	Τ	Α
Τ	Ρ	Τ	Λ	Μ	Έ	Έ	Ο	Δ	Ν	Ν	Έ	Ο	Δ	Η	Η
Υ	Ψ	Μ	Ε	Ω	Ο	Ρ	Ψ	Τ	Υ	Υ	Γ	Υ	Λ	Γ	Ν
Β	Έ	Λ	Γ	Ί	Α	Σ	Σ	Ι	Λ	Έ	Μ	Τ	Β	Ι	Χ
Ί	Γ	Π	Α	Ξ	Μ	Η	Χ	Γ	Ε	Ω	Ρ	Γ	Ί	Α	Έ
Ν	Ί	Ε	Μ	Β	Σ	Τ	Π	Ά	Ι	Ί	Σ	Τ	Ι	Σ	Έ
Μ	Η	Ί	Ι	Ί	Α	Κ	Ψ	Η	Ρ	Μ	Π	Μ	Π	Ό	Γ
Β	Β	Α	Υ	Ί	Π	Α	Ω	Α	Ύ	Ι	Ό	Ρ	Ε	Ν	Ρ
Έ	Β	Α	Ξ	Υ	Ί	Ρ	Ρ	Η	Ο	Κ	Ρ	Ρ	Α	Α	Η
Ε	Υ	Η	Η	Ί	Λ	Φ	Ρ	Μ	Δ	Ά	Ο	Ξ	Ύ	Σ	Έ
Κ	Ο	Τ	Ό	Π	Ο	Υ	Λ	Ο	Ϊ	Ρ	Ι	Δ	Ω	Ζ	Ω
Η	Ρ	Β	Σ	Κ	Ύ	Λ	Ο	Σ	Α	Ο	Ν	Ξ	Σ	Ω	Ι
Η	Ψ	Ί	Ί	Α	Η	Ι	Η	Η	Γ	Κ	Μ	Έ	Λ	Ι	Μ

ΜΈΛΙΣΣΑ
ΓΕΩΡΓΊΑ
ΝΕΡΌ
ΡΎΖΙ
ΓΑΪΔΟΎΡΙ
ΆΛΟΓΟ
ΓΊΔΑ
ΠΕΔΊΟ
ΚΟΡΆΚΙ
ΛΊΠΑΣΜΑ
ΓΆΤΑ
ΣΑΝΌ
ΜΈΛΙ
ΣΚΎΛΟΣ
ΚΟΤΌΠΟΥΛΟ
ΣΠΌΡΟΙ
ΜΟΣΧΆΡΙ
ΓΗ
ΑΓΕΛΆΔΑ
ΦΡΑΚΤΗΣ

11 - Camping

Γ	Α	Π	Ρ	Τ	Α	Ρ	Χ	Φ	Μ	Ν	Έ	Έ	Α	Χ	Π
Σ	Ο	Σ	Α	Δ	Ε	Ι	Λ	Ψ	Ω	Τ	Γ	Δ	Χ	Ε	Ε
Η	Χ	Σ	Ι	Ί	Υ	Ξ	Ε	Μ	Η	Τ	Ρ	Ά	Χ	Ω	Ρ
Φ	Έ	Ο	Π	Υ	Η	Υ	Π	Χ	Ω	Χ	Ι	Ρ	Τ	Π	Ι
Ύ	Ν	Μ	Ι	Ί	Λ	Κ	Η	Η	Β	Χ	Ί	Ά	Π	Τ	Π
Σ	Ν	Ο	Έ	Ν	Ο	Σ	Υ	Λ	Ξ	Π	Ι	Ί	Έ	Ρ	Έ
Η	Λ	Τ	Ω	Φ	Ί	Ί	Ό	Ν	Υ	Ο	Β	Α	Ώ	Ζ	Τ
Έ	Ι	Ν	Γ	Ε	Ε	Α	Ν	Τ	Ή	Υ	Ξ	Ν	Ν	Σ	Ε
Υ	Γ	Έ	Π	Γ	Γ	Β	Α	Π	Έ	Γ	Χ	Ί	Π	Β	Ι
Ο	Ω	Ω	Χ	Γ	Χ	Γ	Κ	Ψ	Β	Π	Ι	Π	Υ	Μ	Α
Π	Μ	Β	Ί	Ά	Κ	Α	Π	Έ	Λ	Ο	Τ	Μ	Ξ	Π	Ω
Ρ	Σ	Ο	Σ	Ρ	Ν	Γ	Ν	Α	Ι	Ώ	Ρ	Α	Ί	Γ	Π
Σ	Ό	Μ	Σ	Ι	Λ	Π	Ο	Ξ	Ε	Π	Ε	Κ	Δ	Ξ	Ί
Δ	Έ	Ν	Τ	Ρ	Α	Μ	Ω	Ν	Ι	Π	Ψ	Λ	Α	Ο	Έ
Ρ	Μ	Χ	Π	Ο	Ρ	Έ	Τ	Υ	Τ	Ρ	Β	Ι	Ί	Δ	Ν
Φ	Α	Ν	Ά	Ρ	Ι	Τ	Λ	Ί	Μ	Ν	Η	Ε	Ε	Τ	Η

ΖΏΑ
ΠΕΡΙΠΈΤΕΙΑ
ΔΈΝΤΡΑ
ΔΑΣΟΣ
ΠΥΞΊΔΑ
ΚΑΜΠΊΝΑ
ΚΑΝΌ
ΚΥΝΉΓΙ
ΣΧΟΙΝΊ
ΕΞΟΠΛΙΣΜΌΣ
ΦΩΤΙΆ
ΑΙΏΡΑ
ΈΝΤΟΜΟ
ΛΊΜΝΗ
ΦΑΝΆΡΙ
ΦΕΓΓΆΡΙ
ΧΆΡΤΗ
ΒΟΥΝΌ
ΦΎΣΗ
ΚΑΠΈΛΟ

12 - Fruta

Α	Η	Ν	Ω	Μ	Ο	Α	Δ	Ω	Λ	Σ	Ρ	Ψ	Ξ	Τ	Α
Ν	Ν	Δ	Ε	Έ	Ο	Γ	Ι	Β	Ε	Τ	Ε	Τ	Ρ	Υ	Β
Ά	Λ	Α	Ξ	Κ	Ω	Ύ	Β	Ί	Μ	Α	Π	Ξ	Τ	Μ	Ο
Ν	Δ	Ξ	Ν	Ο	Τ	Β	Ρ	Δ	Ό	Φ	Τ	Ω	Ρ	Ή	Κ
Α	Α	Ι	Γ	Ά	Π	Α	Π	Ο	Ν	Ύ	Ί	Σ	Δ	Λ	Ά
Π	Ί	Σ	Ο	Χ	Έ	Δ	Ρ	Ι	Ι	Λ	Π	Τ	Μ	Ο	Ν
Μ	Χ	Γ	Α	Ί	Β	Λ	Υ	Ί	Ι	Ι	Ν	Ξ	Ί	Α	Τ
Π	Ο	Ρ	Τ	Ο	Κ	Ά	Λ	Ι	Ν	Ό	Π	Ε	Π	Υ	Ο
Ρ	Ο	Δ	Ά	Κ	Ι	Ν	Ο	Ο	Ρ	Ι	Έ	Μ	Ο	Δ	Κ
Κ	Α	Ρ	Ύ	Δ	Α	Ι	Χ	Κ	Ε	Τ	Λ	Π	Σ	Π	Γ
Α	Κ	Τ	Ι	Ν	Ί	Δ	Ι	Ο	Χ	Ι	Η	Α	Ε	Π	Ν
Δ	Ί	Έ	Μ	Ν	Ε	Ά	Έ	Κ	Γ	Μ	Σ	Υ	Ι	Η	Ά
Μ	Ο	Μ	Β	Έ	Ε	Λ	Π	Ί	Ι	Ψ	Ί	Σ	Υ	Α	Μ
Ξ	Μ	Ξ	Β	Ε	Σ	Χ	Ο	Ρ	Υ	Ο	Μ	Ό	Τ	Α	Β
Γ	Κ	Ο	Υ	Ά	Β	Α	Λ	Ε	Κ	Ε	Ρ	Ά	Σ	Ι	Ε
Ί	Π	Ξ	Ί	Ν	Έ	Υ	Ε	Β	Μ	Π	Ν	Ο	Σ	Έ	Ψ

ΑΒΟΚΆΝΤΟ
ΒΕΡΊΚΟΚΟ
ΜΟΎΡΟ
ΚΕΡΆΣΙ
ΚΑΡΎΔΑ
ΒΑΤΌΜΟΥΡΟ
ΓΚΟΥΆΒΑ
ΑΚΤΙΝΊΔΙΟ
ΛΕΜΌΝΙ
ΜΆΝΓΚΟ
ΜΉΛΟ
ΡΟΔΆΚΙΝΟ
ΠΕΠΌΝΙ
ΠΟΡΤΟΚΆΛΙ
ΝΕΚΤΑΡΊΝΙ
ΠΑΠΆΓΙΑ
ΑΧΛΆΔΙ
ΑΝΑΝΆ
ΜΠΑΝΆΝΑ
ΣΤΑΦΎΛΙ

13 - Geología

Α	Β	Ά	Λ	Χ	Σ	Ό	Μ	Σ	Ι	Ε	Σ	Β	Ί	Ο	Ξ
Π	Υ	Σ	Χ	Λ	Τ	Π	Έ	Τ	Ρ	Α	Υ	Ο	Χ	Ι	Δ
Ο	Δ	Η	Ν	Δ	Ρ	Σ	Α	Σ	Β	Έ	Σ	Τ	Ι	Ο	Ή
Λ	Ι	Τ	Σ	Β	Ώ	Π	Π	Τ	Γ	Α	Ε	Γ	Ρ	Ι	Π
Ί	Ά	Ί	Ο	Σ	Μ	Ή	Δ	Β	Ε	Λ	Ν	Δ	Β	Ξ	Ε
Θ	Β	Τ	Ω	Ε	Α	Λ	Ί	Ξ	Σ	Ε	Δ	Υ	Η	Ν	Ι
Ω	Ρ	Κ	Κ	Σ	Ί	Α	Μ	Ρ	Γ	Ξ	Ι	Γ	Σ	Μ	Ρ
Μ	Ω	Α	Κ	Υ	Σ	Ι	Ρ	Χ	Μ	Ι	Χ	Χ	Μ	Ι	Ο
Α	Σ	Λ	Ί	Ρ	Ρ	Ο	Τ	Χ	Α	Λ	Α	Ζ	Ί	Α	Σ
Ι	Η	Α	Ν	Ε	Ύ	Ο	Ο	Ρ	Ο	Π	Έ	Δ	Ι	Ο	Κ
Ρ	Ο	Τ	Ο	Ξ	Ύ	Σ	Έ	Ν	Ρ	Ω	Ζ	Ώ	Ν	Η	Ο
Α	Ψ	Σ	Τ	Ο	Α	Ξ	Τ	Υ	Ξ	Ρ	Β	Β	Ξ	Έ	Ρ
Η	Υ	Σ	Ε	Τ	Ι	Μ	Γ	Α	Λ	Α	Τ	Σ	Λ	Λ	Ά
Η	Φ	Α	Ί	Σ	Τ	Ε	Ι	Ο	Λ	Π	Ο	Γ	Έ	Χ	Λ
Ε	Β	Τ	Λ	Ι	Έ	Δ	Έ	Ρ	Λ	Λ	Ν	Τ	Η	Π	Λ
Έ	Α	Λ	Ά	Τ	Ι	Ρ	Η	Π	Λ	Ί	Α	Η	Ί	Σ	Ι

ΟΞΎ
ΑΣΒΈΣΤΙΟ
ΣΤΡΏΜΑ
ΣΠΉΛΑΙΟ
ΉΠΕΙΡΟΣ
ΚΟΡΆΛΛΙ
ΚΡΎΣΤΑΛΛΑ
ΧΑΛΑΖΊΑ
ΔΙΆΒΡΩΣΗ
ΣΤΑΛΑΚΤΊΤΗΣ
ΣΤΑΛΑΓΜΙΤΕΣ
ΑΠΟΛΊΘΩΜΑ
ΛΆΒΑ
ΟΡΟΠΈΔΙΟ
ΟΡΥΚΤΆ
ΠΈΤΡΑ
ΑΛΆΤΙ
ΣΕΙΣΜΌΣ
ΗΦΑΊΣΤΕΙΟ
ΖΏΝΗ

14 - Álgebra

Ρ	Ξ	Γ	Ο	Ω	Ο	Γ	Ε	Έ	Α	Ν	Β	Τ	Ξ	Π	Π
Κ	Έ	Ί	Τ	Ί	Λ	Ρ	Γ	Ξ	Υ	Τ	Β	Π	Ξ	Ο	Α
Β	Λ	Χ	Δ	Ο	Η	Α	Δ	Ε	Ί	Ί	Ε	Τ	Τ	Σ	Ρ
Ν	Γ	Ά	Ω	Α	Γ	Μ	Ά	Ι	Χ	Σ	Ι	Ε	Έ	Ό	Έ
Ω	Σ	Γ	Σ	Μ	Σ	Μ	Π	Ί	Β	Ν	Ω	Ε	Ψ	Τ	Ν
Λ	Ύ	Σ	Η	Μ	Δ	Ι	Ε	Σ	Ι	Χ	Ν	Σ	Δ	Η	Θ
Π	Δ	Ξ	Ξ	Α	Α	Κ	Ι	Ξ	Ω	Ο	Ύ	Α	Η	Τ	Ε
Α	Ι	Λ	Λ	Ρ	Ί	Ή	Ρ	Ψ	Ο	Η	Λ	Ψ	Ί	Α	Σ
Ρ	Α	Π	Τ	Γ	Α	Λ	Ο	Ε	Κ	Θ	Έ	Τ	Η	Ρ	Η
Ά	Ί	Ε	Ξ	Ά	Π	Ρ	Ό	Β	Λ	Η	Μ	Α	Π	Σ	Λ
Γ	Ρ	Λ	Ώ	Ι	Ο	Π	Ο	Λ	Π	Α	Τ	Ύ	Π	Ο	Σ
Ο	Ε	Ν	Έ	Δ	Η	Μ	Ί	Β	Δ	Ξ	Μ	Γ	Δ	Λ	Υ
Ν	Σ	Α	Ρ	Ι	Θ	Μ	Ό	Σ	Γ	Ρ	Β	Ή	Μ	Ί	Ί
Τ	Η	Σ	Ε	Ρ	Ί	Α	Φ	Α	Ν	Ξ	Ρ	Γ	Τ	Ψ	Ε
Α	Μ	Ε	Τ	Α	Β	Λ	Η	Τ	Ή	Ν	Υ	Ψ	Σ	Ρ	Β
Σ	Ξ	Η	Η	Α	Ρ	Ε	Υ	Ρ	Α	Λ	Ε	Λ	Ω	Τ	Α

ΠΟΣΌΤΗΤΑ
ΜΗΔΈΝ
ΔΙΆΓΡΑΜΜΑ
ΔΙΑΊΡΕΣΗ
ΕΞΊΣΩΣΗ
ΕΚΘΈΤΗ
ΠΑΡΆΓΟΝΤΑΣ
ΤΎΠΟΣ
ΚΛΆΣΜΑ
ΆΠΕΙΡΟ
ΓΡΑΜΜΙΚΉ
ΜΉΤΡΑ
ΑΡΙΘΜΌΣ
ΠΑΡΈΝΘΕΣΗ
ΠΡΌΒΛΗΜΑ
ΛΎΝΩ
ΑΦΑΊΡΕΣΗ
ΑΠΛΟΠΟΙΏ
ΛΎΣΗ
ΜΕΤΑΒΛΗΤΉ

15 - Plantas

Χ	Ω	Β	Ι	Ω	Ν	Έ	Χ	Έ	Χ	Ψ	Λ	Η	Ξ	Ο	Ι
Α	Έ	Ψ	Λ	Μ	Έ	Β	Α	Χ	Ι	Υ	Π	Δ	Υ	Β	Έ
Μ	Σ	Ι	Α	Ά	Π	Χ	Ί	Σ	Χ	Ρ	Ί	Ζ	Α	Ε	Ρ
Σ	Ο	Δ	Ξ	Μ	Σ	Γ	Ξ	Ν	Η	Χ	Ο	Λ	Ύ	Ο	Σ
Α	Σ	Ύ	Ι	Η	Ο	Τ	Κ	Ά	Κ	Τ	Ο	Σ	Ρ	Δ	Λ
Π	Α	Ο	Ρ	Β	Χ	Ψ	Η	Δ	Ί	Ε	Λ	Ό	Β	Έ	Β
Ί	Δ	Λ	Σ	Ο	Ι	Λ	Ή	Σ	Ν	Ρ	Α	Σ	Α	Ν	Δ
Λ	Ε	Υ	Ο	Μ	Τ	Β	Ψ	Φ	Η	Ω	Τ	Σ	Υ	Τ	Υ
Υ	Δ	Ο	Π	Μ	Ο	Χ	Π	Ο	Ύ	Σ	Έ	Ι	Γ	Ρ	Π
Ο	Ι	Λ	Ή	Β	Ε	Ε	Ρ	Ρ	Μ	Λ	Π	Κ	Ν	Ο	Ο
Υ	Ε	Π	Κ	Ξ	Ν	Έ	Π	Ί	Π	Ι	Λ	Ν	Μ	Έ	Β
Τ	Χ	Λ	Ω	Ρ	Ί	Δ	Α	Ε	Α	Γ	Έ	Ω	Έ	Η	Ό
Φ	Α	Σ	Ό	Λ	Ι	Δ	Α	Ο	Μ	Α	Π	Α	Μ	Δ	Τ
Φ	Ύ	Λ	Λ	Ο	Ν	Έ	Ν	Δ	Π	Υ	Α	Γ	Μ	Α	Α
Μ	Β	Ο	Τ	Α	Ν	Ι	Κ	Ή	Ο	Ω	Η	Ν	Ρ	Ξ	Ν
Υ	Η	Χ	Ι	Ί	Α	Β	Ν	Υ	Ύ	Α	Χ	Χ	Έ	Δ	Ο

ΔΈΝΤΡΟ
ΜΠΑΜΠΟΎ
ΜΟΎΡΟ
ΔΑΣΟΣ
ΒΟΤΑΝΙΚΉ
ΚΆΚΤΟΣ
ΛΊΠΑΣΜΑ
ΛΟΥΛΟΎΔΙ
ΧΛΩΡΊΔΑ
ΦΎΛΛΩΜΑ
ΦΑΣΌΛΙ
ΚΙΣΣΌΣ
ΒΌΤΑΝΟ
ΦΎΛΛΟ
ΚΉΠΟΣ
ΒΡΎΑ
ΠΈΤΑΛΟ
ΡΊΖΑ
ΉΛΙΟΣ
ΒΛΆΣΤΗΣΗ

16 - Negocio

Ω	Έ	Ρ	Α	Μ	Η	Δ	Ό	Σ	Ι	Ε	Δ	Ε	Μ	Χ	Κ
Ό	Κ	Ι	Π	Ω	Σ	Ο	Ρ	Π	Ρ	Π	Ξ	Ρ	Δ	Ρ	Α
Α	Π	Ν	Ό	Μ	Ι	Σ	Μ	Α	Δ	Έ	Έ	Γ	Μ	Η	Τ
Ί	Τ	Λ	Χ	Ψ	Ο	Ε	Ί	Ν	Ο	Ν	Ψ	Ο	Ν	Μ	Ά
Ε	Ω	Α	Ί	Γ	Ρ	Σ	Γ	Ί	Ί	Δ	Β	Σ	Η	Α	Σ
Ρ	Σ	Ε	Μ	Η	Ό	Σ	Υ	Σ	Ε	Υ	Β	Τ	Δ	Τ	Τ
Ι	Η	Χ	Ρ	Ύ	Φ	Ξ	Η	Ν	Φ	Σ	Ε	Ά	Π	Ο	Η
Α	Σ	Σ	Ν	Γ	Ε	Ε	Έ	Η	Α	Η	Ί	Σ	Μ	Δ	Μ
Τ	Η	Κ	Σ	Έ	Ο	Ρ	Α	Έ	Ρ	Λ	Ψ	Ι	Ψ	Ο	Α
Ε	Λ	Ό	Ξ	Ί	Ε	Δ	Ο	Β	Γ	Σ	Λ	Ο	Η	Τ	Ί
Ρ	Ώ	Σ	Π	Η	Ε	Υ	Ό	Π	Ρ	Ξ	Υ	Α	Γ	Ώ	Σ
Ω	Π	Τ	Τ	Π	Χ	Σ	Μ	Τ	Μ	Π	Ι	Λ	Γ	Ξ	Α
Τ	Δ	Ο	Α	Μ	Έ	Γ	Π	Γ	Η	Ε	Π	Τ	Έ	Ή	Γ
Ε	Ρ	Σ	Ο	Ι	Κ	Ο	Ν	Ο	Μ	Ι	Κ	Ά	Υ	Δ	Ρ
Κ	Α	Ρ	Ι	Έ	Ρ	Α	Μ	Ή	Ρ	Χ	Γ	Ω	Λ	Λ	Ε
Ψ	Ψ	Ι	Λ	Έ	Σ	Χ	Ί	Τ	Ο	Π	Β	Π	Ο	Χ	Ω

ΚΑΡΙΈΡΑ
ΚΌΣΤΟΣ
ΈΚΠΤΩΣΗ
ΧΡΉΜΑ
ΟΙΚΟΝΟΜΙΚΆ
ΕΡΓΟΔΌΤΗ
ΕΤΑΙΡΕΊΑ
ΕΡΓΟΣΤΆΣΙΟ
ΧΡΗΜΑΤΟΔΟΤΏ
ΦΌΡΟΙ
ΕΙΣΌΔΗΜΑ
ΕΠΈΝΔΥΣΗ
ΕΜΠΟΡΕΎΜΑΤΑ
ΝΌΜΙΣΜΑ
ΓΡΑΦΕΊΟ
ΠΡΟΣΩΠΙΚΌ
ΚΑΤΆΣΤΗΜΑ
ΕΡΓΑΣΊΑ
ΣΥΝΑΛΛΑΓΉ
ΠΏΛΗΣΗ

17 - Países #2

Ι	Α	Υ	Σ	Τ	Ρ	Α	Λ	Ί	Α	Ο	Ψ	Ξ	Β	Ρ	Δ
Α	Ν	Τ	Χ	Ε	Β	Α	Π	Μ	Ί	Γ	Β	Ω	Ψ	Ω	Α
Λ	Ά	Δ	Ζ	Π	Α	Ρ	Ψ	Σ	Ρ	Α	Η	Χ	Έ	Σ	Ν
Β	Δ	Μ	Ο	Α	Ί	Ρ	Τ	Σ	Υ	Α	Ί	Σ	Ω	Ρ	Ί
Α	Υ	Ε	Σ	Ν	Μ	Δ	Ω	Ο	Σ	Ί	Έ	Π	Μ	Γ	Α
Ν	Ο	Ξ	Λ	Λ	Η	Ά	Π	Ά	Η	Ν	Α	Α	Σ	Ο	Τ
Ί	Σ	Ι	Ν	Χ	Ί	Σ	Ι	Λ	Η	Ω	Ι	Κ	Δ	Ω	Ξ
Α	Μ	Κ	Α	Υ	Ψ	Χ	Ί	Κ	Υ	Π	Θ	Ι	Ρ	Ξ	Ε
Γ	Ε	Ό	Η	Ε	Ί	Ξ	Ε	Α	Α	Α	Ι	Σ	Γ	Ο	Ι
Δ	Έ	Ο	Χ	Λ	Ο	Γ	Υ	Ψ	Ξ	Ι	Ο	Τ	Χ	Ρ	Ν
Γ	Λ	Τ	Χ	Λ	Ξ	Έ	Δ	Τ	Η	Σ	Π	Ά	Β	Π	Ω
Μ	Α	Τ	Ν	Ά	Κ	Γ	Υ	Ο	Λ	Ψ	Ί	Ν	Ξ	Λ	Η
Λ	Τ	Λ	Α	Δ	Ω	Δ	Α	Ι	Χ	Ε	Α	Μ	Ξ	Ξ	Έ
Ν	Λ	Α	Λ	Α	Ο	Π	Ο	Ρ	Τ	Ο	Γ	Α	Λ	Ί	Α
Ι	Β	Υ	Α	Ί	Ο	Υ	Κ	Ρ	Α	Ν	Ί	Α	Ε	Η	Μ
Α	Γ	Γ	Χ	Ι	Α	Ι	Ρ	Λ	Α	Ν	Δ	Ί	Α	Ί	Ψ

ΑΛΒΑΝΊΑ
ΑΥΣΤΡΑΛΊΑ
ΑΥΣΤΡΊΑ
ΔΑΝΊΑ
ΑΙΘΙΟΠΊΑ
ΓΑΛΛΊΑ
ΕΛΛΆΔΑ
ΙΝΔΟΝΗΣΊΑ
ΙΡΛΑΝΔΊΑ
ΤΖΑΜΆΙΚΑ
ΙΑΠΩΝΊΑ
ΛΆΟΣ
ΜΕΞΙΚΌ
ΠΑΚΙΣΤΆΝ
ΠΟΡΤΟΓΑΛΊΑ
ΡΩΣΊΑ
ΣΥΡΊΑ
ΣΟΥΔΆΝ
ΟΥΚΡΑΝΊΑ
ΟΥΓΚΆΝΤΑ

18 - Números

Λ	Δ	Υ	Ί	Δ	Δ	Δ	Ε	Κ	Α	Τ	Ρ	Ί	Α	Δ	Χ
Χ	Έ	Σ	Ε	Μ	Ε	Ε	Γ	Ω	Ι	Σ	Η	Ι	Β	Ε	Ι
Δ	Λ	Ψ	Α	Γ	Δ	Κ	Κ	Ι	Τ	Α	Π	Ξ	Ξ	Κ	Λ
Τ	Α	Ί	Ρ	Τ	Δ	Ε	Α	Α	Ε	Ν	Ν	Έ	Α	Α	Έ
Λ	Έ	Β	Ν	Δ	Τ	Ί	Δ	Ο	Τ	Η	Σ	Υ	Ο	Ε	Ν
Ι	Ν	Σ	Π	Έ	Β	Κ	Ε	Τ	Κ	Έ	Τ	Ι	Τ	Π	Ξ
Υ	Ν	Δ	Σ	Τ	Υ	Ο	Κ	Δ	Ν	Τ	Σ	Δ	Π	Τ	Δ
Γ	Ε	Ώ	Γ	Ε	Β	Σ	Α	Ε	Η	Λ	Ώ	Σ	Η	Ά	Ι
Ε	Α	Δ	Γ	Ο	Ρ	Ι	Π	Κ	Ν	Ά	Τ	Π	Ε	Λ	Ξ
Δ	Κ	Ε	Σ	Ρ	Ι	Α	Έ	Α	Α	Η	Κ	Η	Μ	Ρ	Έ
Ύ	Ε	Κ	Έ	Ρ	Σ	Ψ	Ν	Δ	Δ	Λ	Ο	Ρ	Ψ	Ω	Α
Ο	Δ	Α	Τ	Χ	Ρ	Α	Τ	Ι	Π	Π	Ο	Σ	Ψ	Χ	Κ
Τ	Π	Ε	Δ	Έ	Κ	Α	Ε	Κ	Έ	Δ	Λ	Π	Ω	Υ	Ε
Μ	Σ	Α	Ο	Ί	Ξ	Ε	Α	Ό	Ν	Έ	Δ	Η	Μ	Τ	Δ
Μ	Λ	Ψ	Γ	Χ	Σ	Σ	Ι	Ι	Τ	Υ	Ε	Ι	Γ	Β	Ξ
Ε	Ν	Δ	Λ	Υ	Υ	Τ	Ψ	Υ	Ε	Η	Β	Ξ	Ο	Μ	Ε

ΔΕΚΑΤΈΣΣΕΡΑ
ΜΗΔΈΝ
ΠΈΝΤΕ
ΤΈΣΣΕΡΑ
ΔΕΚΑΔΙΚΌ
ΔΕΚΑΕΝΝΈΑ
ΔΕΚΑΟΚΤΏ
ΔΕΚΑΈΞΙ
ΔΕΚΑΕΠΤΆ
ΔΈΚΑ
ΔΏΔΕΚΑ
ΔΎΟ
ΕΝΝΈΑ
ΟΚΤΏ
ΔΕΚΑΠΈΝΤΕ
ΈΞΙ
ΕΠΤΆ
ΔΕΚΑΤΡΊΑ
ΤΡΊΑ
ΕΊΚΟΣΙ

19 - Física

Α	Α	Α	Σ	Ξ	Η	Κ	Α	Θ	Ο	Λ	Ι	Κ	Ή	Μ	Π
Ν	Έ	Π	Ξ	Γ	Ε	Λ	Τ	Ύ	Π	Ο	Σ	Έ	Υ	Η	Υ
Δ	Ψ	Ρ	Ψ	Γ	Ψ	Π	Ε	Π	Β	Χ	Ρ	Μ	Υ	Χ	Ρ
Α	Σ	Ω	Ι	Χ	Ά	Ο	Σ	Κ	Β	Ε	Ξ	Ξ	Έ	Α	Η
Ί	Ρ	Γ	Ν	Ο	Ι	Α	Τ	Η	Τ	Ύ	Ρ	Α	Β	Ν	Ν
Σ	Ω	Μ	Α	Τ	Ί	Δ	Ι	Ο	Ξ	Ρ	Π	Γ	Ψ	Ή	Ι
Μ	Α	Γ	Ν	Η	Τ	Ι	Σ	Μ	Ό	Σ	Ό	Β	Δ	Ε	Κ
Ά	Τ	Ο	Μ	Ο	Μ	Ρ	Δ	Ω	Σ	Τ	Ν	Ν	Ν	Π	Ή
Δ	Η	Α	Ψ	Δ	Υ	Η	Σ	Ν	Υ	Χ	Ά	Τ	Ι	Π	Ε
Ι	Τ	Δ	Ψ	Γ	Υ	Π	Χ	Ε	Β	Ω	Α	Ω	Ι	Ο	Μ
Τ	Ό	Έ	Δ	Μ	Λ	Έ	Α	Α	Ζ	Ά	Μ	Ρ	Υ	Ί	Ρ
Τ	Ν	Υ	Μ	Ό	Α	Ε	Β	Υ	Ν	Ο	Μ	Ν	Χ	Ω	Λ
Ο	Κ	Ω	Ω	Ρ	Σ	Γ	Ξ	Α	Ξ	Ι	Δ	Έ	Λ	Τ	Β
Π	Υ	Σ	Η	Ι	Ο	Ω	Ω	Β	Ξ	Β	Κ	Χ	Ν	Ι	Ω
Δ	Π	Σ	Ε	Ο	Χ	Λ	Ί	Τ	Ξ	Π	Λ	Ή	Λ	Ξ	Β
Χ	Η	Μ	Ι	Κ	Ή	Σ	Υ	Χ	Ν	Ό	Τ	Η	Τ	Α	Έ

ΕΠΙΤΆΧΥΝΣΗ
ΆΤΟΜΟ
ΧΆΟΣ
ΠΥΚΝΌΤΗΤΑ
ΗΛΕΚΤΡΌΝΙΟ
ΤΎΠΟΣ
ΣΥΧΝΌΤΗΤΑ
ΑΈΡΙΟ
ΒΑΡΎΤΗΤΑ
ΜΑΓΝΗΤΙΣΜΌΣ
ΜΆΖΑ
ΜΗΧΑΝΙΚΉ
ΜΌΡΙΟ
ΜΗΧΑΝΉ
ΠΥΡΗΝΙΚΉ
ΣΩΜΑΤΊΔΙΟ
ΧΗΜΙΚΉ
ΚΑΘΟΛΙΚΉ

20 - Belleza

Σ	Τ	Υ	Λ	Ί	Σ	Τ	Α	Σ	Δ	Ω	Υ	Έ	Ί	Ε	Ν
Ν	Χ	Π	Μ	Μ	Ι	Μ	Μ	Π	Ο	Ύ	Κ	Λ	Ε	Σ	Τ
Ψ	Σ	Ω	Ε	Δ	Κ	Α	Θ	Ρ	Ε	Φ	Τ	Η	Σ	Ν	Ν
Υ	Ί	Έ	Ο	Ε	Έ	Ν	Ό	Ϊ	Ο	Ρ	Π	Τ	Τ	Ο	Ά
Γ	Ρ	Ψ	Ρ	Β	Ι	Ρ	Ψ	Π	Ι	Λ	Ρ	Δ	Α	Δ	Υ
Π	Δ	Χ	Δ	Ν	Π	Ε	Μ	Γ	Ο	Η	Τ	Ε	Ί	Α	Ο
Μ	Έ	Ε	Ε	Η	Ο	Ω	Ο	Α	Ι	Σ	Τ	Μ	Γ	Μ	Π
Έ	Λ	Α	Ι	Α	Έ	Ξ	Κ	Τ	Α	Ο	Χ	Η	Υ	Δ	Μ
Υ	Π	Η	Ρ	Ε	Σ	Ί	Α	Η	Ρ	Ά	Χ	Ρ	Ώ	Μ	Α
Κ	Ρ	Α	Γ	Ι	Ό	Ν	Ξ	Τ	Α	Ξ	Έ	Α	Ω	Π	Σ
Ν	Π	Ί	Σ	Β	Ρ	Υ	Ί	Ό	Κ	Ι	Χ	Β	Τ	Υ	Ω
Ι	Ρ	Α	Ί	Ψ	Ε	Υ	Τ	Ψ	Σ	Γ	Ν	Δ	Υ	Χ	Π
Ψ	Α	Λ	Ί	Δ	Ι	Β	Π	Μ	Ά	Ρ	Ω	Μ	Α	Ω	Ν
Β	Έ	Σ	Ο	Ο	Ω	Ο	Η	Ο	Μ	Χ	Χ	Ε	Η	Δ	Ν
Γ	Υ	Ψ	Ζ	Ά	Ι	Γ	Ι	Κ	Α	Μ	Έ	Υ	Α	Μ	Ν
Φ	Ω	Τ	Ο	Γ	Ε	Ν	Η	Σ	Ο	Η	Ξ	Ι	Σ	Υ	Ν

ΈΛΑΙΑ
ΣΑΜΠΟΥΆΝ
ΧΡΏΜΑ
ΚΟΜΨΌΤΗΤΑ
ΚΟΜΨΌ
ΓΟΗΤΕΊΑ
ΚΑΘΡΕΦΤΗΣ
ΣΤΥΛΊΣΤΑΣ
ΦΩΤΟΓΕΝΗΣ
ΆΡΩΜΑ
ΧΆΡΗ
ΜΑΚΙΓΙΆΖ
ΔΈΡΜΑ
ΚΡΑΓΙΌΝ
ΠΡΟΪΌΝ
ΜΠΟΎΚΛΕΣ
ΜΆΣΚΑΡΑ
ΥΠΗΡΕΣΊΑ
ΨΑΛΊΔΙ

21 - Países #1

Ι	Δ	Η	Γ	Ι	Σ	Φ	Μ	Β	Α	Έ	Β	Ι	Ψ	Γ	Ο
Ν	Χ	Λ	Υ	Α	Σ	Ι	Α	Ε	Ρ	Λ	Ρ	Σ	Λ	Υ	Α
Δ	Ω	Ω	Λ	Η	Ί	Λ	Ρ	Ν	Γ	Τ	Α	Π	Χ	Ά	Μ
Ί	Χ	Ω	Ο	Ω	Ί	Ι	Ό	Ε	Ε	Τ	Ζ	Α	Α	Έ	Μ
Α	Ί	Ν	Ω	Λ	Ο	Π	Κ	Ζ	Ν	Ν	Ι	Ν	Μ	Γ	Υ
Ρ	Ί	Ψ	Ε	Ω	Α	Π	Ο	Ο	Τ	Π	Λ	Ί	Ν	Ε	Μ
Ύ	Ω	Λ	Υ	Τ	Π	Ί	Υ	Υ	Ι	Δ	Ί	Α	Β	Ρ	Β
Ο	Ω	Ξ	Α	Σ	Β	Ν	Ι	Έ	Ν	Δ	Α	Έ	Κ	Μ	Ξ
Δ	Γ	Λ	Α	Τ	Γ	Ω	Λ	Λ	Ή	Γ	Ψ	Ω	Α	Α	Λ
Ν	Χ	Έ	Ρ	Ρ	Ι	Ν	Β	Α	Ω	Λ	Ε	Έ	Ν	Ν	Ι
Ο	Β	Ε	Κ	Ο	Υ	Α	Δ	Ό	Ρ	Π	Π	Η	Α	Ί	Β
Έ	Έ	Σ	Ι	Σ	Ο	Ν	Α	Η	Τ	Χ	Α	Έ	Δ	Α	Ύ
Ρ	Λ	Ψ	Ξ	Β	Α	Ί	Γ	Η	Β	Ρ	Ο	Ν	Ά	Ε	Η
Η	Γ	Α	Ί	Γ	Υ	Π	Τ	Ο	Σ	Ι	Ω	Γ	Α	Γ	Ρ
Η	Ι	Ί	Ω	Ξ	Γ	Δ	Ω	Ρ	Χ	Ψ	Ξ	Υ	Ω	Μ	Υ
Σ	Ο	Ν	Ι	Κ	Α	Ρ	Ά	Γ	Ο	Υ	Α	Ψ	Ε	Δ	Ά

ΓΕΡΜΑΝΊΑ
ΑΡΓΕΝΤΙΝΉ
ΒΈΛΓΙΟ
ΒΡΑΖΙΛΊΑ
ΚΑΝΑΔΆ
ΕΚΟΥΑΔΌΡ
ΑΊΓΥΠΤΟΣ
ΙΣΠΑΝΊΑ
ΦΙΛΙΠΠΊΝΩΝ
ΟΝΔΟΎΡΑ
ΙΝΔΊΑ
ΙΤΑΛΊΑ
ΛΙΒΎΗ
ΜΆΛΙ
ΜΑΡΌΚΟ
ΝΙΚΑΡΆΓΟΥΑ
ΝΟΡΒΗΓΊΑ
ΠΑΝΑΜΆ
ΠΟΛΩΝΊΑ
ΒΕΝΕΖΟΥΈΛΑ

22 - Mitología

Υ	Θ	Ε	Κ	Δ	Ί	Κ	Η	Σ	Η	Π	Ρ	Ρ	Ξ	Ρ	Ή
Λ	Ή	Ν	Ί	Ε	Λ	Η	Χ	Υ	Ι	Η	Α	Π	Ο	Γ	Ρ
Ν	Π	Ξ	Η	Σ	Υ	Μ	Π	Ε	Ρ	Ι	Φ	Ο	Ρ	Ά	Ω
Θ	Α	Ω	Π	Τ	Η	Ρ	Ω	Ί	Δ	Α	Μ	Ρ	Μ	Υ	Α
Α	Ρ	Ρ	Ω	Ο	Ό	Ω	Σ	Ω	Ί	Π	Μ	Β	Χ	Γ	Σ
Θ	Τ	Ύ	Ω	Σ	Λ	Σ	Γ	Α	Ω	Ρ	Ψ	Ί	Ή	Λ	Β
Α	Σ	Ω	Λ	Ί	Έ	Ε	Η	Ψ	Π	Ω	Ο	Π	Φ	Σ	Ρ
Ν	Α	Υ	Ρ	Ο	Σ	Ό	Μ	Σ	Ι	Τ	Ι	Λ	Ο	Π	Ο
Α	Δ	Ψ	Α	Ω	Σ	Ξ	Α	Ι	Ί	Π	Λ	Β	Ρ	Λ	Ν
Σ	Η	Ζ	Ν	Ί	Ο	Χ	Ν	Π	Σ	Α	Ρ	Έ	Τ	Ά	Τ
Ί	Ν	Ή	Δ	Μ	Ω	Λ	Ύ	Ο	Μ	Τ	Ν	Έ	Σ	Σ	Ή
Α	Π	Λ	Α	Η	Ψ	Δ	Δ	Ρ	Δ	Τ	Ή	Ψ	Α	Μ	Β
Γ	Σ	Ι	Ε	Σ	Ή	Θ	Ι	Ο	Π	Ε	Π	Σ	Τ	Α	Η
Δ	Γ	Α	Α	Ρ	Χ	Έ	Τ	Υ	Π	Ο	Τ	Η	Α	Ί	Λ
Σ	Δ	Η	Μ	Ι	Ο	Υ	Ρ	Γ	Ί	Α	Χ	Ε	Κ	Ω	Η
Λ	Α	Β	Ύ	Ρ	Ι	Ν	Θ	Ο	Σ	Ρ	Δ	Ε	Β	Ρ	Σ

ΑΡΧΈΤΥΠΟ
ΖΉΛΙΑ
ΣΥΜΠΕΡΙΦΟΡΆ
ΔΗΜΙΟΥΡΓΊΑ
ΠΕΠΟΙΘΉΣΕΙΣ
ΠΛΆΣΜΑ
ΠΟΛΙΤΙΣΜΌΣ
ΚΑΤΑΣΤΡΟΦΉ
ΔΎΝΑΜΗ
ΠΟΛΕΜΙΣΤΉΣ
ΗΡΩΊΔΑ
ΉΡΩΑΣ
ΑΘΑΝΑΣΊΑ
ΛΑΒΎΡΙΝΘΟΣ
ΘΡΎΛΟΣ
ΤΈΡΑΣ
ΘΝΗΤΌΣ
ΑΣΤΡΑΠΉ
ΒΡΟΝΤΉ
ΕΚΔΊΚΗΣΗ

23 - Ecología

Ε	Ν	Σ	Ε	Δ	Ρ	Ν	Ί	Χ	Λ	Α	Π	Ι	Α	Π	Ε
Χ	Ί	Α	Ξ	Ι	Τ	Π	Ω	Η	Ξ	Α	Ο	Έ	Π	Α	Θ
Ω	Η	Δ	Ε	Π	Ι	Β	Ί	Ω	Σ	Η	Ι	Σ	Χ	Γ	Ε
Ι	Λ	Ί	Ο	Ρ	Σ	Ο	Μ	Χ	Σ	Ρ	Κ	Α	Λ	Κ	Λ
Λ	Π	Ν	Π	Σ	Ξ	Σ	Υ	Ω	Ο	Ν	Ι	Λ	Ω	Ό	Ο
Έ	Υ	Α	Λ	Μ	Ν	Ι	Τ	Π	Υ	Ο	Λ	Υ	Ρ	Σ	Ν
Β	Υ	Π	Λ	Α	Έ	Β	Ί	Γ	Ξ	Ν	Ί	Γ	Ί	Μ	Τ
Λ	Σ	Ι	Δ	Β	Ο	Ι	Σ	Σ	Ά	Λ	Α	Θ	Δ	Ι	Έ
Μ	Ψ	Ι	Έ	Ψ	Β	Μ	Ι	Ε	Τ	Ω	Ί	Μ	Α	Α	Σ
Ψ	Μ	Η	Σ	Ι	Ή	Κ	Ι	Σ	Υ	Φ	Π	Γ	Ί	Μ	Μ
Β	Ε	Μ	Ά	Υ	Μ	Τ	Ι	Σ	Φ	Ύ	Γ	Γ	Μ	Λ	Ξ
Κ	Ο	Ι	Ν	Ό	Τ	Η	Τ	Α	Ί	Σ	Α	Ρ	Η	Ξ	Κ
Ψ	Δ	Σ	Υ	Ω	Π	Ί	Έ	Η	Σ	Η	Τ	Σ	Ά	Λ	Β
Ο	Γ	Ώ	Ο	Ψ	Ρ	Δ	Ω	Γ	Β	Ο	Έ	Έ	Ξ	Σ	Υ
Σ	Ρ	Ι	Β	Π	Έ	Ό	Ξ	Γ	Ρ	Ε	Ν	Α	Ε	Ο	Α
Λ	Ξ	Β	Β	Η	Χ	Μ	Π	Ο	Ι	Χ	Ξ	Ί	Ι	Π	Α

ΚΛΊΜΑ
ΚΟΙΝΌΤΗΤΑ
ΠΟΙΚΙΛΊΑ
ΕΊΔΟΣ
ΠΑΝΊΔΑ
ΧΛΩΡΊΔΑ
ΠΑΓΚΌΣΜΙΑ
ΘΑΛΆΣΣΙΟ
ΒΟΥΝΆ
ΦΥΣΙΚΉ
ΦΎΣΗ
ΦΥΤΆ
ΠΌΡΩΝ
ΞΗΡΑΣΊΑ
ΒΙΏΣΙΜΗ
ΕΠΙΒΊΩΣΗ
ΒΛΆΣΤΗΣΗ
ΕΘΕΛΟΝΤΈΣ

24 - Casa

Υ	Μ	Λ	Η	Γ	Λ	Η	Π	Ν	Δ	Η	Μ	Β	Η	Ψ	Χ
Υ	Π	Α	Τ	Ί	Φ	Ο	Σ	Ό	Ι	Γ	Χ	Γ	Ψ	Μ	Π
Π	Π	Ν	Γ	Ω	Ξ	Ω	Υ	Ί	Ρ	Έ	Έ	Υ	Ι	Η	Ο
Ό	Ά	Ί	Ο	Η	Ο	Δ	Ο	Ξ	Ω	Τ	Τ	Ζ	Ά	Κ	Ι
Γ	Τ	Ζ	Β	Δ	Έ	Έ	Τ	Ι	Έ	Σ	Α	Ά	Υ	Ή	Δ
Ε	Ω	Υ	Ί	Ξ	Ω	Δ	Ν	Σ	Έ	Ξ	Τ	Ρ	Ξ	Θ	Έ
Ι	Μ	Ο	Ε	Σ	Η	Μ	Ο	Δ	Δ	Ί	Λ	Α	Χ	Ο	Ν
Ο	Α	Κ	Ξ	Ε	Χ	Α	Ά	Ω	Υ	Ψ	Ί	Κ	Κ	Ι	Π
Ε	Ι	Ψ	Α	Ν	Υ	Τ	Λ	Τ	Β	Π	Ψ	Γ	Α	Λ	Α
Τ	Ο	Ί	Χ	Ο	Σ	Ρ	Λ	Έ	Ι	Λ	Σ	Λ	Θ	Β	Ρ
Β	Π	Κ	Υ	Ψ	Η	Ν	Ψ	Μ	Ω	Ο	Κ	Ε	Ρ	Ι	Ά
Ν	Ξ	Ή	Ψ	Λ	Τ	Τ	Χ	Δ	Λ	Σ	Ο	Β	Ε	Β	Θ
Ι	Ο	Π	Ε	Ά	Κ	Τ	Α	Γ	Δ	Ι	Ύ	Ρ	Φ	Η	Υ
Ί	Η	Ο	Ι	Μ	Α	Ξ	Ε	Ρ	Ο	Υ	Π	Ύ	Τ	Ε	Ρ
Ο	Δ	Σ	Ω	Π	Ρ	Η	Υ	Ξ	Υ	Β	Α	Σ	Η	Δ	Ο
Λ	Ν	Ί	Λ	Α	Φ	Μ	Έ	Ξ	Ο	Η	Μ	Η	Σ	Ί	Γ

ΧΑΛΊ
ΣΟΦΊΤΑ
ΒΙΒΛΙΟΘΉΚΗ
ΤΖΆΚΙ
ΚΟΥΖΊΝΑ
ΥΠΝΟΔΩΜΆΤΙΟ
ΝΤΟΥΣ
ΣΚΟΎΠΑ
ΚΑΘΡΕΦΤΗΣ
ΓΚΑΡΆΖ
ΒΡΎΣΗ
ΚΉΠΟΣ
ΛΆΜΠΑ
ΤΟΊΧΟΣ
ΠΆΤΩΜΑ
ΠΌΡΤΑ
ΥΠΌΓΕΙΟ
ΣΤΈΓΗ
ΦΡΑΚΤΗΣ
ΠΑΡΆΘΥΡΟ

25 - Artes Visuales

Φ	Γ	Ξ	Δ	Υ	Ο	Α	Ο	Δ	Γ	Η	Ω	Α	Γ	Ε	Ο
Κ	Ω	Ν	Ν	Α	Ν	Σ	Τ	Υ	Λ	Ό	Τ	Λ	Λ	Ω	Σ
Α	Κ	Τ	Ν	Μ	Υ	Μ	Ψ	Ψ	Η	Ρ	Ψ	Έ	Υ	Χ	Α
Β	Ι	Λ	Ο	Η	Ο	Έ	Β	Σ	Μ	Σ	Τ	Τ	Π	Υ	Ρ
Α	Μ	Ο	Φ	Γ	Β	Σ	Ύ	Ν	Θ	Ε	Σ	Η	Τ	Π	Χ
Λ	Ω	Π	Ά	Ρ	Ρ	Π	Π	Ω	Σ	Υ	Η	Η	Ι	Ο	Ι
Έ	Λ	Υ	Ρ	Ύ	Ά	Α	Έ	Υ	Υ	Ρ	Ν	Α	Κ	Ρ	Τ
Τ	Ί	Λ	Γ	Ο	Κ	Ω	Φ	Ν	Π	Ί	Χ	Ζ	Ή	Τ	Ε
Ο	Α	Τ	Υ	Τ	Ψ	Ψ	Μ	Ί	Ψ	Π	Έ	Ω	Κ	Ρ	Κ
Μ	Ο	Ν	Λ	Σ	Π	Ξ	Σ	Γ	Α	Τ	Τ	Γ	Ι	Έ	Τ
Η	Ο	Π	Ο	Ι	Κ	Ί	Ν	Ρ	Ε	Β	Ι	Ρ	Μ	Τ	Ο
Η	Ο	Λ	Π	Ρ	Τ	Α	Ι	Ν	Ί	Α	Λ	Α	Α	Ο	Ν
Ψ	Ρ	Π	Ύ	Α	Ο	Ω	Δ	Ι	Ρ	Ξ	Λ	Φ	Ρ	Δ	Ι
Έ	Υ	Ί	Ί	Β	Τ	Ξ	Ψ	Γ	Ε	Δ	Α	Ι	Ε	Ρ	Κ
Λ	Δ	Χ	Ω	Π	Ι	Ί	Π	Ι	Κ	Ο	Κ	Κ	Κ	Π	Ή
Π	Ρ	Ο	Ο	Π	Τ	Ι	Κ	Ή	Ο	Β	Χ	Ή	Λ	Η	Η

ΑΡΧΙΤΕΚΤΟΝΙΚΉ
ΚΑΛΛΙΤΈΧΝΗΣ
ΒΕΡΝΊΚΙ
ΚΑΒΑΛΈΤΟ
ΚΆΡΒΟΥΝΟ
ΚΕΡΊ
ΚΕΡΑΜΙΚΉ
ΣΎΝΘΕΣΗ
ΓΛΥΠΤΙΚΉ
ΦΩΤΟΓΡΑΦΊΑ
ΜΟΛΎΒΙ
ΑΡΙΣΤΟΎΡΓΗΜΑ
ΤΑΙΝΊΑ
ΠΡΟΟΠΤΙΚΉ
ΖΩΓΡΑΦΙΚΉ
ΠΟΛΥΓΡΆΦΟ
ΣΤΥΛΌ
ΠΟΡΤΡΈΤΟ
ΚΙΜΩΛΊΑ

26 - Salud y Bienestar #2

Α	Δ	Ί	Μ	Ρ	Ε	Θ	Υ	Ο	Ή	Ν	Π	Δ	Λ	Ε	Α
Ί	Ν	Μ	Α	Σ	Ά	Ζ	Ε	Έ	Φ	Ν	Ι	Ω	Ψ	Σ	Ί
Μ	Χ	Ά	Χ	Χ	Ν	Η	Τ	Μ	Ο	Η	Π	Ε	Μ	Ε	Μ
Ο	Ο	Υ	Κ	Υ	Δ	Σ	Χ	Ε	Ρ	Σ	Ν	Έ	Ψ	Σ	Α
Τ	Η	Γ	Ν	Τ	Ί	Έ	Υ	Ω	Τ	Ε	Μ	Ε	Έ	Β	Ν
Α	Σ	Ι	Λ	Ο	Η	Σ	Β	Γ	Α	Τ	Ν	Τ	Ν	Ό	Ρ
Ν	Ω	Ε	Τ	Ε	Σ	Σ	Τ	Α	Ι	Τ	Σ	Ώ	Ρ	Ρ	Α
Α	Τ	Ι	Ξ	Ρ	Γ	Ο	Η	Η	Δ	Ή	Ί	Ε	Χ	Ε	Ί
Υ	Ά	Ν	Ψ	Έ	Ι	Μ	Κ	Ξ	Γ	Κ	Ω	Β	Ι	Ξ	Γ
Ί	Δ	Ή	Ω	Ί	Β	Ξ	Ξ	Ο	Χ	Ι	Γ	Η	Υ	Η	Ρ
Ζ	Υ	Γ	Ί	Ζ	Ω	Ψ	Ν	Ρ	Μ	Τ	Ρ	Η	Ι	Σ	Ε
Β	Φ	Ε	Ν	Έ	Ρ	Γ	Ε	Ι	Α	Ε	Η	Χ	Μ	Ν	Λ
Ψ	Α	Β	Ι	Τ	Α	Μ	Ί	Ν	Η	Ν	Ί	Υ	Έ	Υ	Λ
Π	Ί	Ε	Σ	Η	Έ	Δ	Υ	Β	Β	Ε	Έ	Ο	Χ	Λ	Α
Π	Έ	Ψ	Η	Ί	Ν	Χ	Σ	Π	Τ	Γ	Υ	Ο	Ω	Ό	Σ
Υ	Υ	Γ	Ί	Ξ	Μ	Ί	Υ	Ρ	Δ	Π	Τ	Μ	Τ	Μ	Ε

ΑΛΛΕΡΓΊΑ
ΑΝΑΤΟΜΊΑ
ΌΡΕΞΗ
ΘΕΡΜΊΔΑ
ΑΦΥΔΆΤΩΣΗ
ΔΙΑΤΡΟΦΉ
ΠΈΨΗ
ΕΝΈΡΓΕΙΑ
ΑΡΡΏΣΤΙΑ
ΠΊΕΣΗ
ΓΕΝΕΤΙΚΉ
ΥΓΙΕΙΝΉ
ΝΟΣΟΚΟΜΕΊΟ
ΜΌΛΥΝΣΗ
ΜΑΣΆΖ
ΖΥΓΊΖΩ
ΑΝΆΚΤΗΣΗ
ΥΓΙΉ
ΑΊΜΑ
ΒΙΤΑΜΊΝΗ

27 - Selva Tropical

Ψ	Γ	Ν	Ι	Τ	Ψ	Ν	Ζ	Θ	Έ	Β	Έ	Γ	Χ	Γ	Ξ
Ε	Ε	Ν	Χ	Τ	Ι	Λ	Ο	Η	Γ	Ν	Ο	Χ	Ι	Λ	Κ
Π	Τ	Ν	Μ	Β	Β	Λ	Ύ	Λ	Χ	Α	Τ	Ν	Λ	Β	Α
Χ	Ο	Τ	Α	Γ	Λ	Λ	Γ	Α	Ύ	Ρ	Β	Ο	Ε	Η	Τ
Γ	Γ	Υ	Α	Ψ	Τ	Ψ	Κ	Σ	Ν	Ψ	Γ	Υ	Μ	Σ	Α
Η	Χ	Π	Λ	Α	Υ	Α	Λ	Τ	Ν	Ω	Μ	Ρ	Ω	Α	Φ
Σ	Η	Ο	Δ	Ι	Π	Γ	Α	Ι	Χ	Ξ	Ψ	Γ	Ρ	Τ	Ύ
Η	Έ	Ω	Ο	Η	Ά	Ή	Α	Κ	Τ	Έ	Υ	Ν	Τ	Σ	Γ
Ρ	Ο	Σ	Έ	Σ	Ν	Κ	Έ	Ά	Γ	Δ	Ψ	Υ	Β	Ά	Ι
Ή	Υ	Σ	Α	Ω	Ύ	Ι	Σ	Έ	Β	Ο	Μ	Α	Ι	Τ	Ο
Τ	Υ	Λ	Ι	Ί	Λ	Ν	Ν	Ψ	Ι	Φ	Β	Υ	Ί	Α	Κ
Α	Μ	Φ	Ί	Β	Ι	Α	Ν	Ι	Π	Ύ	Ω	Χ	Υ	Κ	Λ
Ι	Δ	Β	Η	Ι	Ο	Τ	Ε	Ε	Σ	Σ	Γ	Έ	Ν	Ο	Ί
Δ	Σ	Σ	Λ	Π	Ν	Ο	Λ	Σ	Φ	Η	Τ	Ί	Ξ	Π	Μ
Ί	Τ	Ί	Έ	Ε	Μ	Β	Π	Ρ	Σ	Α	Χ	Έ	Γ	Α	Α
Ε	Ί	Δ	Ο	Σ	Ε	Π	Ο	Ι	Κ	Ι	Λ	Ί	Α	Ρ	Έ

ΑΜΦΊΒΙΑ
ΒΟΤΑΝΙΚΉ
ΚΛΊΜΑ
ΠΟΙΚΙΛΊΑ
ΕΊΔΟΣ
ΈΝΤΟΜΑ
ΘΗΛΑΣΤΙΚΆ
ΒΡΎΑ
ΦΎΣΗ
ΣΎΝΝΕΦΑ
ΠΟΥΛΙΆ
ΔΙΑΤΉΡΗΣΗ
ΚΑΤΑΦΎΓΙΟ
ΣΈΒΟΜΑΙ
ΑΠΟΚΑΤΆΣΤΑΣΗ
ΖΟΎΓΚΛΑ
ΕΠΙΒΊΩΣΗ

28 - Colores

Κ	Α	Ω	Γ	Α	Κ	Π	Η	Γ	Τ	Ρ	Ι	Ζ	Κ	Ψ	Β
Έ	Α	Η	Λ	Π	Ό	Ο	Ο	Κ	Μ	Π	Λ	Ε	Υ	Χ	Π
Ω	Η	Φ	Χ	Υ	Κ	Ρ	Έ	Ρ	Ω	Έ	Ψ	Π	Α	Χ	Έ
Λ	Ο	Ι	Έ	Ο	Κ	Τ	Γ	Ι	Τ	Ο	Έ	Μ	Ν	Υ	Δ
Β	Ο	Μ	Ι	Β	Ι	Ο	Α	Ι	Ξ	Ύ	Ο	Φ	Ό	Ν	Β
Μ	Ν	Υ	Α	Ψ	Ν	Κ	Λ	Ρ	Β	Ι	Ο	Λ	Ε	Τ	Ί
Μ	Ι	Κ	Λ	Ί	Ο	Ά	Ά	Ο	Π	Ο	Χ	Α	Ί	Έ	Μ
Χ	Σ	Χ	Ί	Α	Ι	Λ	Ζ	Ο	Ρ	Μ	Α	Ύ	Ρ	Ο	Ω
Χ	Ά	Μ	Ο	Τ	Κ	Ι	Ι	Π	Γ	Δ	Α	Μ	Η	Π	Α
Π	Ρ	Μ	Α	Ξ	Ρ	Ί	Ο	Π	Λ	Ε	Υ	Κ	Ό	Λ	Ε
Δ	Π	Υ	Χ	Α	Α	Ι	Π	Έ	Σ	Α	Η	Τ	Ξ	Σ	Ξ
Π	Η	Σ	Σ	Ψ	Μ	Λ	Ν	Α	Ω	Ω	Χ	Ί	Ω	Ω	Γ
Η	Ι	Η	Μ	Δ	Ψ	Ν	Γ	Ο	Σ	Ο	Γ	Μ	Β	Τ	Μ
Τ	Ε	Έ	Σ	Ω	Ω	Τ	Ξ	Χ	Ω	Τ	Έ	Π	Λ	Έ	Ι
Έ	Χ	Ο	Λ	Ω	Ξ	Ο	Σ	Τ	Ξ	Ψ	Δ	Ε	Η	Δ	Μ
Ξ	Χ	Υ	Σ	Έ	Υ	Δ	Γ	Δ	Μ	Ο	Μ	Έ	Ξ	Δ	Ο

ΚΊΤΡΙΝΟ
ΜΠΛΕ
ΓΑΛΆΖΙΟ
ΜΠΕΖ
ΛΕΥΚΌ
ΚΥΑΝΌ
ΦΟΎΞΙΑ
ΓΚΡΙ
ΛΟΥΛΑΚΊ
ΚΑΦΈ
ΠΟΡΤΟΚΆΛΙ
ΜΑΎΡΟ
ΜΟΒ
ΚΌΚΚΙΝΟ
ΡΟΖ
ΣΈΠΙΑ
ΠΡΆΣΙΝΟ
ΒΙΟΛΕΤΊ

29 - Adjetivos #1

Υ	Ψ	Υ	Μ	Έ	Τ	Β	Α	Ρ	Ι	Ά	Μ	Α	Κ	Ρ	Ύ
Ε	Έ	Ν	Έ	Ν	Έ	Η	Σ	Σ	Ο	Β	Α	Ρ	Ή	Ο	Β
Κ	Λ	Ό	Α	Υ	Λ	Β	Η	Η	Τ	Υ	Λ	Ό	Π	Α	Β
Α	Ν	Κ	Ω	Ξ	Ε	Μ	Μ	Α	Μ	Ι	Τ	Ύ	Λ	Ο	Π
Λ	Γ	Ι	Υ	Τ	Ι	Δ	Η	Τ	Χ	Α	Α	Θ	Ώ	Ο	Σ
Λ	Π	Τ	Ρ	Σ	Ο	Ρ	Ύ	Ο	Κ	Σ	Ν	Α	Δ	Ν	Ν
Ι	Χ	Α	Ω	Μ	Τ	Ξ	Ω	Ο	Ν	Ρ	Έ	Τ	Ν	Ο	Μ
Τ	Ξ	Μ	Λ	Σ	Ο	Ι	Τ	Σ	Ά	Ρ	Ε	Τ	Ι	Σ	Α
Ε	Δ	Ω	Β	Ρ	Ε	Ξ	Κ	Ί	Τ	Ξ	Ψ	Χ	Γ	Κ	Τ
Χ	Ν	Ρ	Η	Ο	Ν	Μ	Β	Ό	Ν	Ι	Ε	Τ	Ω	Φ	Ό
Ν	Χ	Α	Ψ	Ν	Ε	Π	Α	Β	Κ	Σ	Χ	Α	Β	Ξ	Ο
Ι	Γ	Δ	Δ	Σ	Ρ	Σ	Μ	Σ	Ν	Ι	Τ	Η	Ω	Τ	Α
Κ	Μ	Μ	Ξ	Η	Γ	Τ	Ψ	Ψ	Ο	Ν	Τ	Ι	Σ	Ψ	Υ
Ή	Ω	Ν	Ν	Ν	Ή	Γ	Ρ	Α	Υ	Α	Ι	Ω	Ι	Ι	Ο
Γ	Δ	Ι	Λ	Φ	Ι	Λ	Ό	Δ	Ο	Ξ	Ο	Ν	Ξ	Ξ	Μ
Γ	Ε	Ν	Ν	Α	Ι	Ό	Δ	Ω	Ρ	Η	Π	Υ	Η	Ε	Η

ΑΠΌΛΥΤΗ
ΕΝΕΡΓΉ
ΦΙΛΌΔΟΞΟ
ΑΡΩΜΑΤΙΚΌ
ΚΑΛΛΙΤΕΧΝΙΚΉ
ΕΛΚΥΣΤΙΚΌ
ΦΩΤΕΙΝΌ
ΤΕΡΆΣΤΙΟ
ΕΞΩΤΙΚΌ
ΓΕΝΝΑΙΌΔΩΡΗ

ΣΗΜΑΝΤΙΚΌ
ΑΘΏΟΣ
ΜΑΚΡΎ
ΑΡΓΉ
ΜΟΝΤΈΡΝΟ
ΣΚΟΎΡΟ
ΤΈΛΕΙΟ
ΒΑΡΙΆ
ΣΟΒΑΡΉ
ΠΟΛΎΤΙΜΑ

30 - Familia

Τ	Η	Υ	Γ	Έ	Ε	Γ	Θ	Χ	Ξ	Χ	Ο	Π	Δ	Ξ	Ί
Ω	Ο	Τ	Ν	Ν	Γ	Έ	Ι	Ε	Τ	Β	Λ	Α	Ί	Ρ	Α
Π	Ε	Ν	Χ	Η	Γ	Σ	Ι	Α	Ί	Ω	Ψ	Π	Δ	Ξ	Δ
Α	Α	Γ	Ω	Ή	Ό	Ο	Χ	Ν	Γ	Α	Έ	Π	Υ	Τ	Α
Υ	Ρ	Τ	Τ	Κ	Ν	Γ	Ν	Ω	Ε	Ι	Ξ	Ο	Μ	Η	Δ
Η	Έ	Ν	Έ	Ι	Ι	Υ	Π	Ο	Ε	Μ	Ά	Ύ	Α	Β	Ε
Ε	Τ	Ξ	Β	Ρ	Α	Ζ	Ξ	Ψ	Π	Έ	Ο	Σ	Μ	Ω	Λ
Ξ	Η	Ί	Ξ	Τ	Α	Ύ	Α	Π	Α	Ι	Δ	Ί	Β	Γ	Φ
Χ	Μ	Β	Ω	Η	Β	Σ	Δ	Γ	Υ	Ν	Α	Ί	Κ	Α	Ο
Χ	Α	Ν	Π	Μ	Ν	Ό	Έ	Α	Ο	Β	Σ	Α	Π	Υ	Σ
Ξ	Δ	Μ	Τ	Ή	Κ	Ι	Ρ	Τ	Α	Π	Ο	Ν	Ν	Ο	Β
Π	Ε	Ε	Ί	Γ	Μ	Ψ	Φ	Σ	Έ	Γ	Ρ	Ι	Υ	Ω	Χ
Υ	Λ	Ψ	Έ	Χ	Ξ	Ι	Η	Ρ	Ό	Κ	Χ	Ψ	Σ	Α	Γ
Γ	Φ	Ε	Σ	Σ	Ο	Ν	Ο	Γ	Ό	Ρ	Π	Ι	Τ	Γ	Υ
Ν	Ή	Ο	Ί	Ρ	Ε	Α	Θ	Ε	Ί	Ο	Σ	Ά	Ω	Ξ	Ι
Δ	Ι	Α	Μ	Η	Ε	Ω	Δ	Υ	Β	Ε	Ο	Ρ	Ρ	Ί	Η

ΓΙΑΓΙΆ
ΠΑΠΠΟΎΣ
ΠΡΌΓΟΝΟΣ
ΓΥΝΑΊΚΑ
ΔΊΔΥΜΑ
ΑΔΕΛΦΉ
ΑΔΕΛΦΟΣ
ΚΌΡΗ
ΜΗΤΈΡΑ
ΣΎΖΥΓΟΣ
ΜΗΤΡΙΚΉ
ΕΓΓΌΝΙ
ΠΑΙΔΊ
ΠΑΤΈΡΑΣ
ΠΑΤΡΙΚΉ
ΞΑΔΈΡΦΗ
ΑΝΙΨΙΆ
ΑΝΙΨΙΌΣ
ΘΕΊΑ
ΘΕΊΟΣ

31 - Disciplinas Científicas

Φ	Θ	Ε	Η	Ι	Κ	Ψ	Η	Γ	Β	Ω	Π	Γ	Μ	Ζ	Ι
Υ	Ε	Α	Ί	Γ	Ο	Λ	Ο	Χ	Υ	Ψ	Ι	Ε	Η	Ω	Ξ
Σ	Ρ	Μ	Α	Α	Ι	Ι	Υ	Ι	Β	Τ	Α	Ω	Χ	Ο	Ν
Ι	Μ	Ε	Ν	Ρ	Ν	Α	Α	Η	Ι	Ψ	Ί	Λ	Α	Λ	Λ
Ο	Ο	Τ	Ο	Χ	Ω	Ί	Ί	Π	Ο	Τ	Ε	Ο	Ν	Ο	Ι
Λ	Δ	Ε	Σ	Α	Ν	Γ	Ε	Γ	Λ	Α	Μ	Γ	Ι	Γ	Ε
Ο	Υ	Ω	Ο	Ι	Ι	Ο	Μ	Ξ	Ο	Τ	Η	Ί	Κ	Ί	Έ
Γ	Ν	Ρ	Λ	Ο	Ο	Λ	Η	Μ	Γ	Λ	Χ	Α	Ή	Α	Χ
Ί	Α	Ο	Ο	Λ	Λ	Ο	Χ	Α	Ί	Μ	Ο	Τ	Α	Ν	Α
Α	Μ	Λ	Γ	Ο	Ο	Σ	Ε	Ο	Α	Ρ	Ι	Ρ	Ε	Η	Β
Μ	Ι	Ο	Ί	Γ	Γ	Σ	Ε	Ι	Δ	Ι	Β	Υ	Υ	Ο	Μ
Ο	Κ	Γ	Α	Ί	Ί	Ω	Η	Α	Β	Χ	Ξ	Ι	Ι	Ε	Δ
Ε	Ή	Ί	Ο	Α	Α	Λ	Β	Ο	Τ	Α	Ν	Ι	Κ	Ή	Ν
Μ	Ω	Α	Σ	Α	Ί	Γ	Ο	Λ	Ο	Κ	Ι	Ο	Τ	Μ	Ι
Α	Σ	Τ	Ρ	Ο	Ν	Ο	Μ	Ί	Α	Ί	Χ	Ψ	Υ	Ί	Έ
Ο	Ρ	Υ	Κ	Τ	Ο	Λ	Ο	Γ	Ί	Α	Υ	Β	Ί	Λ	Ξ

ΑΝΑΤΟΜΊΑ
ΑΡΧΑΙΟΛΟΓΊΑ
ΑΣΤΡΟΝΟΜΊΑ
ΒΙΟΛΟΓΊΑ
ΒΙΟΧΗΜΕΊΑ
ΒΟΤΑΝΙΚΉ
ΟΙΚΟΛΟΓΊΑ
ΦΥΣΙΟΛΟΓΊΑ
ΓΕΩΛΟΓΊΑ
ΑΝΟΣΟΛΟΓΊΑ
ΓΛΩΣΣΟΛΟΓΊΑ
ΜΗΧΑΝΙΚΉ
ΜΕΤΕΩΡΟΛΟΓΊΑ
ΟΡΥΚΤΟΛΟΓΊΑ
ΝΕΥΡΟΛΟΓΊΑ
ΨΥΧΟΛΟΓΊΑ
ΧΗΜΕΊΑ
ΚΟΙΝΩΝΙΟΛΟΓΊΑ
ΘΕΡΜΟΔΥΝΑΜΙΚΉ
ΖΩΟΛΟΓΊΑ

32 - Moda

Μ	Τ	Ί	Π	Ψ	Α	Ρ	Χ	Ι	Κ	Ή	Α	Δ	Σ	Γ	Ω
Π	Ο	Ά	Τ	Β	Μ	Μ	Υ	Ψ	Β	Τ	Κ	Ψ	Δ	Δ	Ξ
Ρ	Ρ	Ν	Σ	Ω	Υ	Ο	Σ	Ί	Ω	Ι	Ρ	Ν	Λ	Ο	Ό
Α	Ι	Ί	Τ	Η	Ρ	Ν	Α	Α	Τ	Σ	Ι	Λ	Υ	Μ	Ψ
Κ	Ε	Π	Ρ	Έ	Υ	Π	Π	Π	Γ	Ο	Β	Ί	Τ	Ο	Μ
Τ	Τ	Δ	Ψ	Τ	Ρ	Ν	Ο	Λ	Δ	Ρ	Ά	Υ	Σ	Τ	Ο
Ι	Κ	Έ	Ω	Ε	Ί	Ν	Α	Ό	Η	Π	Ρ	Ρ	Ί	Έ	Κ
Κ	Ί	Έ	Υ	Φ	Ή	Ε	Ο	Σ	Κ	Ο	Υ	Μ	Π	Ι	Ά
Ή	Ε	Ξ	Ν	Τ	Ο	Έ	Η	Η	Ο	Ξ	Σ	Χ	Β	Ι	Π
Α	Ό	Κ	Ι	Τ	Σ	Ι	Λ	Α	Μ	Ι	Ν	Ι	Μ	Ω	Υ
Ω	Δ	Η	Λ	Έ	Η	Β	Σ	Χ	Τ	Τ	Η	Μ	Δ	Μ	Ρ
Β	Χ	Ω	Ί	Α	Ε	Μ	Β	Ο	Μ	Ψ	Σ	Ι	Ί	Έ	Ι
Ξ	Π	Ψ	Σ	Ρ	Ι	Ψ	Α	Λ	Έ	Τ	Ν	Α	Δ	Τ	Υ
Γ	Ο	Χ	Π	Ρ	Ξ	Ο	Ρ	Ω	Ι	Λ	Ρ	Α	Ξ	Ρ	Μ
Ύ	Φ	Α	Σ	Μ	Α	Μ	Π	Ο	Υ	Τ	Ί	Κ	Ί	Ι	Δ
Ν	Τ	Π	Χ	Γ	Ψ	Ε	Έ	Έ	Ψ	Έ	Γ	Α	Η	Ο	Ψ

ΠΡΟΣΙΤΉ
ΚΈΝΤΗΜΑ
ΚΟΥΜΠΙΆ
ΜΠΟΥΤΊΚ
ΑΚΡΙΒΆ
ΚΟΜΨΌ
ΔΑΝΤΈΛΑ
ΣΤΥΛ
ΜΙΝΙΜΑΛΙΣΤΙΚΌ
ΜΟΝΤΈΡΝΟ
ΜΈΤΡΙΟ
ΑΡΧΙΚΉ
ΜΟΤΊΒΟ
ΠΡΑΚΤΙΚΉ
ΑΠΛΌΣ
ΎΦΑΣΜΑ
ΤΆΣΗ
ΥΦΉ

33 - Electricidad

Δ	Ε	Θ	Λ	Ι	Σ	Ρ	Λ	Τ	Β	Ο	Λ	Β	Ό	Σ	Β
Ί	Η	Ί	Ε	Ο	Ν	Ω	Φ	Έ	Λ	Η	Τ	Ν	Ε	Ω	Τ
Κ	Ε	Ί	Δ	Τ	Σ	Ί	Ή	Κ	Ι	Ρ	Τ	Κ	Ε	Λ	Η
Τ	Π	Σ	Ν	Ί	Ι	Ε	Ψ	Μ	Π	Ζ	Τ	Σ	Ε	Γ	Σ
Υ	Α	Ο	Γ	Μ	Ρ	Κ	Β	Π	Ο	Ι	Ε	Μ	Ξ	Ε	Α
Ο	Ι	Δ	Ώ	Λ	Α	Κ	Ή	Α	Σ	Ξ	Ε	Ρ	Ο	Ν	Ρ
Τ	Δ	Ε	Ι	Ψ	Ν	Ω	Ν	Τ	Ό	Μ	Ί	Γ	Π	Ν	Ό
Ε	Ώ	Ξ	Ο	Ο	Ε	Ι	Ν	Α	Τ	Ι	Ε	Λ	Λ	Ή	Ε
Δ	Λ	Γ	Υ	Μ	Μ	Ε	Ω	Ρ	Η	Ξ	Β	Α	Ι	Τ	Λ
Ξ	Α	Χ	Έ	Τ	Ί	Ο	Η	Ί	Τ	Ω	Ε	Γ	Σ	Ρ	Η
Έ	Κ	Ω	Π	Ψ	Ε	Ρ	Δ	Α	Α	Ρ	Τ	Η	Μ	Ι	Τ
Α	Π	Ο	Θ	Ή	Κ	Ε	Υ	Σ	Η	Π	Β	Δ	Ό	Α	Τ
Ζ	Λ	Ψ	Ό	Κ	Ι	Τ	Η	Ν	Ρ	Α	Μ	Ρ	Σ	Ν	Μ
Ί	Γ	Ψ	Έ	Ω	Τ	Μ	Έ	Ν	Ι	Ν	Δ	Ά	Ο	Μ	Μ
Ρ	Π	Χ	Ψ	Ω	Ν	Ν	Β	Ε	Ι	Π	Υ	Η	Λ	Μ	Ί
Π	Π	Ε	Λ	Δ	Α	Μ	Α	Γ	Ν	Ή	Τ	Η	Σ	Λ	Υ

ΑΠΟΘΉΚΕΥΣΗ
ΜΠΑΤΑΡΊΑ
ΒΟΛΒΌΣ
ΚΑΛΏΔΙΟ
ΚΑΛΏΔΙΑ
ΠΟΣΌΤΗΤΑ
ΗΛΕΚΤΡΙΚΉ
ΠΡΊΖΑ
ΕΞΟΠΛΙΣΜΌΣ
ΓΕΝΝΉΤΡΙΑ
ΜΑΓΝΉΤΗΣ
ΛΆΜΠΑ
ΛΈΙΖΕΡ
ΑΡΝΗΤΙΚΌ
ΑΝΤΙΚΕΊΜΕΝΑ
ΘΕΤΙΚΉ
ΔΊΚΤΥΟ
ΤΗΛΕΌΡΑΣΗ
ΤΗΛΈΦΩΝΟ

34 - Salud y Bienestar #1

Ψ	Δ	Ρ	Α	Ν	Ή	Γ	Ρ	Ε	Ν	Ε	Α	Γ	Π	Δ	Δ
Μ	Β	Μ	Ρ	Ψ	Υ	Κ	Τ	Π	Τ	Η	Λ	Χ	Κ	Ε	Ι
Τ	Ρ	Α	Υ	Μ	Α	Τ	Ι	Σ	Μ	Ό	Λ	Σ	Ά	Δ	Δ
Ξ	Ξ	Μ	Μ	Σ	Υ	Ω	Ξ	Ρ	Ά	Λ	Έ	Τ	Τ	Έ	Ά
Θ	Ε	Ρ	Α	Π	Ε	Ί	Α	Φ	Τ	Τ	Ψ	Ά	Α	Ρ	Κ
Ω	Η	Ω	Ν	Ι	Χ	Ο	Δ	Α	Σ	Α	Έ	Σ	Γ	Μ	Τ
Ν	Α	Γ	Ί	Η	Ν	Ό	Μ	Ρ	Ο	Β	Ι	Η	Μ	Α	Ω
Γ	Ε	Ρ	Ε	Μ	Λ	Μ	Ψ	Μ	Ψ	Α	Π	Σ	Α	Δ	Ρ
Δ	Η	Ύ	Π	Α	Α	Σ	Α	Α	Υ	Κ	Μ	Ω	Ο	Β	Δ
Ν	Ί	Γ	Ρ	Λ	Δ	Έ	Ω	Κ	Π	Τ	Ξ	Ρ	Ο	Ψ	Ι
Ο	Χ	Ψ	Ν	Α	Ν	Ι	Ω	Ε	Η	Ή	Γ	Ά	Τ	Σ	Υ
Κ	Λ	Ι	Ν	Ι	Κ	Ή	Ε	Ί	Έ	Ρ	Τ	Λ	Ε	Έ	Α
Σ	Υ	Ν	Ή	Θ	Ε	Ι	Α	Ο	Υ	Ι	Σ	Α	Λ	Ι	Ν
Έ	Ί	Υ	Δ	Τ	Μ	Ρ	Π	Π	Έ	Α	Υ	Χ	Ί	Π	Β
Σ	Υ	Μ	Π	Λ	Η	Ρ	Ώ	Μ	Α	Τ	Α	Ι	Ό	Σ	Π
Χ	Ί	Έ	Υ	Ρ	Α	Υ	Η	Τ	Ο	Χ	Γ	Ω	Έ	Β	Ψ

ΕΝΕΡΓΉ
ΥΨΟΣ
ΒΑΚΤΉΡΙΑ
ΚΛΙΝΙΚΉ
ΔΙΔΆΚΤΩΡ
ΦΑΡΜΑΚΕΊΟ
ΚΆΤΑΓΜΑ
ΠΕΊΝΑ
ΣΥΝΉΘΕΙΑ
ΟΡΜΌΝΗ
ΟΣΤΆ
ΤΡΑΥΜΑΤΙΣΜΌ
ΙΑΤΡΙΚΉ
ΝΕΎΡΑ
ΔΈΡΜΑ
ΣΤΆΣΗ
ΧΑΛΆΡΩΣΗ
ΣΥΜΠΛΗΡΏΜΑΤΑ
ΘΕΡΑΠΕΊΑ
ΙΌΣ

35 - Adjetivos #2

Ν	Ν	Υ	Σ	Α	Π	Υ	Τ	Π	Γ	Γ	Ω	Δ	Ε	Ν	Κ
Α	Ο	Π	Α	Ρ	Α	Γ	Ω	Γ	Ι	Κ	Ή	Η	Ω	Ε	Ο
Ι	Λ	Ρ	Α	Ρ	Μ	Γ	Ε	Έ	Ί	Ό	Ψ	Μ	Ο	Κ	Υ
Χ	Ω	Π	Έ	Φ	Ρ	Έ	Σ	Κ	Ο	Ί	Ο	Ι	Ί	Π	Ρ
Χ	Π	Ε	Ξ	Φ	Έ	Ή	Κ	Ι	Σ	Υ	Φ	Ο	Ι	Ι	Α
Έ	Τ	Ρ	Ν	Έ	Α	Κ	Ω	Λ	Ο	Λ	Β	Υ	Ψ	Κ	Σ
Υ	Κ	Ι	Έ	Ν	Μ	Ι	Σ	Χ	Υ	Ρ	Ή	Ρ	Μ	Ά	Μ
Π	Α	Γ	Ρ	Π	Ι	Τ	Δ	Δ	Β	Τ	Ρ	Γ	Υ	Ν	Έ
Ε	Ν	Ρ	Ψ	Ο	Σ	Α	Ι	Ν	Ξ	Η	Υ	Ι	Μ	Τ	Ν
Ύ	Ο	Α	Ν	Ί	Ώ	Μ	Υ	Γ	Ε	Ψ	Μ	Κ	Ψ	Ι	Ο
Θ	Ν	Φ	Υ	Β	Ρ	Α	Ξ	Η	Ρ	Ό	Λ	Ή	Β	Κ	Σ
Υ	Ι	Ι	Β	Έ	Β	Ρ	Σ	Μ	Μ	Ω	Α	Ε	Ι	Ο	Τ
Ν	Κ	Κ	Υ	Ί	Ί	Δ	Δ	Ι	Ά	Σ	Η	Μ	Η	Γ	Π
Ο	Ή	Ό	Μ	Β	Υ	Π	Ε	Ρ	Ο	Χ	Η	Β	Χ	Ρ	Υ
Σ	Γ	Έ	Χ	Μ	Β	Μ	Β	Λ	Β	Τ	Υ	Π	Υ	Ω	Δ
Λ	Ψ	Ε	Β	Λ	Η	Λ	Υ	Τ	Π	Γ	Η	Β	Ξ	Ρ	Σ

ΚΟΥΡΑΣΜΈΝΟΣ
ΒΡΏΣΙΜΑ
ΔΗΜΙΟΥΡΓΙΚΉ
ΠΕΡΙΓΡΑΦΙΚΌ
ΔΡΑΜΑΤΙΚΉ
ΚΟΜΨΌ
ΔΙΆΣΗΜΗ
ΦΡΈΣΚΟ
ΙΣΧΥΡΉ
ΕΝΔΙΑΦΈΡΟΝ
ΦΥΣΙΚΉ
ΚΑΝΟΝΙΚΉ
ΝΈΑ
ΥΠΕΡΟΧΗ
ΠΙΚΆΝΤΙΚΟ
ΠΑΡΑΓΩΓΙΚΉ
ΥΠΕΎΘΥΝΟΣ
ΑΛΜΥΡΉ
ΥΓΙΉ
ΞΗΡΌ

36 - Cuerpo Humano

Λ	Ω	Ξ	Ν	Ψ	Μ	Ω	Έ	Δ	Α	Ώ	Σ	Η	Α	Β	Έ
Α	Ν	Ώ	Κ	Γ	Α	Ά	Ι	Β	Ί	Μ	Π	Ω	Υ	Χ	Λ
Ι	Η	Β	Γ	Χ	Σ	Ξ	Τ	Ί	Μ	Ο	Ρ	Σ	Τ	Τ	Ε
Μ	Ο	Ο	Ρ	Τ	Σ	Ι	Ψ	Ι	Α	Σ	Ό	Π	Ί	Π	Η
Ό	Λ	Α	Υ	Μ	Ώ	Β	Χ	Λ	Η	Ρ	Σ	Ι	Β	Τ	Έ
Σ	Ι	Έ	Β	Ε	Λ	Έ	Β	Ά	Υ	Α	Ω	Γ	Ρ	Ω	Ξ
Ο	Χ	Δ	Ι	Ψ	Γ	Η	Τ	Φ	Μ	Η	Π	Ξ	Ω	Ω	Υ
Γ	Λ	Γ	Ό	Ν	Α	Τ	Ο	Ε	Ι	Ν	Ο	Δ	Ο	Τ	Ι
Λ	Ν	Α	Λ	Π	Μ	Ο	Λ	Κ	Δ	Έ	Ρ	Μ	Α	Κ	Ί
Ί	Ρ	Υ	Ω	Ψ	Ό	Τ	Υ	Υ	Π	Ν	Υ	Β	Ι	Α	Λ
Δ	Λ	Ξ	Μ	Ι	Τ	Έ	Τ	Έ	Υ	Η	Δ	Ξ	Ι	Ρ	Π
Ρ	Έ	Λ	Ί	Δ	Σ	Σ	Χ	Ε	Π	Σ	Γ	Ε	Γ	Δ	Ι
Ν	Ω	Η	Ψ	Δ	Δ	Α	Ά	Ί	Σ	Α	Χ	Ο	Ο	Ι	Μ
Μ	Ύ	Τ	Η	Μ	Β	Σ	Δ	Ι	Δ	Έ	Έ	Χ	Ύ	Ά	Υ
Α	Σ	Τ	Ρ	Ά	Γ	Α	Λ	Ο	Σ	Υ	Ρ	Ν	Λ	Ν	Λ
Ι	Ρ	Π	Ο	Ρ	Λ	Ψ	Γ	Π	Χ	Λ	Ι	Ι	Β	Α	Ι

ΠΗΓΟΎΝΙ
ΣΤΌΜΑ
ΚΕΦΆΛΙ
ΠΡΌΣΩΠΟ
ΜΥΑΛΌ
ΑΓΚΏΝΑ
ΚΑΡΔΙΆ
ΛΑΙΜΌΣ
ΔΆΧΤΥΛΟ
ΏΜΟΣ
ΓΛΏΣΣΑ
ΧΈΡΙ
ΜΎΤΗ
ΜΆΤΙ
ΑΥΤΊ
ΔΈΡΜΑ
ΠΌΔΙ
ΓΌΝΑΤΟ
ΑΊΜΑ
ΑΣΤΡΆΓΑΛΟΣ

37 - Ciencia

Σ	Ω	Μ	Α	Τ	Ί	Δ	Ι	Α	Ω	Λ	Ο	Β	Ψ	Π	Ε
Ε	Υ	Μ	Β	Ρ	Σ	Α	Χ	Η	Μ	Ι	Κ	Ή	Ξ	Ε	Π
Π	Ρ	Ν	Υ	Β	Σ	Π	Ο	Χ	Λ	Β	Σ	Α	Γ	Ί	Ι
Η	Μ	Γ	Ν	Ε	Ω	Ξ	Η	Ξ	Ι	Λ	Έ	Ξ	Ε	Ρ	Σ
Ι	Ε	Ό	Α	Α	Π	Ο	Λ	Ί	Θ	Ω	Μ	Α	Γ	Α	Τ
Δ	Ε	Λ	Ρ	Σ	Ο	Υ	Π	Έ	Υ	Ο	Χ	Μ	Ο	Μ	Ή
Ε	Γ	Ξ	Λ	Ι	Τ	Γ	Ε	Υ	Τ	Ξ	Ρ	Ί	Ν	Α	Μ
Β	Ε	Έ	Π	Β	Α	Ή	Π	Ψ	Ε	Ι	Μ	Λ	Ό	Δ	Ο
Φ	Α	Η	Μ	Χ	Υ	Ο	Ρ	Α	Ν	Γ	Έ	Κ	Σ	Ε	Ν
Υ	Δ	Ρ	Τ	Μ	Ο	Ω	Δ	Ι	Ά	Τ	Ο	Μ	Ο	Δ	Α
Σ	Μ	Α	Ύ	Ά	Τ	Τ	Υ	Λ	Ο	Ί	Ψ	Ω	Δ	Ο	Σ
Ι	Η	Δ	Σ	Τ	Α	Μ	Τ	Δ	Έ	Ε	Η	Ν	Ο	Μ	Π
Κ	Ι	Λ	Ί	Κ	Η	Υ	Π	Ό	Θ	Ε	Σ	Η	Θ	Έ	Ι
Ή	Ψ	Δ	Ρ	Υ	Ω	Τ	Τ	Ψ	Ψ	Λ	Ύ	Λ	Έ	Ν	Π
Φ	Υ	Τ	Ά	Ρ	Τ	Η	Α	Ε	Μ	Ε	Φ	Γ	Μ	Α	Ε
Β	Χ	Ε	Ο	Ο	Ο	Ρ	Γ	Α	Ν	Ι	Σ	Μ	Ό	Σ	Ξ

ΆΤΟΜΟ
ΕΠΙΣΤΉΜΟΝΑΣ
ΚΛΊΜΑ
ΔΕΔΟΜΈΝΑ
ΕΞΈΛΙΞΗ
ΠΕΊΡΑΜΑ
ΦΥΣΙΚΉ
ΑΠΟΛΊΘΩΜΑ
ΒΑΡΎΤΗΤΑ
ΓΕΓΟΝΌΣ
ΥΠΌΘΕΣΗ
ΕΡΓΑΣΤΉΡΙΟ
ΜΈΘΟΔΟΣ
ΟΡΥΚΤΆ
ΜΌΡΙΑ
ΦΎΣΗ
ΟΡΓΑΝΙΣΜΌΣ
ΣΩΜΑΤΊΔΙΑ
ΦΥΤΆ
ΧΗΜΙΚΉ

38 - Restaurante #2

Κ	Δ	Ί	Ο	Γ	Ο	Β	Π	Π	Έ	Η	Υ	Λ	Έ	Π	Η
Έ	Γ	Ί	Δ	Ψ	Ί	Π	Π	Ι	Τ	Ά	Λ	Α	Ω	Β	Δ
Ι	Δ	Ρ	Σ	Ω	Δ	Ν	Ί	Ρ	Ν	Σ	Α	Λ	Ά	Τ	Α
Κ	Η	Ν	Ρ	Η	Λ	Α	Ι	Ο	Έ	Ό	Γ	Ε	Ύ	Μ	Α
Π	Ρ	Ν	Δ	Π	Ο	Τ	Ό	Ύ	Ε	Τ	Σ	Α	Χ	Ξ	Π
Ο	Ρ	Ε	Κ	Τ	Ι	Κ	Ό	Ν	Ί	Π	Η	Τ	Χ	Χ	Ύ
Π	Ά	Γ	Ο	Σ	Π	Υ	Δ	Ι	Α	Β	Γ	Β	Ι	Π	Ο
Σ	Ε	Ρ	Β	Ι	Τ	Ό	Ρ	Ο	Σ	Ν	Έ	Έ	Α	Μ	Σ
Ο	Ν	Μ	Δ	Β	Β	Ί	Ξ	Μ	Ι	Ω	Ω	Δ	Έ	Λ	Ο
Π	Η	Ά	Κ	Ι	Ν	Α	Χ	Α	Λ	Η	Ο	Τ	Δ	Ο	Τ
Ρ	Ι	Τ	Υ	Α	Β	Έ	Η	Ω	Ο	Β	Τ	Ν	Ο	Δ	Ύ
Ί	Μ	Ξ	Σ	Γ	Ρ	Υ	Β	Ί	Ι	Ρ	Υ	Ρ	Α	Ε	Ο
Ν	Ψ	Β	Σ	Υ	Σ	Έ	Ψ	Ά	Ρ	Ι	Τ	Η	Χ	Ί	Ρ
Ρ	Ε	Ω	Μ	Α	Ρ	Υ	Κ	Υ	Δ	Έ	Ί	Μ	Ί	Π	Φ
Ν	Υ	Ρ	Ο	Τ	Τ	Ρ	Ι	Λ	Ά	Τ	Υ	Ο	Κ	Ν	Ι
Α	Έ	Ο	Ό	Κ	Ι	Ρ	Α	Χ	Α	Π	Μ	Μ	Ι	Ο	Δ

ΝΕΡΌ
ΓΕΎΜΑ
ΟΡΕΚΤΙΚΌ
ΠΟΤΌ
ΣΕΡΒΙΤΌΡΟΣ
ΔΕΊΠΝΟ
ΚΟΥΤΆΛΙ
ΝΌΣΤΙΜΟ
ΣΑΛΆΤΑ
ΜΠΑΧΑΡΙΚΌ
ΦΡΟΎΤΟ
ΠΆΓΟΣ
ΑΥΓΑ
ΚΈΙΚ
ΨΆΡΙ
ΑΛΆΤΙ
ΚΑΡΈΚΛΑ
ΣΟΎΠΑ
ΠΙΡΟΎΝΙ
ΛΑΧΑΝΙΚΆ

39 - Profesiones #1

Ε	Ο	Έ	Χ	Β	Π	Υ	Ρ	Ο	Σ	Β	Έ	Σ	Τ	Η	Σ
Υ	Δ	Ρ	Α	Υ	Λ	Ι	Κ	Ό	Σ	Α	Α	Ή	Λ	Μ	Ξ
Δ	Ι	Κ	Η	Γ	Ό	Ρ	Ο	Σ	Ί	Γ	Μ	Τ	Λ	Ο	Σ
Ν	Ο	Σ	Ο	Κ	Ό	Μ	Α	Ε	Σ	Ό	Γ	Η	Ν	Υ	Κ
Α	Ί	Σ	Α	Γ	Ρ	Ε	Ξ	Ε	Π	Ε	Δ	Ν	Ξ	Σ	Σ
Γ	Έ	Ο	Β	Σ	Σ	Ξ	Τ	Ε	Τ	Ψ	Σ	Ο	Χ	Ι	Ρ
Α	Ε	Φ	Δ	Ξ	Ρ	Α	Ι	Π	Ι	Ο	Ξ	Π	Σ	Κ	Τ
Ξ	Σ	Ά	Ι	Ί	Ω	Σ	Τ	Ι	Χ	Ξ	Έ	Ο	Μ	Ό	Η
Χ	Ο	Ρ	Ε	Υ	Τ	Ή	Σ	Σ	Τ	Υ	Ο	Ρ	Υ	Σ	Ψ
Π	Γ	Γ	Λ	Π	Κ	Σ	Η	Τ	Ί	Ζ	Ε	Π	Α	Ρ	Τ
Ρ	Ό	Ο	Π	Χ	Ά	Χ	Ν	Ή	Έ	Ν	Ξ	Γ	Έ	Υ	Σ
Έ	Λ	Τ	Γ	Ν	Δ	Ο	Λ	Μ	Ξ	Α	Α	Ψ	Ω	Ε	Β
Σ	Ο	Ρ	Λ	Ω	Ι	Η	Ι	Ο	Π	Π	Ξ	Ι	Ν	Η	Γ
Β	Χ	Α	Ψ	Η	Δ	Ρ	Ξ	Ν	Ξ	Ξ	Ι	Ψ	Π	Π	Δ
Η	Υ	Χ	Υ	Έ	Μ	Γ	Ν	Α	Α	Θ	Λ	Η	Τ	Ή	Σ
Σ	Ψ	Ν	Ψ	Π	Η	Ί	Λ	Σ	Ο	Γ	Ό	Λ	Ω	Ε	Γ

ΔΙΚΗΓΌΡΟΣ
ΑΘΛΗΤΉΣ
ΧΟΡΕΥΤΉΣ
ΤΡΑΠΕΖΊΤΗΣ
ΠΥΡΟΣΒΈΣΤΗΣ
ΧΑΡΤΟΓΡΆΦΟΣ
ΚΥΝΗΓΌΣ
ΕΠΙΣΤΉΜΟΝΑΣ
ΔΙΔΆΚΤΩΡ
ΕΠΕΞΕΡΓΑΣΊΑ
ΠΡΈΣΒΗΣ
ΝΟΣΟΚΌΜΑ
ΠΡΟΠΟΝΗΤΉΣ
ΥΔΡΑΥΛΙΚΌΣ
ΓΕΩΛΌΓΟΣ
ΜΟΥΣΙΚΌΣ
ΠΙΑΝΊΣΤΑΣ
ΨΥΧΟΛΌΓΟΣ

40 - Vehículos

Α	Χ	Β	Ξ	Π	Ν	Α	Τ	Έ	Κ	Υ	Ο	Ρ	Ε	Υ	Σ
Λ	Ε	Ω	Φ	Ο	Ρ	Ε	Ί	Ο	Έ	Ί	Ν	Μ	Λ	Π	Δ
Β	Β	Γ	Υ	Ρ	Α	Α	Ξ	Δ	Δ	Η	Έ	Ε	Ι	Ο	Ν
Ί	Ν	Ο	Έ	Ό	Κ	Υ	Α	Τ	Ε	Γ	Ρ	Τ	Κ	Β	Χ
Ρ	Λ	Λ	Μ	Φ	Ρ	Δ	Τ	Β	Χ	Χ	Τ	Ρ	Ό	Ρ	Ε
Ι	Ε	Π	Α	Ο	Ά	Ί	Σ	Ο	Χ	Έ	Σ	Ό	Π	Ύ	Ψ
Ψ	Σ	Ξ	Ο	Ν	Β	Έ	Ρ	Τ	Κ	Ο	Α	Σ	Τ	Χ	Τ
Μ	Η	Γ	Τ	Ε	Α	Η	Η	Α	Η	Ί	Ο	Ό	Ε	Ι	Ρ
Η	Γ	Α	Ι	Θ	Χ	Β	Μ	Λ	Β	Ε	Ν	Γ	Ρ	Ο	Ο
Χ	Ι	Γ	Ί	Σ	Ι	Ν	Λ	Ή	Ρ	Μ	Ά	Η	Ο	Τ	Χ
Α	Η	Ψ	Ξ	Α	Τ	Ε	Ι	Δ	Δ	Θ	Λ	Τ	Τ	Ο	Ό
Ν	Λ	Α	Ρ	Β	Σ	Δ	Τ	Ο	Έ	Ρ	Π	Ρ	Ψ	Ο	Σ
Ή	Σ	Υ	Α	Γ	Ά	Ι	Ρ	Π	Η	Ο	Ο	Ο	Ξ	Ω	Π
Ν	Έ	Α	Ε	Η	Λ	Δ	Ί	Δ	Β	Π	Ρ	Φ	Χ	Υ	Ι
Π	Η	Ί	Τ	Σ	Ο	Μ	Σ	Π	Ε	Η	Ε	Α	Ψ	Β	Τ
Τ	Ρ	Α	Κ	Τ	Έ	Ρ	Μ	Ξ	Μ	Ν	Α	Υ	Α	Ω	Ο

ΑΣΘΕΝΟΦΌΡΟ
ΛΕΩΦΟΡΕΊΟ
ΑΕΡΟΠΛΆΝΟ
ΣΧΕΔΊΑ
ΒΆΡΚΑ
ΠΟΔΉΛΑΤΟ
ΦΟΡΤΗΓΌ
ΤΡΟΧΌΣΠΙΤΟ
ΑΥΤΟΚΊΝΗΤΟ
ΡΟΥΚΈΤΑ
ΠΟΡΘΜΕΊΟ
ΒΑΝ
ΕΛΙΚΌΠΤΕΡΟ
ΜΕΤΡΌ
ΜΗΧΑΝΉ
ΛΆΣΤΙΧΑ
ΥΠΟΒΡΎΧΙΟ
ΤΑΞΊ
ΤΡΑΚΤΈΡ
ΤΡΈΝΟ

41 - Geometría

Ω	Π	Π	Π	Υ	Χ	Ψ	Ί	Ι	Λ	Γ	Μ	Τ	Ω	Ι	Ε
Α	Λ	Π	Υ	Ω	Ε	Μ	Γ	Ω	Π	Ε	Ω	Η	Β	Χ	Π
Κ	Ά	Θ	Ε	Τ	Η	Μ	Υ	Ι	Π	Ξ	Έ	Ν	Υ	Ί	Ι
Έ	Γ	Ι	Τ	Ί	Ψ	Α	Έ	Β	Ο	Ί	Ω	Έ	Ί	Λ	Φ
Ί	Λ	Η	Ο	Έ	Α	Η	Ψ	Χ	Σ	Σ	Ι	Γ	Π	Α	Ά
Π	Α	Ρ	Ά	Λ	Λ	Η	Λ	Η	Ο	Ω	Ω	Α	Τ	Ω	Ν
Α	Ί	Π	Ξ	Ω	Δ	Β	Γ	Α	Σ	Σ	Υ	Έ	Χ	Χ	Ε
Ρ	Ρ	Μ	Ά	Ζ	Α	Δ	Έ	Χ	Τ	Η	Υ	Ε	Σ	Ε	Ι
Ι	Τ	Τ	Θ	Β	Χ	Ν	Ί	Ξ	Ό	Τ	Β	Ρ	Ρ	Β	Α
Θ	Ε	Ρ	Ε	Υ	Π	Ο	Λ	Ο	Γ	Ι	Σ	Μ	Ό	Σ	Δ
Μ	Μ	Ι	Ω	Υ	Ψ	Ο	Σ	Δ	Ι	Ά	Σ	Τ	Α	Σ	Η
Ό	Μ	Γ	Ρ	Δ	Ι	Ά	Μ	Ε	Τ	Ρ	Ο	Σ	Μ	Λ	Τ
Σ	Υ	Ώ	Ί	Λ	Ο	Γ	Ι	Κ	Ή	Β	Β	Σ	Ή	Ν	Χ
Ω	Σ	Ν	Α	Ι	Τ	Ν	Ό	Ζ	Ι	Ρ	Ο	Υ	Μ	Μ	Η
Ψ	Ν	Ο	Υ	Τ	Ν	Τ	Λ	Ω	Γ	Ξ	Η	Γ	Τ	Β	Ε
Β	Ί	Υ	Ω	Μ	Έ	Σ	Η	Λ	Ύ	Π	Μ	Α	Κ	Υ	Ν

ΥΨΟΣ
ΓΩΝΊΑ
ΥΠΟΛΟΓΙΣΜΌΣ
ΚΑΜΠΎΛΗ
ΔΙΆΜΕΤΡΟΣ
ΔΙΆΣΤΑΣΗ
ΕΞΊΣΩΣΗ
ΟΡΙΖΌΝΤΙΑ
ΛΟΓΙΚΉ
ΜΆΖΑ
ΜΈΣΗ
ΑΡΙΘΜΌΣ
ΠΑΡΆΛΛΗΛΗ
ΠΟΣΟΣΤΌ
ΤΜΉΜΑ
ΣΥΜΜΕΤΡΊΑ
ΕΠΙΦΆΝΕΙΑ
ΘΕΩΡΊΑ
ΤΡΙΓΏΝΟΥ
ΚΆΘΕΤΗ

42 - Vacaciones #2

Θ	Ι	Ε	Σ	Σ	Κ	Η	Ν	Ή	Ι	Σ	Ψ	Β	Η	Γ	Ε
Ψ	Ά	Ν	Υ	Ο	Β	Ν	Ξ	Ο	Ξ	Ε	Μ	Ο	Δ	Σ	Α
Η	Ρ	Λ	Π	Δ	Τ	Ρ	Ο	Ε	Π	Χ	Ι	Δ	Δ	Ό	Ε
Ω	Ι	Χ	Α	Ί	Υ	Ά	Ί	Ι	Β	Γ	Ί	Τ	Δ	Μ	Ρ
Β	Τ	Ά	Ή	Σ	Π	Α	Ρ	Α	Λ	Ί	Α	Α	Ψ	Σ	Ο
Τ	Ο	Ρ	Χ	Λ	Σ	Α	Τ	Ο	Τ	Ί	Ε	Ξ	Κ	Ι	Δ
Τ	Ι	Τ	Υ	Ξ	Υ	Α	Α	Ε	Φ	Ε	Ξ	Ί	Γ	Ρ	Ρ
Γ	Ρ	Η	Ψ	Ω	Η	Β	Ξ	Η	Τ	Α	Ξ	Έ	Ν	Ο	Ό
Β	Ή	Έ	Α	Τ	Γ	Ψ	Ί	Σ	Η	Ν	Τ	Ν	Ι	Ο	Μ
Χ	Τ	Ξ	Ν	Σ	Υ	Δ	Δ	Δ	Β	Β	Ρ	Ε	Π	Ρ	Ι
Υ	Α	Υ	Α	Ο	Ν	Έ	Ι	Ί	Ν	Τ	Ω	Ψ	Μ	Π	Ο
Ρ	Β	Ξ	Ε	Ν	Ο	Δ	Ο	Χ	Ε	Ί	Ο	Η	Ά	Ν	Υ
Ψ	Α	Β	Ί	Ζ	Α	Ι	Ψ	Ρ	Ω	Τ	Ε	Ν	Κ	Π	Ψ
Ο	Ι	Ρ	Ό	Τ	Α	Ι	Τ	Σ	Ε	Δ	Ψ	Τ	Σ	Δ	Λ
Ε	Δ	Ξ	Η	Ξ	Ν	Α	Ί	Β	Π	Έ	Έ	Ω	Ο	Ν	Π
Γ	Δ	Λ	Σ	Λ	Ρ	Ω	Δ	Μ	Ρ	Χ	Π	Δ	Π	Α	Γ

ΑΕΡΟΔΡΌΜΙΟ
ΚΆΜΠΙΝΓΚ
ΣΚΗΝΉ
ΠΡΟΟΡΙΣΜΌΣ
ΞΈΝΟ
ΞΕΝΟΔΟΧΕΊΟ
ΝΗΣΊ
ΧΆΡΤΗ
ΘΆΛΑΣΣΑ
ΒΟΥΝΆ
ΑΝΑΨΥΧΉ
ΔΙΑΒΑΤΉΡΙΟ
ΠΑΡΑΛΊΑ
ΕΣΤΙΑΤΌΡΙΟ
ΤΑΞΊ
ΜΕΤΑΦΟΡΆ
ΤΡΈΝΟ
ΤΑΞΊΔΙ
ΒΊΖΑ
ΠΡΟΟΡΙΣΜΌΣ

43 - Baile

Σ	Ν	Π	Γ	Ξ	Ο	Γ	Λ	Ο	Ι	Ί	Ψ	Ί	Γ	Β	Έ
Γ	Ώ	Ί	Π	Π	Η	Η	Α	Β	Υ	Ι	Υ	Υ	Ο	Ι	Μ
Μ	Π	Μ	Λ	Ρ	Ή	Κ	Α	Ι	Σ	Ο	Δ	Α	Ρ	Α	Π
Ο	Ο	Ω	Α	Ό	Κ	Π	Ί	Α	Υ	Α	Ι	Ο	Χ	Ε	Η
Υ	Λ	Ω	Ω	Β	Λ	Ε	Μ	Υ	Γ	Γ	Σ	Π	Σ	Κ	Τ
Σ	Ι	Γ	Χ	Α	Α	Ρ	Η	Υ	Κ	Λ	Π	Τ	Ρ	Φ	Β
Ι	Τ	Ν	Τ	Ί	Σ	Λ	Δ	Β	Ί	Σ	Τ	Ι	Α	Ρ	Υ
Κ	Ι	Έ	Β	Φ	Ι	Η	Α	Ν	Ν	Ό	Ψ	Κ	Μ	Α	Χ
Ή	Σ	Ρ	Β	Α	Κ	Μ	Κ	Η	Η	Μ	Σ	Ή	Η	Σ	Α
Ψ	Τ	Υ	Ν	Ρ	Ή	Ί	Α	Ν	Σ	Σ	Ο	Π	Χ	Τ	Ρ
Ρ	Ι	Θ	Μ	Γ	Σ	Ε	Γ	Ν	Η	Ι	Η	Ε	Λ	Ι	Ο
Έ	Κ	Μ	Ί	Ο	Σ	Τ	Ά	Σ	Η	Τ	Ν	Ν	Ξ	Κ	Ύ
Ν	Ή	Ο	Α	Ρ	Ρ	Έ	Σ	Χ	Τ	Ι	Χ	Η	Ί	Ή	Μ
Ψ	Π	Ύ	Έ	Ο	Λ	Μ	Υ	Χ	Χ	Λ	Έ	Ο	Ο	Κ	Ε
Χ	Ά	Ρ	Η	Χ	Έ	Ω	Β	Γ	Ξ	Ο	Τ	Α	Ψ	Ο	Ν
Μ	Ρ	Π	Α	Ρ	Τ	Ε	Ν	Έ	Ρ	Π	Υ	Λ	Λ	Ε	Ο

ΑΚΑΔΗΜΊΑ
ΧΑΡΟΎΜΕΝΟ
ΤΈΧΝΗ
ΚΛΑΣΙΚΉ
ΧΟΡΟΓΡΑΦΊΑ
ΣΏΜΑ
ΠΟΛΙΤΙΣΜΌΣ
ΠΟΛΙΤΙΣΤΙΚΉ
ΣΥΓΚΊΝΗΣΗ
ΠΡΌΒΑ
ΕΚΦΡΑΣΤΙΚΉ
ΧΆΡΗ
ΚΊΝΗΣΗ
ΜΟΥΣΙΚΉ
ΣΤΆΣΗ
ΡΥΘΜΟΎ
ΠΑΡΤΕΝΈΡ
ΠΑΡΑΔΟΣΙΑΚΉ
ΟΠΤΙΚΉ

44 - Matemáticas

Α	Ν	Ί	Τ	Κ	Α	Β	Έ	Ν	Π	Κ	Τ	Χ	Τ	Π	Ε
Ί	Ρ	Κ	Ε	Ι	Τ	Έ	Ν	Ι	Ε	Λ	Ε	Ο	Σ	Ο	Ξ
Ν	Ί	Ι	Ά	Λ	Ψ	Π	Τ	Δ	Ρ	Ά	Β	Π	Σ	Λ	Ί
Ω	Λ	Μ	Θ	Θ	Μ	Α	Α	Ε	Ί	Σ	Υ	Ξ	Ο	Ύ	Σ
Γ	Τ	Ί	Υ	Μ	Ε	Ο	Σ	Δ	Μ	Μ	Ί	Έ	Ρ	Γ	Ω
Ω	Ο	Ί	Ξ	Λ	Η	Τ	Η	Έ	Ε	Α	Ι	Ό	Τ	Ω	Σ
Γ	Τ	Δ	Ο	Β	Π	Τ	Ο	Η	Τ	Έ	Θ	Κ	Ε	Ν	Η
Π	Λ	Α	Τ	Ε	Ί	Α	Ι	Σ	Ρ	Μ	Ε	Ι	Μ	Ο	Γ
Τ	Ρ	Ι	Γ	Ώ	Ν	Ο	Υ	Κ	Ο	Υ	Τ	Δ	Ά	Ε	Ε
Π	Α	Ρ	Ά	Λ	Λ	Η	Λ	Η	Ή	Έ	Μ	Α	Ι	Ι	Ω
Σ	Υ	Μ	Μ	Ε	Τ	Ρ	Ί	Α	Η	Ρ	Α	Κ	Δ	Σ	Μ
Ν	Ο	Ρ	Θ	Ο	Γ	Ώ	Ν	Ι	Ο	Ο	Α	Ε	Ε	Ρ	Ε
Ί	Ε	Ξ	Ι	Ί	Ι	Δ	Γ	Σ	Ψ	Α	Π	Δ	Α	Ι	Τ
Π	Ε	Ρ	Ι	Φ	Έ	Ρ	Ε	Ι	Α	Ρ	Ί	Α	Φ	Σ	Ρ
Γ	Ξ	Π	Β	Χ	Ξ	Ο	Ρ	Τ	Μ	Β	Ψ	Β	Ο	Ψ	Ί
Ν	Τ	Τ	Ω	Σ	Μ	Α	Ο	Α	Ο	Η	Ψ	Ί	Π	Α	Α

ΑΡΙΘΜΗΤΙΚΉ
ΓΩΝΊΑ
ΠΕΡΙΦΈΡΕΙΑ
ΠΛΑΤΕΊΑ
ΔΕΚΑΔΙΚΌ
ΔΙΆΜΕΤΡΟΣ
ΕΞΊΣΩΣΗ
ΣΦΑΊΡΑ
ΕΚΘΈΤΗ
ΚΛΆΣΜΑ
ΓΕΩΜΕΤΡΊΑ
ΠΑΡΆΛΛΗΛΗ
ΠΕΡΊΜΕΤΡΟ
ΚΆΘΕΤΟΣ
ΠΟΛΎΓΩΝΟ
ΑΚΤΊΝΑ
ΟΡΘΟΓΏΝΙΟ
ΣΥΜΜΕΤΡΊΑ
ΤΡΙΓΏΝΟΥ
ΈΝΤΑΣΗ

45 - Profesiones #2

Δ	Η	Μ	Ο	Σ	Ι	Ο	Γ	Ρ	Ά	Φ	Ο	Σ	Ρ	Η	Κ
Γ	Ε	Φ	Ε	Υ	Ρ	Έ	Τ	Η	Σ	Ι	Ο	Ν	Γ	Ν	Η
Ζ	Ω	Γ	Ρ	Ά	Φ	Ο	Σ	Ο	Λ	Α	Κ	Σ	Ά	Δ	Π
Α	Α	Σ	Ό	Γ	Ρ	Υ	Ο	Ρ	Ι	Ε	Χ	Η	Β	Γ	Ο
Ο	Γ	Χ	Ν	Σ	Ρ	Υ	Φ	Φ	Ί	Ν	Γ	Τ	Ι	Λ	Υ
Υ	Μ	Ρ	Υ	Ο	Χ	Π	Ά	Ω	Π	Τ	Τ	Ύ	Ο	Ω	Ρ
Ψ	Α	Ί	Ο	Ρ	Ο	Ο	Ρ	Τ	Ζ	Ε	Σ	Α	Λ	Σ	Ό
Μ	Χ	Γ	Ί	Τ	Γ	Β	Γ	Ο	Ω	Τ	Ε	Ν	Ό	Σ	Σ
Ή	Η	Ο	Μ	Α	Η	Ψ	Ο	Γ	Ο	Έ	Β	Ο	Γ	Ο	Ή
Κ	Ε	Χ	Έ	Ί	Λ	Σ	Ν	Ρ	Λ	Κ	Ι	Ρ	Ο	Λ	Τ
Ι	Ξ	Ψ	Α	Τ	Δ	Ν	Ο	Ά	Ό	Τ	Χ	Τ	Σ	Ό	Η
Τ	Ι	Ρ	Τ	Ν	Λ	Β	Κ	Φ	Γ	Ι	Ψ	Σ	Ρ	Γ	Ν
Ο	Χ	Ρ	Ί	Ο	Ι	Σ	Ι	Ο	Ο	Β	Ξ	Α	Υ	Ο	Υ
Λ	Λ	Η	Ν	Δ	Α	Κ	Ε	Σ	Σ	Ξ	Ξ	Ε	Η	Σ	Ε
Ι	Α	Τ	Ρ	Ο	Σ	Α	Ό	Α	Δ	Ψ	Ι	Υ	Ε	Α	Ρ
Π	Η	Ω	Ρ	Σ	Ο	Φ	Ο	Σ	Ό	Λ	Ι	Φ	Ι	Ξ	Ε

- ΑΓΡΟΤΗΣ
- ΑΣΤΡΟΝΑΎΤΗΣ
- ΒΙΟΛΌΓΟΣ
- ΧΕΙΡΟΥΡΓΌΣ
- ΟΔΟΝΤΊΑΤΡΟΣ
- ΝΤΕΤΈΚΤΙΒ
- ΦΙΛΌΣΟΦΟΣ
- ΦΩΤΟΓΡΆΦΟΣ
- ΕΙΚΟΝΟΓΡΆΦΟΣ
- ΜΗΧΑΝΙΚΌΣ
- ΕΦΕΥΡΈΤΗΣ
- ΕΡΕΥΝΗΤΉΣ
- ΚΗΠΟΥΡΌΣ
- ΓΛΩΣΣΟΛΌΓΟΣ
- ΙΑΤΡΟΣ
- ΔΗΜΟΣΙΟΓΡΆΦΟΣ
- ΠΙΛΟΤΙΚΉ
- ΖΩΓΡΆΦΟΣ
- ΔΆΣΚΑΛΟΣ
- ΖΩΟΛΌΓΟΣ

46 - Senderismo

Χ	Κ	Γ	Ν	Ι	Π	Μ	Ά	Κ	Δ	Υ	Ν	Ρ	Λ	Ο	Π
Ν	Ά	Ο	Ι	Ρ	Γ	Ά	Μ	Τ	Σ	Π	Ε	Μ	Ν	Γ	Α
Α	Ι	Ρ	Υ	Ξ	Π	Μ	Δ	Π	Β	Ρ	Ά	Χ	Ο	Ε	Ι
Ξ	Ρ	Έ	Τ	Ρ	Λ	Ψ	Χ	Η	Ό	Ρ	Ε	Ν	Ε	Ψ	Η
Π	Α	Ώ	Ζ	Η	Α	Ρ	Τ	Έ	Π	Τ	Δ	Ε	Ν	Ξ	Ο
Ί	Β	Ή	Υ	Ε	Κ	Σ	Α	Ρ	Α	Π	Ε	Ί	Ω	Ρ	Δ
Ι	Μ	Φ	Π	Ι	Ρ	Λ	Μ	Β	Μ	Τ	Η	Σ	Ύ	Φ	Η
Σ	Δ	Υ	Υ	Σ	Ά	Π	Γ	Έ	Γ	Γ	Ε	Η	Δ	Έ	Γ
Ψ	Σ	Ρ	Χ	Π	Π	Α	Α	Ι	Ν	Ξ	Δ	Σ	Π	Τ	Ο
Ν	Η	Ο	Ψ	Τ	Ξ	Α	Ι	Π	Ύ	Ο	Ν	Υ	Ο	Κ	Ί
Χ	Ω	Κ	Ι	Ν	Β	Γ	Ρ	Ε	Ω	Α	Σ	Δ	Ε	Δ	Ξ
Ν	Γ	Ί	Α	Μ	Ο	Σ	Χ	Ή	Λ	Ι	Ο	Σ	Ω	Σ	Ψ
Ι	Ν	Σ	Δ	Χ	Υ	Κ	Λ	Ί	Μ	Α	Β	Ψ	Σ	Ψ	Ι
Β	Έ	Ι	Ψ	Ν	Ν	Η	Α	Σ	Ν	Ω	Α	Υ	Λ	Ρ	Ψ
Λ	Γ	Μ	Λ	Ο	Ό	Ε	Ξ	Γ	Τ	Δ	Ω	Ι	Ρ	Λ	Π
Π	Λ	Ψ	Ψ	Π	Β	Σ	Ω	Χ	Α	Δ	Ε	Β	Σ	Χ	Γ

ΒΡΆΧΟ
ΝΕΡΌ
ΖΏΑ
ΜΠΌΤΕΣ
ΚΆΜΠΙΝΓΚ
ΚΟΥΡΑΣΜΈΝΟΣ
ΚΛΊΜΑ
ΚΟΡΥΦΉ
ΟΔΗΓΟΊ
ΧΆΡΤΗ
ΒΟΥΝΌ
ΚΟΥΝΟΎΠΙΑ
ΦΎΣΗ
ΠΆΡΚΑ
ΒΑΡΙΆ
ΠΈΤΡΑ
ΠΑΡΑΣΚΕΥΉ
ΆΓΡΙΟ
ΉΛΙΟΣ

47 - Naturaleza

Ά	Έ	Λ	Γ	Ξ	Η	Α	Γ	Ψ	Ρ	Ο	Χ	Α	Ω	Ο	Τ
Ι	Γ	Υ	Ξ	Π	Μ	Δ	Χ	Ι	Μ	Ι	Χ	Ρ	Π	Μ	Ρ
Φ	Ε	Ρ	Ι	Δ	Ο	Ξ	Υ	Ρ	Π	Ε	Υ	Κ	Υ	Ί	Ο
Ρ	Π	Ω	Ι	Ι	Ε	Ρ	Ό	Ν	Ο	Γ	Ξ	Τ	Τ	Χ	Π
Ο	Υ	Η	Ξ	Ο	Ι	Τ	Β	Ρ	Α	Ώ	Ζ	Ι	Ί	Λ	Ι
Μ	Ε	Σ	Χ	Ο	Α	Ρ	Π	Λ	Φ	Μ	Ο	Κ	Ί	Η	Κ
Ο	Δ	Ρ	Ν	Γ	Π	Σ	Ξ	Ο	Ε	Τ	Ι	Ή	Ν	Π	Ή
Β	Ι	Έ	Ή	Δ	Α	Σ	Ο	Σ	Ν	Έ	Ν	Κ	Ο	Κ	Έ
Μ	Ά	Λ	Μ	Μ	Ν	Γ	Ε	Α	Ν	Π	Ή	Ι	Ή	Α	Π
Σ	Β	Ξ	Έ	Η	Ο	Ι	Γ	Η	Ύ	Ν	Λ	Τ	Η	Τ	Φ
Ν	Ρ	Ν	Λ	Ξ	Χ	Υ	Ε	Σ	Σ	Α	Α	Ω	Υ	Α	Ύ
Η	Ω	Σ	Ι	Δ	Γ	Λ	Χ	Ψ	Τ	Α	Γ	Ζ	Ι	Φ	Λ
Μ	Σ	Ψ	Σ	Α	Ν	Ώ	Τ	Ε	Γ	Α	Π	Ί	Β	Ύ	Λ
Έ	Η	Ψ	Σ	Ό	Μ	Α	Τ	Ο	Π	Μ	Ρ	Ι	Γ	Γ	Ω
Λ	Ο	Σ	Ε	Ε	Ι	Ρ	Η	Ν	Ι	Κ	Ή	Ω	Δ	Ι	Μ
Σ	Σ	Ν	Σ	Ξ	Ξ	Ι	Σ	Υ	Χ	Τ	Π	Ρ	Λ	Ο	Α

ΜΈΛΙΣΣΕΣ
ΖΏΑ
ΑΡΚΤΙΚΉ
ΟΜΟΡΦΙΆ
ΔΑΣΟΣ
ΕΡΉΜΟΥ
ΔΥΝΑΜΙΚΉ
ΔΙΆΒΡΩΣΗ
ΦΎΛΛΩΜΑ
ΠΑΓΕΤΏΝΑΣ
ΟΜΊΧΛΗ
ΣΎΝΝΕΦΑ
ΕΙΡΗΝΙΚΉ
ΚΑΤΑΦΎΓΙΟ
ΠΟΤΑΜΌΣ
ΆΓΡΙΟ
ΙΕΡΌ
ΓΑΛΉΝΙΟ
ΤΡΟΠΙΚΉ
ΖΩΤΙΚΉ

48 - Conduciendo

Φ	Ο	Ρ	Τ	Η	Γ	Ό	Χ	Ζ	Ε	Ε	Ν	Κ	Φ	Ι	Ι
Μ	Τ	Ε	Σ	Ξ	Ω	Ψ	Α	Ά	Α	Σ	Ο	Υ	Ρ	Τ	Ι
Ο	Η	Μ	Β	Π	Ψ	Η	Β	Ρ	Ρ	Ε	Ψ	Κ	Έ	Α	Α
Τ	Ν	Ν	Ε	Μ	Υ	Ω	Ν	Α	Έ	Τ	Δ	Λ	Ν	Σ	Ά
Ο	Ί	Α	Ν	Τ	Λ	Η	Λ	Κ	Τ	Ξ	Η	Ο	Α	Τ	Δ
Σ	Κ	Η	Υ	Η	Α	Ρ	Ί	Γ	Ο	Χ	Τ	Φ	Π	Υ	Ε
Υ	Ο	Ρ	Ί	Ο	Γ	Φ	Α	Ο	Μ	Ξ	Ι	Ο	Υ	Ν	Ι
Κ	Τ	Λ	Ί	Χ	Γ	Έ	Ο	Σ	Γ	Ω	Ψ	Ρ	Ο	Ο	Α
Λ	Υ	Μ	Έ	Ξ	Α	Ψ	Ι	Ρ	Φ	Σ	Γ	Ί	Ν	Μ	Τ
Έ	Α	Ω	Χ	Χ	Ρ	Η	Ρ	Ξ	Ά	Ά	Ψ	Α	Ύ	Ί	Η
Τ	Ι	Ρ	Ψ	Α	Ή	Ί	Έ	Β	Ξ	Μ	Λ	Π	Δ	Α	Τ
Α	Ρ	Ί	Ί	Τ	Σ	Ρ	Α	Α	Σ	Π	Ψ	Ε	Ν	Δ	Ύ
Ψ	Ξ	Σ	Ξ	Κ	Α	Ύ	Σ	Ι	Μ	Ο	Ω	Μ	Ι	Μ	Χ
Α	Τ	Ύ	Χ	Η	Μ	Α	Δ	Ρ	Ό	Μ	Ο	Β	Κ	Α	Α
Π	Ε	Ζ	Ό	Σ	Σ	Η	Ψ	Π	Γ	Ί	Λ	Χ	Η	Α	Τ
Β	Ω	Ι	Β	Χ	Μ	Ι	Α	Η	Ε	Α	Π	Έ	Η	Λ	Τ

ΑΤΎΧΗΜΑ
ΔΡΌΜΟ
ΦΟΡΤΗΓΌ
ΑΥΤΟΚΊΝΗΤΟ
ΚΑΎΣΙΜΟ
ΦΡΈΝΑ
ΓΚΑΡΆΖ
ΑΈΡΙΟ
ΆΔΕΙΑ
ΧΆΡΤΗ
ΜΟΤΟΣΥΚΛΈΤΑ
ΜΟΤΈΡ
ΠΕΖΌΣ
ΚΙΝΔΎΝΟΥ
ΑΣΤΥΝΟΜΊΑ
ΑΣΦΆΛΕΙΑ
ΜΕΤΑΦΟΡΆ
ΚΥΚΛΟΦΟΡΊΑ
ΣΉΡΑΓΓΑ
ΤΑΧΎΤΗΤΑ

49 - Ballet

Ο	Ρ	Χ	Ή	Σ	Τ	Ρ	Α	Τ	Μ	Τ	Β	Τ	Μ	Γ	Υ
Ψ	Ε	Χ	Η	Ε	Ι	Χ	Ψ	Έ	Η	Υ	Ο	Ω	Ι	Π	Υ
Ί	Ί	Ψ	Β	Ί	Ι	Α	Ψ	Π	Ι	Χ	Ψ	Ρ	Ε	Μ	Ω
Ε	Σ	Ψ	Α	Ω	Υ	Α	Ί	Μ	Ο	Ν	Ο	Ρ	Ι	Ε	Χ
Μ	Ο	Υ	Σ	Ι	Κ	Ή	Ρ	Γ	Λ	Υ	Ψ	Ε	Ι	Ί	Ο
Ά	Τ	Ε	Χ	Ν	Ι	Κ	Ή	Ψ	Ό	Ύ	Ο	Μ	Θ	Υ	Ρ
Ξ	Σ	Ε	Τ	Υ	Ε	Ρ	Ο	Χ	Σ	Λ	Ξ	Ν	Λ	Γ	Ο
Β	Ή	Κ	Ι	Ν	Χ	Ε	Τ	Ι	Λ	Λ	Α	Κ	Λ	Α	Γ
Γ	Ν	Ξ	Η	Τ	Έ	Θ	Ν	Υ	Σ	Έ	Η	Χ	Λ	Χ	Ρ
Ι	Λ	Υ	Ρ	Σ	Υ	Ο	Ι	Ρ	Ή	Τ	Α	Ο	Ρ	Κ	Α
Ε	Η	Υ	Λ	Ο	Η	Έ	Ν	Τ	Α	Σ	Η	Ι	Υ	Ξ	Φ
Ε	Π	Ι	Δ	Ε	Ξ	Ι	Ό	Τ	Η	Τ	Α	Υ	Έ	Δ	Ί
Χ	Μ	Π	Α	Λ	Α	Ρ	Ί	Ν	Α	Μ	Ψ	Β	Έ	Χ	Α
Χ	Έ	Ν	Χ	Ρ	Ι	Σ	Τ	Υ	Λ	Ί	Δ	Ω	Ό	Έ	Υ
Ε	Κ	Φ	Ρ	Α	Σ	Τ	Ι	Κ	Ή	Λ	Ρ	Τ	Π	Ρ	Λ
Χ	Ε	Ι	Ρ	Ο	Κ	Ρ	Ό	Τ	Η	Μ	Α	Χ	Σ	Π	Π

ΧΕΙΡΟΚΡΌΤΗΜΑ
ΚΑΛΛΙΤΕΧΝΙΚΉ
ΑΚΡΟΑΤΉΡΙΟ
ΜΠΑΛΑΡΊΝΑ
ΧΟΡΕΥΤΕΣ
ΣΥΝΘΈΤΗ
ΧΟΡΟΓΡΑΦΊΑ
ΠΡΌΒΑ
ΣΤΥΛ
ΕΚΦΡΑΣΤΙΚΉ

ΧΕΙΡΟΝΟΜΊΑ
ΕΠΙΔΕΞΙΌΤΗΤΑ
ΈΝΤΑΣΗ
ΜΟΥΣΙΚΉ
ΟΡΧΉΣΤΡΑ
ΆΣΚΗΣΗ
ΡΥΘΜΟΎ
ΣΌΛΟ
ΤΕΧΝΙΚΉ

50 - Fuerza y Gravedad

Σ	Ό	Μ	Σ	Ι	Τ	Η	Ν	Γ	Α	Μ	Ρ	Δ	Ο	Α	Μ
Τ	Ρ	Υ	Έ	Ο	Δ	Σ	Η	Π	Ζ	Ν	Ε	Ω	Λ	Β	Ί
Τ	Σ	Η	Τ	Ρ	Ρ	Α	Έ	Ί	Μ	Υ	Ι	Π	Ί	Ί	Ω
Ι	Δ	Ι	Ό	Τ	Η	Τ	Α	Ε	Β	Τ	Γ	Α	Γ	Έ	Δ
Α	Δ	Ί	Μ	Ν	Ο	Σ	Γ	Σ	Η	Ω	Μ	Ί	Ν	Ί	Υ
Ρ	Ν	Β	Ι	Έ	Δ	Ό	Α	Η	Π	Γ	Ρ	Σ	Ζ	Ο	Ν
Ώ	Κ	Α	Ή	Κ	Ι	Π	Α	Τ	Τ	Δ	Σ	Ι	Έ	Ω	Α
Ά	Ί	Ω	Κ	Γ	Μ	Α	Έ	Ή	Κ	Ι	Ν	Α	Χ	Η	Μ
Ξ	Ν	Ι	Ι	Ά	Υ	Α	Ξ	Β	Ί	Έ	Ξ	Τ	Η	Ρ	Ι
Ο	Η	Ί	Λ	Λ	Λ	Η	Έ	Ι	Ο	Α	Π	Υ	Ω	Π	Κ
Ν	Σ	Ι	Ο	Τ	Λ	Υ	Π	Ρ	Β	Έ	Π	Ε	Χ	Δ	Ή
Α	Η	Ε	Θ	Ρ	Υ	Ε	Ψ	Τ	Ρ	Ο	Χ	Ι	Ά	Ψ	Μ
Σ	Χ	Ε	Α	Σ	Λ	Γ	Μ	Η	Ι	Γ	Η	Έ	Ρ	Λ	Ρ
Π	Έ	Ή	Κ	Ι	Σ	Υ	Φ	Μ	Π	Δ	Ε	Έ	Ο	Τ	Ο
Σ	Ξ	Λ	Τ	Η	Β	Ρ	Τ	Α	Χ	Ύ	Τ	Η	Τ	Α	Ξ
Ί	Τ	Ι	Τ	Σ	Ο	Μ	Γ	Τ	Ι	Ο	Ρ	Έ	Ξ	Δ	Ι

ΚΈΝΤΡΟ
ΑΝΑΚΆΛΥΨΗ
ΔΥΝΑΜΙΚΉ
ΑΠΌΣΤΑΣΗ
ΆΞΟΝΑΣ
ΕΠΈΚΤΑΣΗ
ΦΥΣΙΚΉ
ΤΡΙΒΉ
ΟΡΜΉ
ΜΑΓΝΗΤΙΣΜΌΣ
ΜΗΧΑΝΙΚΉ
ΚΊΝΗΣΗ
ΤΡΟΧΙΆ
ΖΥΓΊΖΩ
ΠΊΕΣΗ
ΙΔΙΌΤΗΤΑ
ΏΡΑ
ΚΑΘΟΛΙΚΉ
ΤΑΧΎΤΗΤΑ

51 - Aventura

Π	Ρ	Ο	Ο	Ρ	Ι	Σ	Μ	Ό	Σ	Η	Γ	Π	Ψ	Τ	Δ
Ω	Υ	Α	Τ	Η	Τ	Ό	Ι	Ρ	Η	Τ	Σ	Α	Ρ	Δ	Ξ
Π	Λ	Ο	Ή	Γ	Η	Σ	Η	Ρ	Υ	Β	Α	Ρ	Χ	Μ	Τ
Ί	Η	Γ	Ε	Υ	Κ	Α	Ι	Ρ	Ί	Α	Τ	Α	Ο	Ν	Ω
Γ	Έ	Ο	Τ	Σ	Ι	Θ	Ή	Ν	Υ	Σ	Α	Σ	Β	Η	Ν
Υ	Ε	Ο	Ω	Ό	Γ	Ί	Ω	Π	Ο	Ξ	Ψ	Κ	Δ	Τ	Ξ
Ω	Δ	Ν	Ή	Μ	Ο	Ρ	Δ	Κ	Ε	Σ	Τ	Ε	Ρ	Ξ	Δ
Χ	Ρ	Χ	Ν	Σ	Δ	Β	Ψ	Π	Μ	Γ	Έ	Υ	Ί	Ι	Χ
Σ	Ο	Ν	Τ	Α	Ί	Λ	Ο	Κ	Σ	Υ	Δ	Ή	Ξ	Β	Τ
Σ	Μ	Έ	Α	Ι	Ι	Ο	Ν	Υ	Δ	Ν	Ί	Κ	Ι	Π	Ε
Φ	Ο	Α	Ξ	Σ	Ο	Ό	Μ	Α	Σ	Φ	Ά	Λ	Ε	Ι	Α
Ύ	Λ	Ω	Ί	Υ	Λ	Ο	Τ	Ο	Ρ	Ο	Ρ	Ψ	Δ	Ν	Ν
Σ	Ό	Χ	Δ	Ο	Ί	Δ	Ε	Η	Ρ	Τ	Α	Ν	Τ	Ξ	Λ
Η	Γ	Β	Ι	Θ	Φ	Β	Υ	Ψ	Τ	Φ	Χ	Ρ	Τ	Ρ	Π
Γ	Ι	Ε	Ξ	Ν	Χ	Α	Λ	Ι	Π	Α	Ι	Ψ	Δ	Η	Γ
Έ	Ο	Ν	Ξ	Ε	Ο	Ο	Σ	Ρ	Π	Υ	Ι	Ά	Π	Ε	Μ

ΔΡΑΣΤΗΡΙΌΤΗΤΑ
ΧΑΡΆ
ΦΊΛΟΙ
ΟΜΟΡΦΙΆ
ΠΡΟΟΡΙΣΜΌΣ
ΔΥΣΚΟΛΊΑ
ΕΝΘΟΥΣΙΑΣΜΌΣ
ΕΚΔΡΟΜΉ
ΑΣΥΝΉΘΙΣΤΟ
ΔΡΟΜΟΛΌΓΙΟ
ΦΎΣΗ
ΠΛΟΉΓΗΣΗ
ΝΈΑ
ΕΥΚΑΙΡΊΑ
ΕΠΙΚΊΝΔΥΝΟ
ΠΑΡΑΣΚΕΥΉ
ΑΣΦΆΛΕΙΑ
ΓΕΝΝΑΙΌΤΗΤΑ
ΤΑΞΊΔΙ

52 - Pájaros

Ω	Έ	Ι	Ρ	Έ	Τ	Σ	Ι	Ρ	Ε	Π	Α	Ε	Ι	Υ	Β
Υ	Ψ	Ω	Σ	Τ	Ε	Σ	Π	Ρ	Ω	Γ	Δ	Ο	Έ	Λ	Ψ
Π	Μ	Υ	Η	Ν	Ο	Ί	Κ	Ο	Μ	Ε	Ί	Λ	Η	Ρ	Έ
Χ	Ή	Ν	Α	Ι	Π	Ά	Π	Ο	Υ	Ο	Γ	Η	Σ	Α	Ψ
Ψ	Ν	Ω	Ψ	Ν	Υ	Ν	Ψ	Τ	Ρ	Ρ	Ν	Ν	Ψ	Τ	Τ
Γ	Ο	Κ	Γ	Ν	Ί	Μ	Α	Λ	Φ	Ά	Γ	Υ	Ί	Δ	Π
Ν	Λ	Ξ	Ρ	Ν	Ν	Ν	Ι	Ι	Ρ	Τ	Κ	Ί	Π	Δ	Ψ
Α	Υ	Γ	Ψ	Σ	Ό	Γ	Ρ	Α	Λ	Ε	Π	Ι	Τ	Α	Δ
Κ	Ο	Ύ	Κ	Ο	Σ	Ό	Τ	Ε	Α	Ξ	Μ	Δ	Υ	Ι	Ο
Ε	Π	Σ	Ω	Ι	Ο	Γ	Π	Α	Π	Α	Γ	Ά	Λ	Ο	Σ
Λ	Ό	Α	Α	Δ	Ρ	Υ	Γ	Ι	Κ	Ύ	Κ	Ν	Ο	Σ	Σ
Ε	Τ	Δ	Λ	Ω	Ά	Α	Μ	Ε	Υ	Ψ	Η	Ψ	Σ	Χ	Μ
Π	Ο	Ω	Ε	Ρ	Λ	Ι	Ν	Ί	Ρ	Α	Ν	Α	Κ	Γ	Σ
Ψ	Κ	Τ	Μ	Ε	Γ	Τ	Χ	Ξ	Ν	Ά	Κ	Υ	Ο	Τ	Δ
Π	Ι	Γ	Κ	Ο	Υ	Ί	Ν	Ο	Σ	Ρ	Κ	Τ	Ε	Γ	Χ
Τ	Υ	Υ	Α	Ι	Μ	Α	Σ	Η	Τ	Έ	Ο	Ι	Η	Ε	Ί

ΑΕΤΌΣ
ΚΑΝΑΡΊΝΙ
ΠΕΛΑΡΓΌΣ
ΚΎΚΝΟΣ
ΚΟΎΚΟΣ
ΚΟΡΆΚΙ
ΦΛΑΜΊΝΓΚΟ
ΧΉΝΑ
ΕΡΩΔΙΟΣ
ΓΛΆΡΟΣ
ΣΠΟΥΡΓΊΤΙ
ΓΕΡΆΚΙ
ΑΥΓΌ
ΠΑΠΑΓΆΛΟΣ
ΠΕΡΙΣΤΈΡΙ
ΠΆΠΙΑ
ΠΕΛΕΚΑΝ
ΠΙΓΚΟΥΊΝΟΣ
ΚΟΤΌΠΟΥΛΟ
ΤΟΥΚΆΝ

53 - Geografía

Ξ	Ή	Ω	Έ	Π	Α	Ε	Δ	Σ	Ρ	Π	Η	Λ	Ν	Ο	Μ
Π	Λ	Π	Ν	Μ	Σ	Ρ	Π	Ι	Μ	Ο	Ω	Δ	Ο	Υ	Ε
Υ	Χ	Έ	Ε	Ο	Π	Π	Α	Τ	Η	Τ	Ρ	Ά	Χ	Ψ	Σ
Ι	Ν	Β	Ι	Ι	Ε	Υ	Η	Ξ	Σ	Α	Η	Τ	Χ	Ό	Η
Σ	Γ	Ί	Σ	Ε	Ρ	Μ	Υ	Η	Ύ	Μ	Σ	Π	Ρ	Μ	Μ
Η	Λ	Ό	Π	Έ	Ό	Ο	Λ	Ν	Δ	Ό	Ο	Δ	Υ	Ε	Β
Μ	Υ	Μ	Έ	Σ	Κ	Β	Σ	Χ	Η	Σ	Έ	Ψ	Τ	Τ	Ρ
Ε	Τ	Έ	Β	Λ	Ι	Β	Λ	Α	Α	Σ	Α	Ί	Γ	Ρ	Ι
Ρ	Η	Μ	Ι	Σ	Φ	Α	Ί	Ρ	Ι	Ο	Ί	Μ	Ν	Ο	Ν
Ι	Η	Ι	Ρ	Μ	Α	Σ	Ν	Ό	Τ	Ι	Α	Η	Δ	Δ	Ό
Ν	Μ	Β	Σ	Ξ	Ρ	Σ	Π	Ε	Ρ	Ι	Ο	Χ	Ή	Ι	Ί
Ό	Ν	Υ	Ο	Β	Γ	Α	Χ	Ώ	Ρ	Α	Κ	Ό	Σ	Μ	Ο
Σ	Ω	Λ	Φ	Ρ	Ω	Λ	Ρ	Χ	Ω	Ο	Ξ	Ξ	Μ	Ε	Τ
Μ	Β	Γ	Α	Ω	Ε	Ά	Ρ	Ρ	Ο	Β	Ψ	Ψ	Ξ	Ε	Γ
Π	Ρ	Β	Δ	Ρ	Γ	Θ	Ά	Τ	Λ	Α	Ν	Τ	Α	Τ	Π
Έ	Ψ	Λ	Έ	Ο	Λ	Ι	Τ	Ο	Ω	Δ	Δ	Γ	Ί	Έ	Π

ΥΨΌΜΕΤΡΟ
ΆΤΛΑΝΤΑ
ΠΌΛΗ
ΉΠΕΙΡΟΣ
ΙΣΗΜΕΡΙΝΌΣ
ΗΜΙΣΦΑΊΡΙΟ
ΝΗΣΊ
ΓΕΩΓΡΑΦΙΚΌ
ΧΆΡΤΗ
ΘΆΛΑΣΣΑ
ΜΕΣΗΜΒΡΙΝΌ
ΒΟΥΝΌ
ΚΌΣΜΟ
ΒΟΡΡΆ
ΔΎΣΗ
ΧΏΡΑ
ΠΕΡΙΟΧΉ
ΠΟΤΑΜΌΣ
ΝΌΤΙΑ
ΈΔΑΦΟΣ

54 - Música

Φ	Ω	Ν	Η	Τ	Ι	Κ	Ό	Ν	Ή	Α	Γ	Ά	Α	Τ	Α
Ε	Χ	Δ	Ω	Ψ	Β	Σ	Ω	Έ	Κ	Ι	Ό	Λ	Χ	Ρ	Β
Δ	Υ	Ο	Ν	Ω	Φ	Ό	Ρ	Κ	Ι	Μ	Π	Μ	Β	Α	Ε
Ε	Ί	Ν	Ρ	Τ	Τ	Ι	Ω	Ι	Σ	Ε	Ε	Π	Μ	Γ	Π
Ή	Ω	Α	Ή	Ω	Ο	Υ	Υ	Π	Υ	Β	Ρ	Ο	Ε	Ο	Ο
Κ	Ε	Γ	Κ	Ξ	Δ	Υ	Β	Π	Ο	Ι	Α	Υ	Λ	Υ	Ι
Ι	Ώ	Ρ	Ι	Μ	Ξ	Ί	Β	Ξ	Μ	Β	Μ	Μ	Ω	Δ	Η
Σ	Δ	Ό	Ν	Π	Ή	Φ	Α	Ρ	Γ	Γ	Ε	Τ	Δ	Ι	Τ
Α	Υ	Τ	Ο	Σ	Χ	Ε	Δ	Ι	Ά	Σ	Ε	Ι	Ί	Σ	Ι
Λ	Ο	Α	Μ	Ό	Ρ	Ω	Γ	Τ	Β	Σ	Τ	Ο	Α	Τ	Κ
Κ	Γ	Ρ	Ρ	Κ	Ί	Υ	Λ	Η	Υ	Σ	Τ	Γ	Δ	Ή	Ή
Α	Α	Μ	Α	Ι	Ψ	Μ	Θ	Β	Η	Ψ	Ψ	Υ	Ν	Σ	Ν
Η	Ρ	Ο	Τ	Σ	Β	Σ	Ι	Μ	Χ	Ω	Β	Α	Β	Γ	Ν
Η	Τ	Ν	Ο	Υ	Σ	Ω	Υ	Δ	Ο	Π	Μ	Έ	Τ	Ε	Υ
Η	Α	Ί	Λ	Ο	Ξ	Ν	Σ	Τ	Υ	Ύ	Α	Ν	Τ	Χ	Ψ
Σ	Ξ	Α	Δ	Μ	Μ	Π	Α	Λ	Ά	Ν	Τ	Α	Ρ	Ε	Ο

ΑΡΜΟΝΊΑ
ΑΡΜΟΝΙΚΉ
ΆΛΜΠΟΥΜ
ΜΠΑΛΆΝΤΑ
ΤΡΑΓΟΥΔΙΣΤΉΣ
ΤΡΑΓΟΥΔΏ
ΚΛΑΣΙΚΉ
ΧΟΡΩΔΊΑ
ΕΓΓΡΑΦΉ
ΑΥΤΟΣΧΕΔΙΆΣΕΙ
ΌΡΓΑΝΟ
ΜΕΛΩΔΊΑ
ΜΙΚΡΌΦΩΝΟ
ΜΟΥΣΙΚΉ
ΜΟΥΣΙΚΌΣ
ΌΠΕΡΑ
ΠΟΙΗΤΙΚΉ
ΡΥΘΜΟΎ
ΤΈΜΠΟ
ΦΩΝΗΤΙΚΌ

55 - Enfermedad

Κ	Κ	Γ	Τ	Α	Σ	Υ	Λ	Ί	Α	Ε	Έ	Ω	Ε	Ν	Π
Λ	Α	Ι	Ε	Θ	Ά	Π	Ο	Ρ	Υ	Ε	Ν	Γ	Υ	Ψ	Α
Η	Ρ	Ε	Ί	Τ	Π	Τ	Γ	Α	Χ	Α	Γ	Ή	Ε	Μ	Θ
Ρ	Δ	Μ	Ξ	Ι	Λ	Ε	Σ	Ρ	Υ	Ρ	Γ	Κ	Ξ	Μ	Ο
Ο	Ι	Ι	Ν	Ω	Ι	Μ	Γ	Ο	Γ	Λ	Ό	Ι	Ί	Λ	Γ
Ν	Ά	Ο	Σ	Φ	Υ	Ϊ	Κ	Ή	Ε	Χ	Κ	Ν	Α	Χ	Ό
Ο	Φ	Μ	Π	Ψ	Ε	Ί	Έ	Ν	Ί	Μ	Ι	Ο	Ι	Ε	Ν
Μ	Λ	Ο	Τ	Υ	Έ	Δ	Ι	Β	Α	Η	Τ	Μ	Ι	Ο	Α
Ι	Ε	Ρ	Β	Ν	Ε	Έ	Ξ	Α	Ρ	Γ	Ο	Υ	Α	Κ	Σ
Κ	Γ	Δ	Χ	Ω	Γ	Γ	Σ	Τ	Μ	Ε	Δ	Ε	Λ	Ο	Έ
Ή	Μ	Ν	Γ	Ί	Ί	Έ	Χ	Ρ	Λ	Σ	Α	Ν	Λ	Ι	Ε
Ω	Ο	Ύ	Λ	Χ	Γ	Η	Α	Π	Δ	Ώ	Τ	Π	Ε	Λ	Ρ
Ξ	Ν	Σ	Ν	Μ	Υ	Ί	Η	Ί	Ρ	Μ	Ε	Δ	Ρ	Ι	Έ
Ξ	Ή	Γ	Ε	Ν	Ε	Τ	Ι	Κ	Ή	Α	Μ	Λ	Γ	Α	Π
Ω	Α	Ν	Α	Π	Ν	Ε	Υ	Σ	Τ	Ι	Κ	Ή	Ί	Κ	Γ
Μ	Τ	Έ	Λ	Ε	Θ	Ε	Ρ	Α	Π	Ε	Ί	Α	Α	Ή	Γ

ΚΟΙΛΙΑΚΉ
ΑΛΛΕΡΓΊΑ
ΕΥΕΞΊΑ
ΜΕΤΑΔΟΤΙΚΌ
ΚΑΡΔΙΆ
ΧΡΌΝΙΟΣ
ΣΏΜΑ
ΓΕΝΕΤΙΚΉ
ΚΛΗΡΟΝΟΜΙΚΉ
ΟΣΤΆ
ΦΛΕΓΜΟΝΉ
ΑΣΥΛΊΑ
ΟΣΦΥΪΚΉ
ΝΕΥΡΟΠΆΘΕΙΑ
ΠΑΘΟΓΌΝΑ
ΠΝΕΥΜΟΝΙΚΉ
ΑΝΑΠΝΕΥΣΤΙΚΉ
ΥΓΕΊΑ
ΣΎΝΔΡΟΜΟ
ΘΕΡΑΠΕΊΑ

56 - Actividades

Δ	Ε	Π	Ι	Δ	Ε	Ξ	Ι	Ό	Τ	Η	Τ	Α	Η	Κ	Δ
Χ	Ρ	Π	Ε	Ζ	Ο	Π	Ο	Ρ	Ί	Α	Ο	Ν	Μ	Η	Β
Ο	Ω	Α	Α	Ψ	Φ	Μ	Α	Γ	Ε	Ί	Α	Έ	Ω	Π	Ο
Γ	Ν	Ξ	Σ	Ί	Α	Ω	Υ	Ξ	Τ	Υ	Έ	Β	Ί	Ο	Η
Λ	Π	Μ	Α	Τ	Η	Α	Τ	Ν	Ο	Ρ	Έ	Φ	Μ	Υ	Σ
Γ	Ξ	Ξ	Γ	Ψ	Η	Β	Ο	Ο	Χ	Τ	Γ	Γ	Έ	Ρ	Η
Π	Α	Ζ	Λ	Ά	Π	Ρ	Μ	Ι	Γ	Ή	Ν	Υ	Κ	Ι	Τ
Π	Ί	Ξ	Η	Ρ	Ή	Κ	Ι	Μ	Α	Ρ	Ε	Κ	Χ	Κ	Σ
Α	Ν	Ι	Β	Ε	Κ	Χ	Ψ	Ό	Α	Λ	Α	Υ	Ν	Ή	Ί
Ι	Χ	Π	Υ	Μ	Ι	Α	Ά	Έ	Τ	Ν	Ί	Φ	Χ	Ρ	Ρ
Χ	Ε	Τ	Υ	Α	Φ	Λ	Ρ	Δ	Ψ	Η	Α	Γ	Ί	Τ	Α
Ν	Τ	Η	Έ	Λ	Α	Ά	Η	Ξ	Δ	Ν	Τ	Ψ	Α	Α	Χ
Ί	Ο	Ξ	Υ	Ί	Ρ	Ρ	Η	Ο	Ω	Χ	Ε	Α	Υ	Η	Υ
Δ	Ι	Ε	Τ	Ι	Γ	Ω	Α	Ω	Ο	Έ	Ξ	Ψ	Γ	Χ	Ε
Ι	Β	Ο	Η	Ι	Ω	Σ	Π	Μ	Έ	Τ	Τ	Ψ	Ω	Χ	Ή
Α	Σ	Α	Π	Π	Ζ	Η	Σ	Ω	Ν	Γ	Ά	Ν	Α	Μ	Β

ΔΡΑΣΤΗΡΙΌΤΗΤΑ
ΤΈΧΝΗ
ΒΙΟΤΕΧΝΊΑ
ΚΥΝΉΓΙ
ΚΕΡΑΜΙΚΉ
ΡΆΨΙΜΟ
ΦΩΤΟΓΡΑΦΊΑ
ΕΠΙΔΕΞΙΌΤΗΤΑ
ΣΥΜΦΈΡΟΝΤΑ
ΚΗΠΟΥΡΙΚΉ
ΠΑΙΧΝΊΔΙΑ
ΑΝΆΓΝΩΣΗ
ΜΑΓΕΊΑ
ΑΝΑΨΥΧΉ
ΨΆΡΕΜΑ
ΖΩΓΡΑΦΙΚΉ
ΕΥΧΑΡΊΣΤΗΣΗ
ΧΑΛΆΡΩΣΗ
ΠΑΖΛ
ΠΕΖΟΠΟΡΊΑ

57 - Verduras

Μ	Α	Σ	Ψ	Κ	Χ	Ρ	Ε	Ζ	Τ	Ν	Ί	Ζ	Τ	Υ	Σ
Α	Τ	Κ	Ε	Ο	Σ	Α	Ν	Ά	Ζ	Τ	Ι	Λ	Ε	Μ	Σ
Ϊ	Α	Ό	Π	Λ	Μ	Π	Ψ	Ι	Έ	Α	Ψ	Ί	Ο	Η	Χ
Ν	Έ	Ρ	Ε	Ο	Ο	Α	Ε	Λ	Ο	Α	Ω	Χ	Λ	Λ	Χ
Τ	Γ	Δ	Ν	Κ	Ρ	Ν	Η	Ε	Η	Τ	Π	Υ	Ο	Ψ	Ψ
Α	Ν	Ο	Π	Ύ	Π	Ά	Ι	Α	Ρ	Ά	Ν	Ι	Κ	Γ	Α
Ν	Ι	Τ	Β	Θ	Έ	Κ	Μ	Λ	Β	Λ	Μ	Δ	Ό	Ο	Ρ
Ό	Χ	Α	Ο	Α	Μ	Ι	Η	Ο	Έ	Α	Ψ	Ύ	Ρ	Γ	Υ
Σ	Ψ	Ν	Λ	Μ	Β	Α	Ί	Σ	Ι	Σ	Ε	Μ	Π	Γ	Ρ
Ψ	Ρ	Λ	Α	Ω	Ά	Ξ	Ρ	Ι	Μ	Π	Μ	Μ	Μ	Ύ	Ι
Ω	Ρ	Π	Ω	Τ	Ξ	Τ	Ι	Λ	Ξ	Α	Ω	Ε	Υ	Λ	Ι
Τ	Υ	Μ	Α	Ν	Ε	Ξ	Α	Έ	Λ	Ν	Σ	Ρ	Χ	Ι	Χ
Η	Δ	Δ	Υ	Τ	Β	Ε	Ν	Ζ	Ξ	Ά	Ί	Κ	Σ	Ι	Λ
Ι	Ν	Έ	Χ	Γ	Ά	Ί	Χ	Ι	Υ	Κ	Υ	Σ	Γ	Η	Έ
Κ	Α	Ρ	Ό	Τ	Ο	Τ	Ω	Π	Ί	Ι	Ν	Ο	Ρ	Δ	Λ
Α	Γ	Γ	Ο	Ύ	Ρ	Ι	Α	Μ	Α	Ν	Ι	Τ	Ά	Ρ	Ι

ΣΚΌΡΔΟ
ΑΓΚΙΝΆΡΑ
ΣΈΛΙΝΟ
ΜΕΛΙΤΖΆΝΑ
ΜΠΡΌΚΟΛΟ
ΚΟΛΟΚΎΘΑ
ΚΡΕΜΜΎΔΙ
ΣΑΛΆΤΑ
ΣΠΑΝΆΚΙ
ΜΠΙΖΈΛΙ
ΤΖΊΝΤΖΕΡ
ΓΟΓΓΎΛΙ
ΕΛΙΆ
ΠΑΤΆΤΑ
ΑΓΓΟΎΡΙ
ΜΑΪΝΤΑΝΌΣ
ΡΑΠΑΝΆΚΙ
ΜΑΝΙΤΆΡΙ
ΝΤΟΜΆΤΑ
ΚΑΡΌΤΟ

58 - Instrumentos Musicales

Τ	Ί	Λ	Χ	Χ	Υ	Λ	Δ	Ί	Ε	Λ	Λ	Ω	Ρ	Β	Ν
Έ	Τ	Ρ	Φ	Α	Γ	Κ	Ό	Τ	Ο	Ν	Ά	Ι	Π	Ο	Α
Σ	Δ	Η	Β	Ρ	Ν	Ψ	Μ	Α	Π	Μ	Ί	Ρ	Α	Μ	Ί
Γ	Ί	Σ	Π	Ά	Π	Τ	Ρ	Ο	Μ	Π	Ό	Ν	Ι	Ε	Τ
Τ	Κ	Ύ	Τ	Θ	Α	Κ	Ι	Ν	Ό	Μ	Ρ	Α	Σ	Υ	Φ
Τ	Χ	Ο	Β	Ι	Μ	Τ	Σ	Ί	Α	Έ	Ε	Π	Γ	Ω	Κ
Ρ	Ι	Ρ	Ν	Κ	Π	Ύ	Α	Λ	Ν	Γ	Γ	Ρ	Υ	Ο	Λ
Η	Ί	Κ	Ί	Γ	Χ	Μ	Ξ	Ο	Τ	Υ	Ο	Ά	Λ	Φ	Α
Τ	Σ	Γ	Ξ	Μ	Κ	Π	Ό	Τ	Ζ	Α	Ρ	Σ	Χ	Ι	Ρ
Π	Ί	Υ	Έ	Μ	Υ	Α	Φ	Ν	Η	Τ	Έ	Ξ	Ψ	Β	Ι
Β	Ι	Ο	Λ	Ί	Ί	Ν	Ω	Α	Ρ	Έ	Ν	Γ	Α	Π	Ν
Λ	Φ	Η	Τ	Ο	Ψ	Ο	Ν	Μ	Η	Π	Ε	Ά	Ε	Β	Έ
Δ	Έ	Γ	Α	Π	Υ	Ψ	Ο	Π	Υ	Μ	Χ	Ί	Π	Β	Τ
Β	Τ	Ο	Λ	Έ	Σ	Τ	Ν	Ο	Λ	Ο	Ι	Β	Β	Μ	Ο
Σ	Ν	Ί	Ε	Ψ	Μ	Ξ	Α	Ω	Α	Ρ	Χ	Μ	Β	Γ	Έ
Ξ	Ρ	Ε	Σ	Τ	Ι	Ι	Μ	Ι	Σ	Τ	Γ	Σ	Δ	Τ	Λ

ΦΥΣΑΡΜΌΝΙΚΑ
ΆΡΠΑ
ΜΠΆΝΤΖΟ
ΚΛΑΡΙΝΈΤΟ
ΦΑΓΚΌΤΟ
ΦΛΆΟΥΤΟ
ΓΚΟΝΓΚ
ΚΙΘΆΡΑ
ΜΑΝΤΟΛΊΝΟ
ΜΑΡΊΜΠΑ
ΌΜΠΟΕ
ΝΤΈΦΙ
ΚΡΟΎΣΗ
ΠΙΆΝΟ
ΣΑΞΌΦΩΝΟ
ΤΎΜΠΑΝΟ
ΤΡΟΜΠΌΝΙ
ΤΡΟΜΠΈΤΑ
ΒΙΟΛΊ
ΒΙΟΛΟΝΤΣΈΛΟ

59 - Formas

Ξ	Ε	Τ	Ξ	Ε	Ν	Έ	Π	Υ	Ρ	Α	Μ	Ί	Δ	Α	Τ
Τ	Ξ	Ι	Β	Α	Π	Ή	Λ	Ο	Β	Ρ	Ε	Π	Υ	Χ	Π
Ν	Α	Ί	Ω	Ε	Μ	Β	Ά	Λ	Π	Λ	Α	Τ	Ε	Ί	Α
Λ	Έ	Έ	Ε	Ί	Ψ	Λ	Β	Έ	Ε	Ξ	Α	Α	Ρ	Κ	Ε
Ξ	Ρ	Ι	Π	Τ	Η	Ε	Ο	Ψ	Ι	Ι	Ί	Ι	Λ	Α	Ω
Χ	Ι	Ά	Η	Λ	Ί	Ε	Ν	Π	Χ	Π	Ψ	Ρ	Δ	Μ	Ψ
Ν	Μ	Ρ	Α	Μ	Ν	Ω	Κ	Ι	Σ	Γ	Μ	Η	Υ	Π	Υ
Ι	Ψ	Υ	Η	Έ	Υ	Β	Α	Ύ	Β	Τ	Ό	Ξ	Ο	Ύ	Χ
Ί	Σ	Ε	Α	Ο	Β	Ρ	Ν	Ο	Λ	Χ	Α	Η	Ν	Λ	Ί
Π	Ο	Λ	Ύ	Γ	Ω	Ν	Ο	Η	Π	Ι	Γ	Υ	Ώ	Η	Τ
Γ	Ν	Π	Χ	Π	Ω	Η	Μ	Β	Έ	Τ	Ν	Ξ	Γ	Ρ	Ν
Ω	Ώ	Β	Ξ	Η	Ρ	Ο	Β	Ρ	Ι	Ε	Μ	Δ	Ι	Κ	Ρ
Ν	Κ	Ύ	Β	Ο	Σ	Ί	Μ	Ψ	Ε	Ι	Δ	Π	Ρ	Ά	Ο
Ί	Ρ	Τ	Χ	Β	Ξ	Ι	Σ	Ο	Λ	Κ	Ύ	Κ	Τ	Ο	Ν
Α	Ρ	Ί	Α	Φ	Σ	Χ	Ή	Μ	Μ	Α	Ρ	Γ	Σ	Ο	Σ
Ο	Ρ	Θ	Ο	Γ	Ώ	Ν	Ι	Ο	Α	Έ	Η	Ρ	Έ	Ξ	Χ

ΤΌΞΟ
ΆΚΡΗ
ΚΎΛΙΝΔΡΟΣ
ΚΎΚΛΟΣ
ΚΏΝΟΣ
ΠΛΑΤΕΊΑ
ΚΎΒΟΣ
ΚΑΜΠΎΛΗ
ΈΛΛΕΙΨΗ
ΣΦΑΊΡΑ
ΓΩΝΊΑ
ΥΠΕΡΒΟΛΉ
ΠΛΕΥΡΆ
ΓΡΑΜΜΉ
ΟΒΆΛ
ΠΥΡΑΜΊΔΑ
ΠΟΛΎΓΩΝΟ
ΠΡΊΣΜΑ
ΟΡΘΟΓΏΝΙΟ
ΤΡΙΓΏΝΟΥ

60 - Flores

Ρ	Μ	Γ	Π	Τ	Η	Λ	Ι	Ο	Τ	Ρ	Ό	Π	Ι	Ο	Κ
Ψ	Α	Α	Α	Ρ	Π	Τ	Λ	Τ	Λ	Ο	Λ	Ο	Λ	Ρ	Ρ
Σ	Ν	Ρ	Σ	Ι	Α	Ο	Λ	Έ	Σ	Α	Τ	Ε	Μ	Έ	Ί
Ω	Ό	Δ	Χ	Α	Ι	Υ	Ύ	Κ	Δ	Ί	Τ	Χ	Β	Η	Ν
Π	Λ	Έ	Α	Ν	Ω	Λ	Φ	Υ	Ψ	Έ	Ξ	Έ	Χ	Γ	Ο
Ι	Ι	Ν	Λ	Τ	Ν	Ί	Ι	Ο	Ψ	Δ	Π	Μ	Π	Α	Σ
Κ	Α	Ι	Ι	Ά	Ί	Π	Ρ	Π	Λ	Ί	Σ	Γ	Ε	Ί	Ο
Ρ	Τ	Α	Ά	Φ	Α	Α	Τ	Μ	Η	Ρ	Η	Ω	Π	Χ	Κ
Α	Π	Ε	Ν	Υ	Π	Α	Π	Α	Ρ	Ο	Ύ	Ν	Α	Α	Σ
Λ	Έ	Έ	Σ	Λ	Κ	Α	Λ	Έ	Ν	Τ	Ο	Υ	Λ	Α	Ί
Ί	Η	Δ	Ν	Λ	Γ	Ι	Α	Σ	Ε	Μ	Ί	Λ	Α	Τ	Β
Δ	Ψ	Έ	Ι	Ο	Μ	Α	Ρ	Γ	Α	Ρ	Ί	Τ	Α	Ν	Ι
Α	Έ	Σ	Α	Χ	Α	Α	Β	Ε	Ψ	Ρ	Ι	Ε	Μ	Ά	Λ
Ι	Η	Υ	Γ	Α	Ρ	Ό	Λ	Φ	Ι	Σ	Σ	Α	Π	Β	Ο
Μ	Η	Π	Σ	Ε	Α	Ο	Δ	Χ	Σ	Τ	Ρ	Ί	Δ	Ε	Β
Π	Ο	Ί	Β	Α	Α	Ξ	Χ	Γ	Χ	Ο	Α	Δ	Ρ	Λ	Η

ΠΑΠΑΡΟΎΝΑ
ΚΑΛΈΝΤΟΥΛΑ
ΠΙΚΡΑΛΊΔΑ
ΓΑΡΔΈΝΙΑ
ΗΛΙΟΤΡΌΠΙΟ
ΙΒΊΣΚΟΣ
ΓΙΑΣΕΜΊ
ΛΕΒΆΝΤΑ
ΠΑΣΧΑΛΙΆ
ΚΡΊΝΟΣ
ΜΑΝΌΛΙΑ
ΜΑΡΓΑΡΊΤΑ
ΟΡΧΙΔΈΑ
ΠΑΣΣΙΦΛΌΡΑ
ΠΑΙΩΝΊΑ
ΠΈΤΑΛΟ
ΜΠΟΥΚΈΤΟ
ΤΡΙΑΝΤΆΦΥΛΛΟ
ΤΡΙΦΎΛΛΙ
ΤΟΥΛΊΠΑ

61 - Astronomía

Α	Σ	Τ	Ρ	Ο	Ν	Α	Ύ	Τ	Η	Σ	Γ	Μ	Π	Ί	Σ
Τ	Η	Λ	Ε	Σ	Κ	Ό	Π	Ι	Ο	Γ	Η	Σ	Λ	Ρ	Ύ
Δ	Α	Κ	Τ	Ι	Ν	Ο	Β	Ο	Λ	Ί	Α	Β	Γ	Ί	Μ
Ρ	Ο	Τ	Δ	Τ	Ω	Η	Ω	Σ	Ω	Έ	Έ	Υ	Ο	Η	Π
Α	Ο	Ρ	Β	Α	Ρ	Ύ	Τ	Η	Τ	Α	Ω	Α	Σ	Ο	Α
Σ	Σ	Υ	Υ	Α	Σ	Τ	Ε	Ρ	Ο	Ε	Ι	Δ	Ή	Σ	Ν
Τ	Ο	Ο	Κ	Φ	Ί	Ξ	Ό	Ρ	Ι	Ρ	Ά	Γ	Γ	Ε	Φ
Ρ	Υ	Υ	Π	Έ	Ο	Β	Μ	Γ	Χ	Ξ	Ω	Ι	Χ	Η	Α
Ο	Π	Ρ	Λ	Δ	Τ	Ρ	Σ	Ο	Ξ	Β	Δ	Έ	Ξ	Ψ	Ί
Ν	Ε	Α	Α	Χ	Α	Α	Ι	Ν	Δ	Τ	Ε	Έ	Τ	Ι	Ρ
Ό	Ρ	Ν	Ν	Μ	Δ	Υ	Ρ	Κ	Α	Λ	Ε	Έ	Ρ	Ε	Ε
Μ	Ν	Ό	Ή	Ν	Ο	Ω	Ε	Ι	Ή	Π	Χ	Ν	Σ	Λ	Μ
Ο	Ό	Σ	Τ	Ί	Μ	Ι	Τ	Χ	Β	Ω	Ε	Ρ	Η	Κ	Η
Σ	Β	Υ	Η	Λ	Ω	Σ	Σ	Ε	Ρ	Ω	Ρ	Λ	Β	Έ	Σ
Ρ	Α	Ψ	Σ	Π	Υ	Σ	Α	Ί	Ξ	Α	Λ	Α	Γ	Π	Ι
Π	Α	Ρ	Α	Τ	Η	Ρ	Η	Τ	Ή	Ρ	Ι	Ο	Γ	Ο	Ο

ΑΣΤΕΡΟΕΙΔΉΣ
ΑΣΤΡΟΝΑΎΤΗΣ
ΑΣΤΡΟΝΌΜΟΣ
ΟΥΡΑΝΌΣ
ΡΟΥΚΈΤΑ
ΑΣΤΕΡΙΣΜΌ
ΈΚΛΕΙΨΗ
ΙΣΗΜΕΡΊΑ
ΓΑΛΑΞΊΑΣ
ΒΑΡΎΤΗΤΑ
ΦΕΓΓΆΡΙ
ΜΕΤΈΩΡΟ
ΠΑΡΑΤΗΡΗΤΉΡΙΟ
ΠΛΑΝΉΤΗΣ
ΑΚΤΙΝΟΒΟΛΊΑ
ΔΟΡΥΦΟΡΙΚΉ
ΣΟΥΠΕΡΝΌΒΑ
ΤΗΛΕΣΚΌΠΙΟ
ΓΗ
ΣΎΜΠΑΝ

62 - Tiempo

Η	Μ	Ν	Σ	Α	Ν	Ώ	Ι	Α	Τ	Δ	Η	Υ	Ξ	Ο	Μ
Π	Ί	Ύ	Ή	Ο	Ι	Τ	Υ	Ε	Α	Μ	Χ	Ε	Α	Δ	Έ
Ρ	Ο	Χ	Μ	Ι	Ι	Ρ	Α	Τ	Υ	Ε	Ί	Ν	Ρ	Δ	Λ
Ι	Β	Τ	Ε	Γ	Γ	Ω	Ε	Η	Ψ	Σ	Α	Ν	Ή	Μ	Λ
Ν	Σ	Α	Ρ	Ό	Ί	Ι	Π	Σ	Γ	Η	Δ	Ρ	Ξ	Ψ	Ο
Β	Τ	Τ	Α	Λ	Π	Ρ	Ω	Ί	Ε	Μ	Ά	Ε	Ώ	Α	Ν
Ξ	Ι	Ε	Ξ	Ο	Υ	Μ	Χ	Τ	Β	Έ	Μ	Ω	Μ	Τ	Α
Α	Γ	Τ	Δ	Ρ	Π	Ι	Υ	Ί	Λ	Ρ	Ο	Ρ	Η	Μ	Ί
Β	Μ	Ο	Ψ	Ε	Π	Μ	Α	Ω	Ε	Ι	Δ	Χ	Ε	Γ	Ξ
Ί	Ή	Σ	Ι	Μ	Κ	Β	Ε	Σ	Η	Τ	Β	Υ	Ψ	Ω	Ι
Ν	Ο	Ε	Τ	Η	Δ	Α	Ρ	Ώ	Έ	Ί	Ε	Τ	Λ	Ε	Ω
Τ	Έ	Θ	Β	Σ	Β	Ρ	Ε	Ν	Η	Ε	Τ	Ή	Σ	Ι	Α
Χ	Χ	Χ	Λ	Γ	Έ	Έ	Ο	Τ	Τ	Π	Α	Ψ	Ι	Β	Χ
Έ	Ν	Β	Ψ	Ι	Μ	Μ	Υ	Λ	Ί	Α	Α	Σ	Έ	Γ	Χ
Ω	Ω	Ε	Ν	Δ	Μ	Β	Έ	Ω	Ό	Α	Σ	Α	Ρ	Υ	Ο
Ν	Υ	Λ	Α	Ν	Λ	Ε	Π	Τ	Ό	Ι	Χ	Η	Χ	Ε	Ο

ΤΏΡΑ
ΠΡΙΝ
ΕΤΉΣΙΑ
ΕΤΟΣ
ΧΘΕΣ
ΗΜΕΡΟΛΌΓΙΟ
ΔΕΚΑΕΤΊΑ
ΜΈΡΑ
ΜΈΛΛΟΝ
ΏΡΑ
ΣΉΜΕΡΑ
ΠΡΩΊ
ΜΕΣΗΜΈΡΙ
ΜΉΝΑΣ
ΛΕΠΤΌ
ΣΤΙΓΜΉ
ΝΎΧΤΑ
ΡΟΛΌΙ
ΕΒΔΟΜΆΔΑ
ΑΙΏΝΑΣ

63 - Paisajes

Θ	Χ	Ε	Ψ	Π	Α	Ο	Ρ	Ρ	Σ	Π	Τ	Ρ	Μ	Λ	Κ
Ρ	Ά	Α	Ί	Π	Ρ	Ν	Ω	Β	Σ	Ο	Ο	Δ	Μ	Ι	Ο
Ψ	Γ	Λ	Π	Λ	Ν	Μ	Ν	Η	Ψ	Τ	Ύ	Ι	Π	Μ	Ι
Ο	Ρ	Μ	Α	Β	Ρ	Μ	Σ	Γ	Υ	Α	Ν	Ρ	Α	Ν	Λ
Ε	Μ	Η	Σ	Σ	Ο	Π	Λ	Ό	Κ	Μ	Δ	Ι	Ρ	Ο	Ά
Λ	Έ	Ν	Η	Ο	Σ	Ν	Έ	Ψ	Μ	Ό	Ρ	Υ	Α	Θ	Δ
Η	Ω	Τ	Τ	Ί	Ο	Α	Ξ	Μ	Η	Σ	Α	Ό	Λ	Ά	Α
Ή	Λ	Ο	Β	Κ	Ε	Σ	Π	Ή	Λ	Α	Ι	Ο	Ί	Λ	Ρ
Ν	Δ	Ν	Μ	Υ	Δ	Α	Έ	Α	Μ	Ω	Έ	Ν	Α	Α	Β
Η	Η	Υ	Ο	Μ	Ή	Ρ	Ε	Β	Β	Ε	Ω	Δ	Α	Σ	Ά
Έ	Υ	Ο	Ι	Ε	Τ	Σ	Ί	Α	Φ	Η	Ι	Δ	Υ	Σ	Λ
Υ	Μ	Β	Ξ	Κ	Α	Τ	Α	Ρ	Ρ	Ά	Κ	Τ	Η	Α	Τ
Ι	Ρ	Ό	Ν	Υ	Ο	Β	Ν	Ί	Ο	Ω	Σ	Ί	Ν	Ι	Ο
Π	Α	Γ	Ε	Τ	Ώ	Ν	Α	Σ	Ε	Δ	Ν	Σ	Μ	Υ	Σ
Μ	Γ	Α	Υ	Ε	Π	Δ	Ψ	Η	Χ	Ο	Τ	Χ	Ί	Ξ	Η
Τ	Χ	Π	Χ	Ε	Ρ	Σ	Ό	Ν	Η	Σ	Ο	Ί	Λ	Ι	Δ

ΚΑΤΑΡΡΆΚΤΗ
ΣΠΉΛΑΙΟ
ΕΡΉΜΟΥ
ΕΚΒΟΛΉ
ΠΑΓΕΤΏΝΑΣ
ΚΌΛΠΟΣ
ΠΑΓΌΒΟΥΝΟ
ΝΗΣΊ
ΛΊΜΝΗ
ΛΙΜΝΟΘΆΛΑΣΣΑ
ΘΆΛΑΣΣΑ
ΒΟΥΝΌ
ΌΑΣΗ
ΒΆΛΤΟΣ
ΧΕΡΣΌΝΗΣΟ
ΠΑΡΑΛΊΑ
ΠΟΤΑΜΌΣ
ΤΟΎΝΔΡΑ
ΚΟΙΛΆΔΑ
ΗΦΑΊΣΤΕΙΟ

64 - Días y Meses

Ι	Λ	Λ	Σ	Ξ	Φ	Ε	Β	Ρ	Ο	Υ	Α	Ρ	Ί	Ο	Υ
Δ	Α	Γ	Α	Λ	Ψ	Ψ	Α	Υ	Σ	Τ	Έ	Δ	Γ	Η	Ν
Π	Ε	Ν	Μ	Α	Λ	Μ	Ψ	Ί	Ξ	Μ	Ί	Χ	Ψ	Α	Ο
Α	Χ	Υ	Ο	Ι	Γ	Ό	Λ	Ο	Ρ	Ε	Μ	Η	Δ	Ί	Ε
Ρ	Ι	Ξ	Τ	Υ	Ι	Ο	Υ	Λ	Ί	Ο	Υ	Τ	Γ	Μ	Μ
Α	Ω	Τ	Γ	Έ	Α	Ξ	Α	Ξ	Ν	Τ	Ο	Ί	Μ	Α	Β
Σ	Π	Λ	Μ	Ι	Ρ	Ρ	Μ	Έ	Ο	Α	Ί	Ρ	Ρ	Υ	Ρ
Κ	Γ	Ω	Π	Σ	Τ	Α	Ί	Τ	Β	Β	Ρ	Τ	Ψ	Γ	Ί
Ε	Γ	Σ	Ο	Α	Η	Ρ	Α	Ο	Λ	Β	Β	Η	Α	Ο	Ο
Υ	Η	Τ	Ρ	Ά	Τ	Ε	Τ	Μ	Υ	Ά	Ω	Χ	Π	Ύ	Υ
Ή	Ε	Δ	Έ	Σ	Π	Ψ	Ν	Μ	Μ	Σ	Τ	Ε	Ρ	Σ	Ν
Σ	Ε	Π	Τ	Ε	Μ	Β	Ρ	Ί	Ο	Υ	Κ	Π	Ι	Τ	Ε
Μ	Α	Ν	Ι	Δ	Έ	Ι	Ο	Υ	Ν	Ί	Ο	Υ	Λ	Ο	Τ
Ω	Τ	Ν	Ι	Β	Π	Μ	Σ	Ψ	Ο	Ψ	Ν	Ω	Ί	Υ	Ο
Μ	Μ	Ι	Ή	Κ	Α	Ι	Ρ	Υ	Κ	Ι	Δ	Ρ	Ο	Ξ	Σ
Ί	Ι	Β	Τ	Μ	Ε	Β	Δ	Ο	Μ	Ά	Δ	Α	Υ	Ι	Η

ΑΠΡΙΛΊΟΥ
ΑΥΓΟΎΣΤΟΥ
ΕΤΟΣ
ΗΜΕΡΟΛΌΓΙΟ
ΚΥΡΙΑΚΉ
ΙΑΝΟΥΑΡΊΟΥ
ΦΕΒΡΟΥΑΡΊΟΥ
ΠΈΜΠΤΗ
ΙΟΥΛΊΟΥ
ΙΟΥΝΊΟΥ
ΔΕΥΤΈΡΑ
ΤΡΊΤΗ
ΜΉΝΑΣ
ΤΕΤΆΡΤΗ
ΝΟΕΜΒΡΊΟΥ
ΟΚΤΩΒΡΊΟΥ
ΣΆΒΒΑΤΟ
ΕΒΔΟΜΆΔΑ
ΣΕΠΤΕΜΒΡΊΟΥ
ΠΑΡΑΣΚΕΥΉ

65 - Biología

Σ	Ρ	Τ	Χ	Ν	Ό	Κ	Ι	Τ	Σ	Α	Λ	Η	Θ	Φ	Α
Ξ	Υ	Π	Α	Μ	Ω	Σ	Ό	Μ	Ω	Ρ	Χ	Ο	Β	Ω	Ν
Β	Έ	Μ	Χ	Β	Ψ	Α	Μ	Έ	Μ	Β	Ρ	Υ	Ο	Τ	Α
Π	Α	Ξ	Β	Ε	Δ	Π	Ι	Ω	Η	Ν	Ε	Ω	Μ	Ο	Τ
Μ	Ν	Η	Π	Ί	Ξ	Ο	Λ	Ν	Σ	Υ	Ρ	Α	Υ	Σ	Ο
Α	Ώ	Σ	Ι	Ξ	Ω	Σ	Ν	Ε	Ψ	Η	Π	Η	Ζ	Ύ	Μ
Ο	Ρ	Μ	Ό	Ν	Η	Σ	Ε	Ύ	Η	Ν	Ε	Ι	Ν	Ν	Ί
Ξ	Υ	Δ	Ξ	Δ	Ο	Ψ	Η	Ρ	Ω	´	Τ	Π	Έ	Θ	Α
Α	Ε	Η	Ψ	Α	Ν	Ύ	Σ	Ο	Υ	¨	Ό	Ί	Ξ	Ε	Γ
Α	Ν	Ε	Χ	Τ	Ό	Ι	Σ	Ή	Κ	Ι	Σ	Υ	Φ	Σ	Ε
Γ	Δ	Χ	Ξ	Ψ	Γ	Ψ	Β	Π	Γ	Ε	Σ	Η	Γ	Η	Υ
Ψ	Λ	Ρ	Ξ	Έ	Α	Γ	Ξ	Ν	Τ	Τ	Χ	Ξ	Τ	Ψ	Δ
Π	Η	Ξ	Α	Λ	Λ	Ά	Τ	Ε	Μ	Ω	Σ	Χ	Σ	Ι	Ξ
Σ	Ο	Ί	Ρ	Τ	Λ	Ι	Ο	Α	Ι	Ρ	Ή	Τ	Κ	Α	Β
Τ	Ι	Μ	Χ	Ι	Ο	Υ	Ξ	Σ	Χ	Π	Δ	Ξ	Ρ	Π	Τ
Σ	Ι	Λ	Ξ	Λ	Κ	Ε	Υ	Η	Κ	Ε	Λ	Ί	Ξ	Ψ	Π

ΑΝΑΤΟΜΊΑ
ΒΑΚΤΉΡΙΑ
ΚΕΛΊ
ΚΟΛΛΑΓΌΝΟ
ΧΡΩΜΌΣΩΜΑ
ΈΜΒΡΥΟ
ΈΝΖΥΜΟ
ΕΞΈΛΙΞΗ
ΦΩΤΟΣΎΝΘΕΣΗ
ΟΡΜΌΝΗ
ΘΗΛΑΣΤΙΚΌ
ΜΕΤΆΛΛΑΞΗ
ΦΥΣΙΚΉ
ΝΕΎΡΟ
ΝΕΥΡΏΝΑ
ΌΣΜΩΣΗ
ΠΡΩΤΕΪΝΗ
ΕΡΠΕΤΌ
ΣΥΜΒΊΩΣΗ
ΣΎΝΑΨΗ

66 - Jardinería

Φ	Ν	Ψ	Χ	Ξ	Μ	Δ	Β	Β	Ι	Ρ	Λ	Β	Π	Β	Ι
Υ	Ύ	Γ	Ί	Π	Η	Ρ	Ο	Ί	Ε	Χ	Ο	Δ	Ε	Ε	Ω
Λ	Γ	Λ	Έ	Ε	Η	Υ	Τ	Γ	Ι	Ί	Ε	Ξ	Ρ	Τ	Λ
Γ	Ο	Ρ	Λ	Ε	Δ	Ω	Α	Ν	Ή	Λ	Ω	Σ	Ι	Α	Δ
Σ	Τ	Υ	Α	Ω	Ρ	Γ	Ν	Μ	Κ	Η	Τ	Δ	Β	Τ	Ί
Μ	Έ	Τ	Λ	Σ	Μ	Π	Ι	Γ	Α	Ο	Ξ	Ω	Ό	Ε	Υ
Ξ	Κ	Ε	Έ	Ο	Ί	Α	Κ	Γ	Ι	Β	Ο	Λ	Λ	Ύ	Φ
Ρ	Υ	Μ	Δ	Θ	Υ	Α	Ή	Π	Χ	Ρ	Λ	Ω	Ι	Α	Δ
Η	Ο	Ε	Β	Ν	Π	Δ	Α	Ω	Ο	Ώ	Ρ	Ο	Ο	Ε	Ι
Τ	Π	Ο	Ψ	Ά	Ω	Ε	Ι	Σ	Π	Σ	Ν	Β	Ω	Ί	Ε
Δ	Μ	Σ	Π	Ό	Ρ	Ο	Ι	Ώ	Ε	Ι	Τ	Ρ	Ο	Δ	Σ
Κ	Ο	Π	Ρ	Ό	Χ	Ω	Μ	Α	Ν	Μ	Χ	Δ	Σ	Ο	Ι
Κ	Λ	Ί	Μ	Α	Έ	Μ	Ρ	Α	Χ	Α	Ρ	Ί	Έ	Σ	Α
Ε	Ξ	Ξ	Λ	Σ	Ο	Ι	Β	Ρ	Ω	Μ	Ι	Ά	Η	Ί	Α
Ν	Ε	Ρ	Ό	Κ	Ι	Τ	Ω	Ξ	Ε	Έ	Λ	Ξ	Ι	Ω	Β
Δ	Δ	Γ	Ξ	Τ	Ν	Ω	Λ	Ι	Ψ	Ξ	Σ	Ε	Α	Λ	Υ

ΝΕΡΌ
ΒΟΤΑΝΙΚΉ
ΚΛΊΜΑ
ΒΡΏΣΙΜΑ
ΚΟΠΡΌΧΩΜΑ
ΔΟΧΕΊΟ
ΕΊΔΟΣ
ΕΠΟΧΙΑΚΉ
ΕΞΩΤΙΚΌ
ΆΝΘΟΣ
ΛΟΥΛΟΥΔΙΏΝ
ΦΎΛΛΩΜΑ
ΦΎΛΛΟ
ΠΕΡΙΒΌΛΙ
ΥΓΡΑΣΊΑ
ΣΩΛΉΝΑ
ΜΠΟΥΚΈΤΟ
ΣΠΌΡΟΙ
ΒΡΩΜΙΆ

67 - Chocolate

Σ	Υ	Σ	Τ	Α	Τ	Ι	Κ	Ό	Σ	Ω	Ω	Ε	Μ	Δ	Χ
Γ	Ε	Ω	Δ	Α	Ε	Χ	Ι	Π	Ο	Σ	Ξ	Ξ	Σ	Λ	Η
Α	Χ	Ε	Μ	Π	Λ	Έ	Έ	Τ	Ν	Η	Ψ	Ω	Β	Δ	Ρ
Γ	Ι	Ρ	Ι	Κ	Α	Ρ	Α	Μ	Έ	Λ	Α	Τ	Ι	Η	Π
Ζ	Ά	Χ	Α	Ρ	Η	Δ	Ε	Π	Μ	Ρ	Ν	Ι	Η	Δ	Ν
Ρ	Γ	Σ	Έ	Λ	Α	Η	Ύ	Γ	Η	Ν	Ό	Κ	Σ	Κ	Ω
Π	Ο	Ι	Ό	Τ	Η	Τ	Α	Ρ	Π	Ν	Κ	Ό	Ύ	Α	Χ
Θ	Ε	Ρ	Μ	Ι	Δ	Ε	Σ	Ω	Α	Σ	Υ	Έ	Ε	Κ	Χ
Μ	Ο	Ψ	Ι	Ε	Ε	Β	Έ	Ρ	Γ	Κ	Λ	Α	Γ	Ά	Π
Ο	Μ	Σ	Υ	Ν	Τ	Α	Γ	Ή	Α	Λ	Γ	Ο	Λ	Ο	Ι
Β	Ι	Ο	Τ	Ε	Χ	Ν	Ι	Κ	Ή	Β	Ι	Γ	Λ	Μ	Κ
Ν	Τ	Ψ	Μ	Δ	Π	Έ	Γ	Ψ	Ο	Ε	Λ	Π	Ι	Σ	Ρ
Ν	Σ	Ί	Σ	Χ	Ψ	Λ	Γ	Λ	Η	Π	Δ	Η	Ω	Γ	Ή
Π	Ό	Λ	Ί	Ξ	Ψ	Ο	Ί	Ρ	Μ	Ι	Μ	Γ	Ρ	Ψ	Ξ
Ι	Ν	Σ	Ψ	Ι	Ψ	Φ	Ι	Σ	Τ	Ί	Κ	Ι	Α	Σ	Σ
Ν	Ο	Ψ	Δ	Έ	Ε	Ά	Ρ	Ω	Μ	Α	Ε	Ξ	Δ	Σ	Έ

ΠΙΚΡΉ
ΆΡΩΜΑ
ΒΙΟΤΕΧΝΙΚΉ
ΖΆΧΑΡΗ
ΦΙΣΤΊΚΙΑ
ΚΑΚΆΟ
ΠΟΙΌΤΗΤΑ
ΘΕΡΜΙΔΕΣ
ΚΑΡΑΜΈΛΑ
ΚΑΡΎΔΑ
ΝΌΣΤΙΜΟ
ΓΛΥΚΌ
ΕΞΩΤΙΚΌ
ΑΓΑΠΗΜΈΝΟΣ
ΓΕΎΣΗ
ΣΥΣΤΑΤΙΚΌ
ΣΚΌΝΗ
ΣΥΝΤΑΓΉ

68 - Barbacoas

Ρ	Δ	Π	Σ	Π	Α	Ι	Δ	Ί	Έ	Η	Έ	Δ	Η	Β	Κ
Μ	Ι	Ξ	Ά	Η	Ι	Τ	Ί	Ξ	Ί	Α	Α	Μ	Υ	Σ	Ρ
Μ	Σ	Λ	Λ	Η	Ξ	Ά	Ά	Κ	Ι	Ν	Α	Χ	Α	Λ	Ε
Γ	Σ	Η	Τ	Σ	Ρ	Λ	Τ	Μ	Π	Δ	Λ	Ψ	Ι	Ν	Μ
Α	Ε	Δ	Σ	Ε	Ε	Α	Έ	Β	Ο	Ζ	Ε	Σ	Τ	Ό	Μ
Υ	Γ	Ύ	Α	Ρ	Ά	Χ	Σ	Ψ	Ρ	Τ	Η	Η	Ω	Ν	Ύ
Π	Π	Ω	Μ	Ξ	Ί	Τ	Ξ	Ω	Λ	Έ	Ν	Δ	Ν	Η	Δ
Ρ	Α	Β	Ι	Α	Ι	Ε	Ν	Έ	Γ	Ο	Κ	Ι	Ο	Η	Ι
Π	Ι	Ξ	Ρ	Χ	Η	Ω	Ρ	Έ	Η	Τ	Μ	Ρ	Λ	Μ	Α
Ψ	Δ	Ε	Ί	Π	Ν	Ο	Π	Ν	Ε	Ύ	Έ	Έ	Υ	Ο	Ξ
Ω	Ί	Σ	Α	Ν	Ί	Ε	Π	Χ	Έ	Ο	Ω	Π	Ο	Υ	Δ
Ω	Ν	Ρ	Κ	Τ	Ρ	Ε	Α	Σ	Χ	Ρ	Γ	Ι	Π	Σ	Π
Ι	Χ	Ί	Ο	Ξ	Ά	Ε	Ί	Μ	Ο	Φ	Ί	Π	Ό	Ι	Γ
Ι	Ι	Β	Λ	Ί	Β	Λ	Ξ	Έ	Ε	Γ	Δ	Ξ	Τ	Κ	Δ
Η	Α	Ο	Α	Ι	Ρ	Ί	Α	Χ	Α	Μ	Η	Β	Ο	Ή	Τ
Π	Π	Έ	Κ	Β	Ψ	Έ	Ξ	Σ	Τ	Υ	Ξ	Γ	Κ	Ί	Ε

ΓΕΎΜΑ
ΖΕΣΤΌ
ΚΡΕΜΜΎΔΙΑ
ΔΕΊΠΝΟ
ΜΑΧΑΊΡΙΑ
ΣΑΛΆΤΑ
ΟΙΚΟΓΈΝΕΙΑ
ΦΡΟΎΤΟ
ΠΕΊΝΑ
ΠΑΙΧΝΊΔΙΑ
ΜΟΥΣΙΚΉ
ΠΑΙΔΊ
ΣΧΆΡΑ
ΠΙΠΈΡΙ
ΚΟΤΌΠΟΥΛΟ
ΑΛΆΤΙ
ΣΆΛΤΣΑ
ΝΤΟΜΆΤΑ
ΚΑΛΟΚΑΊΡΙ
ΛΑΧΑΝΙΚΆ

69 - Ropa

Α	Σ	Α	Π	Μ	Β	Ο	Σ	Κ	Β	Π	Ν	Υ	Ι	Π	Τ
Ό	Υ	Έ	Μ	Η	Ξ	Ρ	Α	Ο	Ρ	Α	Υ	Λ	Γ	Χ	Γ
Η	Τ	Ι	Ξ	Ί	Α	Ρ	Κ	Σ	Α	Π	Ν	Ξ	Ί	Η	Υ
Μ	Π	Λ	Ο	Ύ	Ζ	Α	Ά	Μ	Χ	Ο	Σ	Μ	Γ	Λ	Λ
Α	Σ	Ο	Α	Ψ	Ω	Λ	Κ	Ή	Ι	Ύ	Α	Σ	Γ	Δ	Ξ
Ξ	Λ	Κ	Υ	Π	Η	Ξ	Ι	Μ	Ό	Τ	Ν	Ε	Ά	Β	Ί
Φ	Ο	Ύ	Σ	Τ	Α	Ί	Ι	Α	Λ	Σ	Δ	Β	Ν	Χ	Ξ
Σ	Σ	Ί	Η	Γ	Σ	Ε	Ρ	Τ	Ι	Ι	Ά	Π	Τ	Ρ	Ο
Έ	Ι	Ν	Ό	Λ	Ε	Τ	Ν	Α	Π	Μ	Λ	Ι	Ι	Ν	Π
Υ	Μ	Κ	Π	Ο	Υ	Λ	Ό	Β	Ε	Ρ	Ι	Τ	Α	Λ	Ρ
Ξ	Ά	Ο	Α	Ζ	Ώ	Ν	Η	Γ	Ν	Μ	Α	Ζ	Δ	Δ	Υ
Μ	Κ	Υ	Μ	Π	Ε	Π	Σ	Ε	Ρ	Δ	Λ	Ά	Ό	Η	Ω
Ξ	Υ	Γ	Ε	Ε	Έ	Π	Ο	Δ	Ι	Ά	Γ	Μ	Μ	Ψ	Ο
Ξ	Ο	Έ	Ρ	Μ	Δ	Λ	Ό	Κ	Σ	Α	Κ	Α	Ν	Έ	Β
Ί	Π	Χ	Ό	Χ	Υ	Ί	Ο	Ρ	Τ	Β	Σ	Ξ	Λ	Ί	Χ
Σ	Ξ	Ε	Φ	Ε	Έ	Ν	Τ	Ν	Έ	Ν	Β	Ν	Έ	Λ	Ε

ΠΑΛΤΌ
ΜΠΛΟΎΖΑ
ΚΑΣΚΌΛ
ΠΟΥΚΆΜΙΣΟ
ΣΑΚΆΚΙ
ΖΏΝΗ
ΚΟΛΙΈ
ΠΟΔΙΆ
ΦΟΎΣΤΑ
ΓΆΝΤΙΑ
ΚΟΣΜΉΜΑΤΑ
ΜΌΔΑ
ΠΑΝΤΕΛΌΝΙ
ΠΙΤΖΆΜΑ
ΒΡΑΧΙΌΛΙ
ΣΑΝΔΆΛΙΑ
ΚΑΠΈΛΟ
ΠΟΥΛΌΒΕΡ
ΦΌΡΕΜΑ
ΠΑΠΟΎΤΣΙ

70 - Meditación

Ω	Ί	Μ	Χ	Ο	Ω	Ο	Ψ	Υ	Σ	Χ	Υ	Σ	Τ	Π	Υ
Λ	Μ	Μ	Υ	Μ	Ί	Ο	Ω	Ψ	Δ	Σ	Ί	Τ	Ξ	Α	Ψ
Ξ	Ξ	Ρ	Α	Α	Υ	Ο	Σ	Υ	Ν	Α	Μ	Ά	Μ	Ρ	Ξ
Α	Έ	Π	Τ	Η	Λ	Ψ	Υ	Χ	Ψ	Φ	Ο	Σ	Μ	Α	Ν
Ξ	Γ	Ν	Α	Ε	Γ	Ό	Μ	Ι	Λ	Ή	Υ	Η	Α	Τ	Μ
Η	Ρ	Ε	Μ	Ί	Α	Η	Π	Κ	Α	Ν	Σ	Β	Π	Ή	Σ
Σ	Ο	Ι	Ή	Υ	Δ	Ι	Ό	Ή	Π	Ε	Ι	Π	Ρ	Ρ	Ψ
Η	Λ	Ί	Θ	Ο	Δ	Β	Ν	Π	Ο	Ι	Κ	Ρ	Ο	Η	Ξ
Ν	Σ	Ί	Σ	Ε	Ν	Ι	Ι	Ω	Δ	Α	Ή	Ο	Ο	Σ	Έ
Ί	Α	Ω	Ι	Γ	Ι	Π	Α	Ι	Ο	Ρ	Ο	Σ	Π	Η	Ο
Κ	Π	Σ	Α	Ρ	Ε	Ρ	Α	Σ	Χ	Ι	Ν	Ο	Τ	Ψ	Ι
Δ	Έ	Ί	Ν	Ε	Ρ	Η	Ή	Ν	Ή	Ί	Χ	Χ	Ι	Έ	Φ
Μ	Υ	Ρ	Υ	Γ	Έ	Ρ	Ι	Ν	Α	Έ	Ω	Ή	Κ	Κ	Ύ
Η	Ν	Ύ	Σ	Ο	Λ	Α	Κ	Ι	Η	Ί	Τ	Ο	Ή	Σ	Σ
Ε	Υ	Γ	Ν	Ω	Μ	Ο	Σ	Ύ	Ν	Η	Υ	Σ	Έ	Σ	Η
Ω	Β	Η	Α	Ί	Ε	Δ	Μ	Ο	Χ	Τ	Λ	Ν	Α	Ν	Β

ΑΠΟΔΟΧΉ
ΠΡΟΣΟΧΉ
ΚΑΛΟΣΎΝΗ
ΗΡΕΜΊΑ
ΣΑΦΉΝΕΙΑ
ΣΥΜΠΌΝΙΑ
ΣΥΝΑΙΣΘΉΜΑΤΑ
ΕΥΓΝΩΜΟΣΎΝΗ
ΨΥΧΙΚΉ
ΜΥΑΛΌ
ΚΊΝΗΣΗ
ΜΟΥΣΙΚΉ
ΦΎΣΗ
ΠΑΡΑΤΉΡΗΣΗ
ΕΙΡΉΝΗ
ΣΚΈΨΗ
ΠΡΟΟΠΤΙΚΉ
ΣΤΆΣΗ
ΑΝΑΠΝΟΉ
ΣΙΩΠΉ

71 - Café

Γ	Μ	Κ	Ρ	Έ	Μ	Α	Ψ	Χ	Ο	Α	Α	Α	Λ	Ά	Γ
Ί	Ε	Α	Χ	Π	Β	Υ	Λ	Ν	Ο	Ν	Έ	Μ	Σ	Π	Ξ
Ο	Σ	Ύ	Ύ	Φ	Ί	Λ	Τ	Ρ	Ο	Β	Ε	Ω	Ψ	Ρ	Τ
Α	Ξ	Έ	Σ	Ρ	Π	Ο	Τ	Ό	Λ	Ί	Η	Ρ	Α	Ο	Ρ
Λ	Ο	Γ	Χ	Η	Ο	Λ	Ν	Γ	Λ	Ι	Ν	Ά	Ό	Έ	Ψ
Π	Ο	Ι	Κ	Ι	Λ	Ί	Α	Ι	Ε	Ψ	Ι	Α	Ο	Λ	Ξ
Β	Ο	Ί	Δ	Μ	Ε	Γ	Ζ	Β	Π	Π	Ί	Λ	Ν	Ε	Ν
Χ	Ψ	Υ	Π	Έ	Β	Β	Ά	Ε	Ύ	Ξ	Ι	Έ	Η	Υ	Β
Τ	Τ	Π	Έ	Ε	Ό	Έ	Χ	Έ	Κ	Υ	Ν	Θ	Ο	Σ	Σ
Ι	Μ	Η	Δ	Η	Ξ	Υ	Α	Ε	Π	Δ	Ρ	Ω	Ξ	Η	Ν
Μ	Ω	Υ	Β	Ο	Ι	Υ	Ρ	Π	Γ	Τ	Ί	Α	Ω	Η	Π
Ή	Ρ	Κ	Ι	Π	Ν	Γ	Η	Ν	´	¨	Ι	Ε	Φ	Α	Κ
Α	Υ	Ω	Χ	Ω	Ο	Ρ	Π	Ψ	Ε	Λ	Ω	Υ	Γ	Π	Ε
Μ	Ο	Υ	Ρ	Σ	Ξ	Ό	Ρ	Τ	Ι	Σ	Τ	Β	Ι	Λ	Ν
Π	Ο	Ψ	Ε	Τ	Ρ	Έ	Ω	Λ	Ν	Υ	Λ	Π	Ι	Β	Δ
Ν	Σ	Ι	Σ	Ρ	Δ	Λ	Ί	Π	Χ	Ξ	Ρ	Ρ	Ρ	Ω	Ο

ΝΕΡΌ
ΠΙΚΡΉ
ΆΡΩΜΑ
ΖΆΧΑΡΗ
ΌΞΙΝΟ
ΠΟΤΌ
ΚΑΦΕΊΝΗ
ΚΡΈΜΑ
ΦΊΛΤΡΟ
ΓΆΛΑ

ΥΓΡΌ
ΠΡΩΊ
ΑΛΈΘΩ
ΜΑΎΡΟ
ΠΡΟΈΛΕΥΣΗ
ΤΙΜΉ
ΓΕΎΣΗ
ΚΎΠΕΛΛΟ
ΠΟΙΚΙΛΊΑ

72 - Libros

Π	Ί	Έ	Ρ	Ξ	Σ	Π	Π	Β	Ν	Α	Α	Ι	Σ	Έ	Π
Ό	Λ	Τ	Β	Ι	Ξ	Ο	Ε	Ι	Ι	Φ	Ν	Σ	Υ	Ρ	Ο
Κ	Α	Α	Ω	Χ	Ί	Ί	Ρ	Ν	Ι	Η	Α	Τ	Γ	Ι	Ί
Ι	Δ	Μ	Ί	Ξ	Ε	Η	Ι	Ε	Δ	Γ	Γ	Ο	Γ	Ο	Η
Τ	Σ	Γ	Ω	Σ	Π	Μ	Π	Φ	Υ	Η	Ν	Ρ	Ρ	Ε	Σ
Σ	Έ	Τ	Χ	Γ	Ι	Α	Έ	Ε	Α	Τ	Ώ	Ί	Α	Ί	Η
Ι	Χ	Ε	Ο	Π	Ω	Ο	Τ	Υ	Δ	Ή	Σ	Α	Φ	Λ	Π
Ρ	Δ	Ε	Ψ	Ρ	Τ	Ξ	Ε	Ρ	Ι	Σ	Τ	Ν	Έ	Η	Έ
Ο	Ι	Ί	Τ	Σ	Ι	Ω	Ι	Ε	Κ	Σ	Η	Γ	Α	Ο	Ρ
Μ	Ή	Π	Υ	Ι	Ψ	Κ	Α	Τ	Ό	Δ	Σ	Ο	Σ	Ξ	Ω
Υ	Γ	Έ	Έ	Ρ	Κ	Γ	Ό	Ι	Τ	Γ	Ρ	Α	Π	Τ	Ή
Ο	Ο	Η	Υ	Β	Β	Ή	Ψ	Κ	Η	Δ	Ψ	Ι	Π	Ε	Α
Ι	Λ	Α	Λ	Χ	Ί	Μ	Ψ	Ή	Τ	Υ	Π	Μ	Μ	Ρ	Π
Χ	Λ	Μ	Ψ	Χ	Ξ	Ι	Γ	Ρ	Α	Δ	Ί	Λ	Ε	Σ	Ξ
Μ	Υ	Θ	Ι	Σ	Τ	Ό	Ρ	Η	Μ	Α	Μ	Λ	Ξ	Ω	Δ
Ί	Σ	Τ	Ρ	Α	Γ	Ι	Κ	Ή	Σ	Ν	Σ	Ε	Ι	Ρ	Ά

ΣΥΓΓΡΑΦΈΑΣ
ΠΕΡΙΠΈΤΕΙΑ
ΣΥΛΛΟΓΉ
ΠΛΑΊΣΙΟ
ΔΥΑΔΙΚΌΤΗΤΑ
ΓΡΑΠΤΉ
ΙΣΤΟΡΊΑ
ΙΣΤΟΡΙΚΌ
ΧΙΟΥΜΟΡΙΣΤΙΚΌ
ΕΦΕΥΡΕΤΙΚΉ
ΑΝΑΓΝΏΣΤΗΣ
ΑΦΗΓΗΤΉΣ
ΜΥΘΙΣΤΌΡΗΜΑ
ΣΕΛΊΔΑ
ΣΧΕΤΙΚΉ
ΠΟΊΗΜΑ
ΠΟΊΗΣΗ
ΣΕΙΡΆ
ΤΡΑΓΙΚΉ

73 - Nutrición

Ι	Ρ	Ί	Ν	Δ	Ξ	Ο	Ζ	Ι	Λ	Ξ	Ι	Π	Α	Μ	Ο
Σ	Έ	Β	Ν	Η	Ψ	Έ	Π	Υ	Σ	Ά	Λ	Τ	Σ	Α	Ρ
Ο	Ί	Ω	Τ	Μ	Χ	Β	Η	Η	Γ	Ί	Ν	Σ	Έ	Τ	Ω
Ρ	Ί	Π	Ν	Η	Σ	Ω	Μ	Ύ	Ζ	Ί	Ε	Ν	Μ	Η	Ί
Ρ	Η	Ψ	Ι	Τ	Υ	Γ	Ι	Ή	Β	Ί	Ζ	Ο	Λ	Τ	Ω
Ο	Ή	Φ	Ο	Ρ	Τ	Α	Ι	Δ	Μ	Ρ	Ν	Ω	Ξ	Ό	Λ
Π	Θ	Λ	Δ	Ι	Γ	Π	Σ	Β	Ί	Η	Ώ	Λ	Ε	Ι	Ν
Η	Ρ	Σ	Η	Α	Τ	Α	Ε	Ρ	Ω	Β	Γ	Σ	Δ	Ο	Ί
Μ	Ε	Έ	Σ	Κ	Γ	Έ	Ν	Σ	Ι	Ν	Η	Ε	Ι	Π	Β
Έ	Π	Υ	Β	Ά	Λ	Έ	Ϊ	Υ	Β	Ι	Έ	Γ	Ύ	Μ	Μ
Ν	Τ	Υ	Ί	Ρ	Η	Θ	Ε	Ρ	Μ	Ι	Δ	Ε	Σ	Σ	Α
Η	Ι	Β	Έ	Γ	Η	Α	Τ	Γ	Α	Β	Ε	Λ	Ν	Μ	Η
Ξ	Κ	Ψ	Ρ	Υ	Ί	Π	Ω	Σ	Μ	Ρ	Υ	Γ	Ε	Ί	Α
Ε	Ή	Σ	Ν	Χ	Α	Ξ	Ρ	Β	Μ	Τ	Ο	Ξ	Ί	Ν	Η
Ρ	Γ	Χ	Υ	Η	Γ	Τ	Π	Τ	Π	Ι	Κ	Ρ	Ή	Ω	Β
Ό	Β	Ι	Τ	Α	Μ	Ί	Ν	Η	Ο	Χ	Β	Δ	Έ	Ι	Ί

ΠΙΚΡΉ
ΌΡΕΞΗ
ΠΟΙΌΤΗΤΑ
ΘΕΡΜΙΔΕΣ
ΔΗΜΗΤΡΙΑΚΆ
ΒΡΏΣΙΜΑ
ΔΙΑΤΡΟΦΉ
ΠΈΨΗ
ΙΣΟΡΡΟΠΗΜΈΝΗ
ΖΎΜΩΣΗ
ΥΓΡΆ
ΘΡΕΠΤΙΚΉ
ΖΥΓΊΖΩ
ΠΡΩΤΕΪΝΕΣ
ΓΕΎΣΗ
ΣΆΛΤΣΑ
ΥΓΕΊΑ
ΥΓΙΉ
ΤΟΞΊΝΗ
ΒΙΤΑΜΊΝΗ

74 - Edificios

Α	Ί	Ε	Β	Σ	Ε	Ρ	Π	Σ	Ι	Ψ	Έ	Ι	Λ	Μ	Α
Γ	Ι	Ν	Έ	Α	Ο	Ί	Ε	Μ	Ο	Κ	Ο	Σ	Ο	Ν	Ε
Ρ	Β	Ο	Ρ	Ν	Ί	Γ	Κ	Λ	Σ	Ν	Ψ	Δ	Ι	Ξ	Ρ
Ό	Μ	Ν	Π	Ώ	Ε	Έ	Ρ	Α	Λ	Έ	Ο	Ι	Δ	Ε	Γ
Κ	Ο	Ν	Ν	Ν	Λ	Ι	Ι	Ύ	Μ	Π	Ε	Δ	Ά	Ν	Ο
Τ	Ω	Δ	Μ	Ε	Ο	Π	Τ	Ω	Π	Π	Λ	Β	Τ	Ο	Σ
Η	Π	Ζ	Π	Ξ	Χ	Π	Χ	Α	Λ	Ω	Ί	Σ	Σ	Δ	Τ
Μ	Ψ	Ά	Χ	Ν	Σ	Μ	Ά	Ρ	Κ	Ε	Τ	Ν	Ι	Ο	Ά
Α	Ε	Ρ	Γ	Α	Σ	Τ	Ή	Ρ	Ι	Ο	Ψ	Γ	Α	Χ	Σ
Ν	Έ	Α	Θ	Έ	Α	Τ	Ρ	Ο	Ο	Ω	Χ	Ο	Ί	Ε	Ι
Ώ	Χ	Κ	Λ	Σ	Β	Τ	Ρ	Ρ	Ρ	Ί	Ξ	Σ	Α	Ί	Ο
Ρ	Π	Γ	Υ	Π	Ε	Έ	Γ	Ε	Τ	Γ	Ε	Ω	Τ	Ο	Ί
Υ	Γ	Δ	Ι	Α	Μ	Έ	Ρ	Ι	Σ	Μ	Α	Σ	Ι	Β	Ο
Χ	Ξ	Τ	Η	Γ	Σ	Π	Ί	Ο	Ά	Ι	Η	Χ	Υ	Τ	Έ
Α	Τ	Ο	Ρ	Ω	Έ	Δ	Μ	Έ	Κ	Ρ	Ψ	Λ	Ω	Ο	Μ
Ε	Ί	Π	Α	Ρ	Α	Τ	Η	Ρ	Η	Τ	Ή	Ρ	Ι	Ο	Μ

ΞΕΝΏΝΑΣ
ΔΙΑΜΈΡΙΣΜΑ
ΚΑΜΠΊΝΑ
ΚΆΣΤΡΟ
ΠΡΕΣΒΕΊΑ
ΣΧΟΛΕΊΟ
ΣΤΆΔΙΟ
ΕΡΓΟΣΤΆΣΙΟ
ΓΚΑΡΆΖ
ΑΧΥΡΏΝΑ
ΑΓΡΌΚΤΗΜΑ
ΝΟΣΟΚΟΜΕΊΟ
ΞΕΝΟΔΟΧΕΊΟ
ΕΡΓΑΣΤΉΡΙΟ
ΜΟΥΣΕΊΟ
ΠΑΡΑΤΗΡΗΤΉΡΙΟ
ΜΆΡΚΕΤ
ΘΈΑΤΡΟ
ΠΎΡΓΟΣ

75 - Océano

Α	Ξ	Χ	Ε	Λ	Ώ	Ν	Α	Ί	Μ	Β	Ψ	Λ	Ψ	Δ	Β
Ξ	Λ	Σ	Ε	Ρ	Λ	Σ	Β	Δ	Ο	Ά	Ά	Δ	Ι	Μ	Ν
Χ	Η	Ά	Κ	Α	Β	Ο	Ύ	Ρ	Ι	Ρ	Ρ	Φ	Β	Έ	Ε
Τ	Α	Έ	Τ	Ι	Ψ	Ν	Π	Μ	Μ	Κ	Ι	Ά	Η	Δ	Ο
Ο	Δ	Λ	Ι	Ι	Έ	Ό	Η	Δ	Γ	Α	Ρ	Λ	Λ	Ω	Ί
Ψ	Α	Ξ	Ν	Ω	Ί	Τ	Η	Γ	Λ	Ά	Ν	Α	Α	Μ	Λ
Σ	Δ	Π	Έ	Ι	Δ	Ό	Π	Α	Τ	Χ	Χ	Ι	Ο	Τ	Η
Τ	Ε	Ψ	Α	Σ	Ψ	Χ	Ε	Ρ	Π	Δ	Ω	Ν	Π	Δ	Ο
Π	Λ	Σ	Τ	Λ	Α	Υ	Ο	Ί	Η	Ν	Ρ	Α	Τ	Έ	Ξ
Σ	Φ	Μ	Υ	Χ	Ί	Έ	Α	Δ	Ί	Γ	Ι	Α	Τ	Α	Κ
Τ	Ί	Λ	Ι	Ο	Ψ	Ρ	Τ	Α	Η	Ξ	Λ	Χ	Ο	Δ	Έ
Ρ	Ν	Ί	Λ	Σ	Δ	Ι	Ρ	Σ	Μ	Έ	Λ	Α	Ω	Ρ	Ω
Ε	Ι	Χ	Έ	Λ	Ι	Έ	Ρ	Ο	Δ	Ρ	Ά	Ξ	Τ	Ρ	Τ
Ί	Π	Τ	Α	Ρ	Μ	Έ	Μ	Έ	Ι	Α	Ρ	Ρ	Έ	Ο	Ρ
Δ	Κ	Α	Ρ	Χ	Α	Ρ	Ί	Α	Σ	Α	Ο	Ι	Ψ	Σ	Μ
Ι	Ρ	Ά	Γ	Γ	Υ	Ο	Φ	Σ	Ω	Μ	Κ	Μ	Ν	Λ	Γ

ΆΛΓΗ
ΧΈΛΙ
ΞΈΡΑ
ΤΌΝΟΣ
ΦΆΛΑΙΝΑ
ΒΆΡΚΑ
ΓΑΡΊΔΑ
ΚΑΒΟΎΡΙ
ΚΟΡΆΛΛΙ
ΔΕΛΦΊΝΙ
ΣΦΟΥΓΓΆΡΙ
ΠΑΛΊΡΡΟΙΑ
ΜΈΔΟΥΣΕΣ
ΣΤΡΕΊΔΙ
ΨΆΡΙ
ΧΤΑΠΌΔΙ
ΑΛΆΤΙ
ΚΑΡΧΑΡΊΑΣ
ΚΑΤΑΙΓΊΔΑ
ΧΕΛΏΝΑ

76 - Ciudad

Α	Ε	Χ	Ε	Ψ	Μ	Χ	Ε	Ε	Γ	Α	Τ	Ι	Σ	Ξ	Β
Ε	Ο	Ξ	Ψ	Η	Ί	Ά	Ω	Ο	Β	Ψ	Γ	Ι	Σ	Α	Ι
Ρ	Τ	Χ	Ξ	Α	Β	Β	Ρ	Ο	Ί	Ε	Λ	Ο	Χ	Σ	Β
Ο	Ρ	Τ	Α	Έ	Θ	Ί	Ί	Κ	Ρ	Ί	Ν	Ο	Ρ	Χ	Λ
Δ	Ο	Ι	Μ	Ή	Τ	Σ	Ι	Π	Ε	Ν	Α	Π	Β	Ά	Ι
Ρ	Τ	Η	Ο	Ι	Ρ	Ό	Τ	Α	Ι	Τ	Σ	Ε	Ι	Φ	Ο
Ό	Α	Ν	Θ	Ο	Π	Ω	Λ	Ε	Ί	Ο	Ί	Α	Β	Α	Θ
Μ	Α	Σ	Ή	Τ	Έ	Ω	Β	Ν	Υ	Ί	Κ	Ρ	Λ	Ρ	Ή
Ι	Τ	Π	Γ	Λ	Λ	Α	Ο	Ε	Έ	Ε	Λ	Τ	Ι	Μ	Κ
Ο	Ρ	Ξ	Ο	Ί	Ε	Σ	Υ	Ο	Μ	Χ	Ι	Ο	Ο	Α	Η
Ι	Ά	Έ	Λ	Θ	Τ	Γ	Ν	Ε	Δ	Ο	Ν	Π	Π	Κ	Β
Δ	Π	Ν	Λ	Λ	Η	Ο	Ο	Ν	Έ	Δ	Ι	Ο	Ω	Ε	Ξ
Ά	Ε	Ε	Υ	Α	Β	Κ	Γ	Ψ	Ξ	Ο	Κ	Ι	Λ	Ί	Ν
Τ	Ζ	Ε	Σ	Γ	Τ	Β	Ε	Ψ	Λ	Ν	Ή	Ε	Ε	Ο	Ρ
Σ	Α	Η	Ν	Ω	Σ	Λ	Σ	Ύ	Έ	Ε	Τ	Ί	Ί	Α	Η
Ζ	Ω	Ο	Λ	Ο	Γ	Ι	Κ	Ό	Ω	Ξ	Χ	Ο	Ο	Τ	Α

ΑΕΡΟΔΡΌΜΙΟ
ΤΡΆΠΕΖΑ
ΒΙΒΛΙΟΘΉΚΗ
ΚΛΙΝΙΚΉ
ΣΧΟΛΕΊΟ
ΣΤΆΔΙΟ
ΦΑΡΜΑΚΕΊΟ
ΑΝΘΟΠΩΛΕΊΟ
ΣΥΛΛΟΓΉ
ΞΕΝΟΔΟΧΕΊΟ
ΒΙΒΛΙΟΠΩΛΕΊΟ
ΑΓΟΡΆ
ΜΟΥΣΕΊΟ
ΑΡΤΟΠΟΙΕΊΟ
ΕΣΤΙΑΤΌΡΙΟ
ΜΆΡΚΕΤ
ΘΈΑΤΡΟ
ΑΠΟΘΗΚΕΎΩ
ΠΑΝΕΠΙΣΤΉΜΙΟ
ΖΩΟΛΟΓΙΚΌ

77 - Agronomía

Δ	Ω	Ι	Μ	Γ	Υ	Χ	Ν	Ν	Ν	Ρ	Ο	Α	Δ	Ρ	Α
Ψ	Ό	Ρ	Ε	Ν	Ε	Π	Β	Τ	Ν	Γ	Ι	Ν	Ι	Ξ	Γ
Υ	Λ	Μ	Λ	Γ	Ξ	Ω	Α	Τ	Χ	Ω	Κ	Α	Ά	Π	Ρ
Α	Α	Ψ	Έ	Ο	Ψ	Β	Ρ	Λ	Ο	Τ	Ο	Γ	Β	Α	Ο
Ι	Χ	Ψ	Τ	Σ	Σ	Ε	Α	Γ	Ο	Ρ	Λ	Ν	Ρ	Ρ	Τ
Ε	Α	Ν	Η	Γ	Π	Π	Η	Δ	Ί	Ί	Ο	Ώ	Ω	Α	Ι
Ν	Ν	Ω	Μ	Π	Ε	Ό	Έ	Ο	Υ	Α	Γ	Ρ	Σ	Γ	Κ
Έ	Ι	Α	Ι	Χ	Π	Ξ	Ρ	Ρ	Ω	Ι	Ί	Ι	Η	Ω	Ή
Θ	Κ	Ο	Σ	Ξ	Ι	Η	Υ	Ο	Ο	Ε	Α	Σ	Σ	Γ	Έ
Σ	Ά	Ξ	Ώ	Έ	Σ	Ξ	Χ	Έ	Ι	Γ	Μ	Η	Ν	Ή	Σ
Α	Ύ	Ν	Ι	Ά	Τ	Υ	Φ	Β	Χ	Ρ	Σ	Π	Α	Χ	Ι
Λ	Έ	Σ	Β	Π	Ή	Τ	Έ	Α	Χ	Έ	Α	Α	Π	Γ	Ί
Ο	Λ	Ω	Τ	Ω	Μ	Π	Ν	Τ	Ί	Ν	Π	Σ	Ύ	Ψ	Β
Ο	Μ	Δ	Η	Η	Η	Ά	Ε	Ο	Ί	Ε	Ί	Π	Ρ	Έ	Ι
Ν	Ί	Γ	Ω	Γ	Μ	Ν	Η	Υ	Ε	Τ	Λ	Λ	Ξ	Έ	Μ
Ξ	Τ	Δ	Λ	Ί	Ν	Α	Β	Ι	Ο	Λ	Ο	Γ	Ι	Κ	Ή

ΓΕΩΡΓΊΑ
ΝΕΡΌ
ΕΠΙΣΤΉΜΗ
ΡΎΠΑΝΣΗ
ΑΝΆΠΤΥΞΗ
ΟΙΚΟΛΟΓΊΑ
ΕΝΈΡΓΕΙΑ
ΑΣΘΈΝΕΙΑ
ΔΙΆΒΡΩΣΗ
ΜΕΛΈΤΗ
ΛΊΠΑΣΜΑ
ΑΝΑΓΝΏΡΙΣΗ
ΒΙΟΛΟΓΙΚΉ
ΦΥΤΆ
ΠΑΡΑΓΩΓΉ
ΑΓΡΟΤΙΚΉ
ΣΠΌΡΟΙ
ΣΎΣΤΗΜΑ
ΒΙΏΣΙΜΗ
ΛΑΧΑΝΙΚΆ

78 - Actividades y Ocio

Ψ	Τ	Ω	Ψ	Μ	Α	Ί	Ρ	Ο	Π	Ο	Ζ	Ε	Π	Ζ	Γ
Ϊ	Ε	Λ	Ό	Β	Π	Χ	Ε	Μ	Μ	Α	Ο	Υ	Ο	Ω	Ν
Ν	Κ	Ρ	Έ	Ί	Ι	Έ	Β	Γ	Β	Ο	Υ	Ο	Δ	Γ	Μ
Σ	Σ	Ι	Ν	Έ	Τ	Σ	Ι	Ξ	Γ	Γ	Μ	Τ	Ό	Ρ	Ν
Α	Ά	Μ	Π	Ο	Ξ	Π	Μ	Ζ	Υ	Ί	Έ	Δ	Σ	Α	Π
Κ	Π	Τ	Ψ	Μ	Ι	Ί	Κ	Ξ	Μ	Έ	Ε	Μ	Φ	Φ	Ρ
Α	Μ	Α	Ά	Μ	Ό	Ο	Σ	Η	Χ	Π	Τ	Λ	Α	Ι	Έ
Τ	Ί	Ξ	Ρ	Η	Ν	Χ	Έ	Τ	Π	Ω	Ο	Π	Ι	Κ	Ν
Α	Μ	Ί	Ε	Σ	Ε	Β	Λ	Έ	Υ	Ο	Π	Λ	Ρ	Ή	Μ
Δ	Ι	Δ	Μ	Η	Ρ	Ί	Ρ	Ω	Γ	Ε	Υ	Ρ	Ο	Ι	Ξ
Ύ	Έ	Ι	Α	Β	Ψ	Υ	Κ	Γ	Ν	Ι	Φ	Ρ	Έ	Σ	Υ
Σ	Ρ	Ο	Λ	Μ	Μ	Χ	Δ	Ε	Η	Χ	Μ	Π	Ι	Η	Γ
Ε	Γ	Έ	Ν	Ύ	Έ	Σ	Κ	Γ	Ν	Ι	Π	Μ	Ά	Κ	Γ
Ι	Σ	Ρ	Δ	Λ	Ο	Ε	Γ	Κ	Ο	Λ	Φ	Σ	Τ	Χ	Ή
Σ	Υ	Β	Υ	Ο	Χ	Α	Λ	Α	Ρ	Ω	Τ	Ι	Κ	Ό	Α
Ο	Χ	Β	Γ	Κ	Ξ	Ω	Ε	Α	Μ	Έ	Δ	Π	Π	Ί	Ί

ΧΌΜΠΙ
ΤΈΧΝΗ
ΜΠΆΣΚΕΤ
ΜΠΈΙΖΜΠΟΛ
ΜΠΟΞ
ΚΑΤΑΔΎΣΕΙΣ
ΚΆΜΠΙΝΓΚ
ΠΟΔΌΣΦΑΙΡΟ
ΓΚΟΛΦ
ΚΗΠΟΥΡΙΚΉ
ΚΟΛΎΜΒΗΣΗ
ΨΆΡΕΜΑ
ΖΩΓΡΑΦΙΚΉ
ΧΑΛΑΡΩΤΙΚΌ
ΠΕΖΟΠΟΡΊΑ
ΣΈΡΦΙΝΓΚ
ΤΈΝΙΣ
ΤΑΞΊΔΙ
ΒΌΛΕΪ

79 - Ingeniería

Έ	Τ	Τ	Λ	Σ	Μ	Ρ	Ω	Ξ	Υ	Ο	Ψ	Η	Ώ	Δ	Κ
Ξ	Ε	Τ	Γ	Έ	Έ	Έ	Η	Ω	Π	Ο	Ω	Υ	Θ	Ι	Α
Τ	Ό	Ε	Μ	Α	Τ	Μ	Υ	Γ	Ο	Μ	Τ	Ι	Η	Ά	Τ
Χ	Ρ	Π	Μ	Χ	Ρ	Α	Ξ	Ψ	Λ	Χ	Τ	Δ	Σ	Γ	Α
Σ	Γ	Ι	Ω	Ν	Η	Ν	Χ	Ρ	Ο	Έ	Ξ	Ω	Η	Ρ	Σ
Σ	Υ	Ε	Β	Ι	Σ	Α	Ι	Ε	Γ	Ρ	Έ	Ν	Ε	Α	Κ
Ι	Ω	Δ	Ί	Ή	Η	Λ	Ψ	Η	Ι	Έ	Ή	Ι	Γ	Μ	Ε
Δ	Ι	Ά	Μ	Ε	Τ	Ρ	Ο	Σ	Σ	Β	Μ	Λ	Π	Μ	Υ
Ν	Β	Ε	Σ	Ε	Μ	Λ	Μ	Α	Μ	Η	Ο	Ε	Ο	Α	Ή
Υ	Ο	Έ	Έ	Ρ	Ξ	Γ	Η	Η	Ό	Ω	Ν	Ζ	Β	Μ	Ρ
Δ	Ύ	Ν	Α	Μ	Η	Υ	Χ	Π	Σ	Α	Α	Ί	Ν	Ω	Γ
Π	Χ	Ν	Ρ	Ω	Υ	Δ	Α	Λ	Ο	Β	Ι	Τ	Κ	Β	Β
Ω	Έ	Α	Λ	Ι	Β	Ο	Ν	Α	Θ	Ρ	Δ	Ν	Λ	Γ	Ί
Ά	Ξ	Ο	Ν	Α	Σ	Μ	Ή	Α	Ά	Τ	Ο	Ω	Η	Β	Μ
Λ	Τ	Μ	Χ	Τ	Ν	Ή	Υ	Λ	Β	Λ	Υ	Α	Έ	Ξ	Δ
Σ	Τ	Α	Θ	Ε	Ρ	Ό	Τ	Η	Τ	Α	Η	Η	Ρ	Ρ	Π

ΓΩΝΊΑ
ΥΠΟΛΟΓΙΣΜΌΣ
ΚΑΤΑΣΚΕΥΉ
ΔΙΆΓΡΑΜΜΑ
ΔΙΆΜΕΤΡΟΣ
ΝΤΊΖΕΛ
ΔΙΑΝΟΜΉ
ΆΞΟΝΑΣ
ΕΝΈΡΓΕΙΑ
ΣΤΑΘΕΡΌΤΗΤΑ
ΔΟΜΉ
ΤΡΙΒΉ
ΔΎΝΑΜΗ
ΥΓΡΌ
ΜΗΧΑΝΉ
ΜΈΤΡΗΣΗ
ΚΊΝΗΣΗ
ΒΆΘΟΣ
ΏΘΗΣΗ

80 - Comida #1

Κ	Ν	Ι	Δ	Ύ	Μ	Μ	Ε	Ρ	Κ	Υ	Μ	Λ	Γ	Ε	Ο
Ρ	Υ	Τ	Χ	Μ	Έ	Σ	Π	Α	Ν	Ά	Κ	Ι	Ο	Ι	Α
Ι	Ι	Ά	Γ	Ι	Ν	Γ	Φ	Γ	Β	Π	Ρ	Δ	Γ	Π	Ι
Θ	Λ	Λ	Π	Ξ	Τ	Π	Χ	Ρ	Σ	Η	Η	Ά	Γ	Ί	Ο
Ά	Ε	Α	Σ	Β	Α	Σ	Χ	Υ	Ά	Ν	Ε	Λ	Ύ	Ψ	Ρ
Ρ	Έ	Ύ	Κ	Β	Λ	Ο	Α	Σ	Μ	Ο	Μ	Χ	Λ	Χ	Α
Ι	Β	Ο	Ό	Έ	Έ	Ύ	Ν	Α	Η	Ό	Υ	Α	Ι	Χ	Ξ
Γ	Υ	Κ	Ρ	Γ	Ν	Π	Β	Η	Ί	Β	Σ	Λ	Π	Π	Ε
Π	Ά	Ι	Δ	Μ	Α	Α	Κ	Ρ	Έ	Α	Σ	Β	Α	Ξ	Ψ
Υ	Ε	Λ	Ο	Ο	Κ	Ρ	Ψ	Α	Ψ	Ν	Ο	Ψ	Υ	Ω	Τ
Ω	Τ	Ι	Α	Ι	Π	Ε	Ί	Χ	Α	Δ	Ν	Ρ	Χ	Ψ	Ρ
Α	Ψ	Σ	Ξ	Π	Ί	Μ	Τ	Ά	Ψ	Ο	Ό	Π	Λ	Μ	Δ
Η	Π	Α	Μ	Ε	Η	Σ	Ω	Ζ	Ε	Ο	Τ	Ό	Ρ	Α	Κ
Μ	Ί	Β	Π	Α	Δ	Ω	Ί	Η	Σ	Α	Λ	Ά	Τ	Α	Ε
Λ	Ρ	Ρ	Ν	Ε	Ι	Υ	Μ	Ί	Π	Ο	Τ	Ο	Ο	Ι	Ω
Μ	Ι	Λ	Ε	Μ	Ό	Ν	Ι	Ι	Ψ	Ε	Έ	Ε	Ψ	Β	Ψ

ΣΚΌΡΔΟ
ΒΑΣΙΛΙΚΟΎ
ΤΌΝΟΣ
ΖΆΧΑΡΗ
ΚΑΝΈΛΑ
ΚΡΈΑΣ
ΚΡΙΘΆΡΙ
ΚΡΕΜΜΎΔΙ
ΣΑΛΆΤΑ
ΣΠΑΝΆΚΙ
ΦΡΆΟΥΛΑ
ΧΥΜΌΣ
ΓΆΛΑ
ΛΕΜΌΝΙ
ΜΈΝΤΑ
ΓΟΓΓΎΛΙ
ΑΧΛΆΔΙ
ΑΛΆΤΙ
ΣΟΎΠΑ
ΚΑΡΌΤΟ

81 - Antigüedades

Π	Π	Χ	Μ	Ί	Ψ	Κ	Σ	Γ	Λ	Υ	Π	Τ	Ι	Κ	Ή
Α	Ο	Κ	Ο	Μ	Ψ	Ό	Έ	Τ	Υ	Π	Η	Ξ	Ψ	Ξ	Ί
Λ	Ι	Σ	Ι	Ω	Μ	Ο	Ψ	Ρ	Υ	Ί	Δ	Ε	Ί	Λ	Α
Ι	Ό	Ε	Β	Μ	Ρ	Γ	Ο	Σ	Μ	Λ	Λ	Ν	Έ	Λ	Π
Ό	Τ	Ψ	Ί	Ω	Β	Χ	Π	Τ	Α	Α	Ί	Ί	Ι	Α	Ο
Σ	Η	Δ	Ώ	Ι	Σ	Υ	Ο	Θ	Ν	Ε	Τ	Ί	Υ	Ι	Κ
Β	Τ	Γ	Ω	Μ	Ψ	Β	Δ	Ρ	Ο	Υ	Υ	Α	Α	Ώ	Α
Π	Α	Ί	Λ	Α	Ί	Σ	Α	Ρ	Π	Ο	Μ	Η	Δ	Ν	Τ
Ο	Υ	Έ	Α	Υ	Θ	Ε	Ν	Τ	Ι	Κ	Ό	Ν	Ε	Α	Ά
Ε	Π	Έ	Ν	Δ	Υ	Σ	Η	Έ	Α	Η	Β	Χ	Η	Σ	Σ
Π	Ρ	Ρ	Μ	Έ	Ν	Ω	Τ	Τ	Έ	Μ	Β	Έ	Ε	Δ	Τ
Ο	Έ	Κ	Α	Τ	Ά	Σ	Τ	Α	Σ	Η	Ή	Τ	Α	Έ	Α
Τ	Ι	Μ	Ή	Έ	Π	Ι	Π	Λ	Α	Έ	Έ	Μ	Α	Ξ	Σ
Σ	Γ	Ι	Χ	Ι	Γ	Ξ	Ή	Γ	Ο	Λ	Λ	Υ	Σ	Έ	Η
Α	Σ	Υ	Ν	Ή	Θ	Ι	Σ	Τ	Ο	Υ	Λ	Ε	Ω	Ο	Τ
Δ	Ι	Α	Κ	Ο	Σ	Μ	Η	Τ	Ι	Κ	Ό	Ο	Η	Ί	Κ

ΤΈΧΝΗ
ΑΥΘΕΝΤΙΚΌ
ΠΟΙΌΤΗΤΑ
ΚΑΤΆΣΤΑΣΗ
ΔΙΑΚΟΣΜΗΤΙΚΌ
ΚΟΜΨΌ
ΕΝΘΟΥΣΙΏΔΗΣ
ΓΛΥΠΤΙΚΉ
ΣΤΥΛ
ΣΥΛΛΟΓΉ
ΑΣΥΝΉΘΙΣΤΟ
ΕΠΈΝΔΥΣΗ
ΚΟΣΜΉΜΑΤΑ
ΚΈΡΜΑΤΑ
ΈΠΙΠΛΑ
ΤΙΜΉ
ΑΠΟΚΑΤΆΣΤΑΣΗ
ΑΙΏΝΑΣ
ΔΗΜΟΠΡΑΣΊΑ
ΠΑΛΙΌ

82 - Literatura

Δ	Ρ	Τ	Ο	Ψ	Μ	Α	Ί	Φ	Α	Ρ	Γ	Ο	Ι	Β	Π
Δ	Ι	Ά	Λ	Ο	Γ	Ο	Σ	Χ	Μ	Υ	Π	Τ	Α	Τ	Ο
Μ	Ξ	Ι	Ψ	Β	Ψ	Μ	Β	Ψ	Η	Θ	Ε	Ο	Φ	Ρ	Ι
Η	Ε	Λ	Ψ	Έ	Ξ	Ν	Ρ	Ψ	Ρ	Μ	Ρ	Δ	Η	Α	Η
Σ	Ψ	Τ	Υ	Ω	Έ	Β	Γ	Γ	Ό	Ο	Ι	Κ	Γ	Γ	Τ
Υ	Ύ	Ε	Α	Ε	Σ	Τ	Υ	Λ	Τ	Ύ	Γ	Έ	Η	Ω	Ι
Λ	Σ	Γ	Ν	Φ	Ι	Ξ	Β	Σ	Σ	Τ	Ρ	Ν	Τ	Δ	Κ
Ά	Έ	Υ	Κ	Χ	Ο	Δ	Δ	Μ	Ι	Ι	Α	Α	Ή	Ί	Ή
Ν	Η	Λ	Μ	Ρ	Α	Ρ	Μ	Δ	Θ	Α	Φ	Μ	Σ	Α	Ν
Α	Σ	Υ	Ξ	Π	Ι	Λ	Ά	Α	Υ	Η	Ή	Έ	Μ	Π	Χ
Λ	Ψ	Σ	Ν	Ψ	Έ	Σ	Η	Σ	Μ	Ν	Π	Θ	Ω	Ο	Ί
Γ	Ν	Ώ	Μ	Η	Λ	Ρ	Η	Φ	Α	Ν	Τ	Α	Σ	Ί	Α
Σ	Ξ	Π	Ί	Γ	Γ	Λ	Α	Μ	Η	Ί	Ο	Π	Έ	Ε	Β
Α	Ν	Α	Λ	Ο	Γ	Ί	Α	Σ	Π	Δ	Π	Ψ	Γ	Ν	Έ
Μ	Υ	Υ	Τ	Υ	Η	Έ	Λ	Ε	Μ	Δ	Ί	Ί	Ω	Ρ	Ε
Σ	Υ	Γ	Γ	Ρ	Α	Φ	Έ	Α	Σ	Α	Ψ	Η	Ο	Δ	Γ

ΑΝΑΛΟΓΊΑ
ΑΝΆΛΥΣΗ
ΑΝΈΚΔΟΤΟ
ΣΥΓΓΡΑΦΈΑΣ
ΒΙΟΓΡΑΦΊΑ
ΣΎΓΚΡΙΣΗ
ΣΥΜΠΈΡΑΣΜΑ
ΠΕΡΙΓΡΑΦΉ
ΔΙΆΛΟΓΟΣ
ΣΤΥΛ
ΦΑΝΤΑΣΊΑ
ΜΕΤΑΦΟΡΆ
ΑΦΗΓΗΤΉΣ
ΜΥΘΙΣΤΌΡΗΜΑ
ΓΝΏΜΗ
ΠΟΊΗΜΑ
ΠΟΙΗΤΙΚΉ
ΡΥΘΜΟΎ
ΘΈΜΑ
ΤΡΑΓΩΔΊΑ

83 - Química

Π	Ι	Γ	Ι	Ο	Έ	Α	Χ	Ω	Έ	Λ	Ψ	Τ	Ο	Χ	Ξ
Δ	Έ	Η	Σ	Ρ	Ι	Σ	Ν	Ό	Ι	Ν	Γ	Ί	Α	Γ	Έ
Έ	Ε	Λ	Ρ	Χ	Τ	Μ	Τ	Τ	Π	Ν	Ζ	Ψ	Ί	Λ	Ξ
Α	Λ	Κ	Α	Λ	Ι	Κ	Ό	Χ	Ί	Η	Ο	Υ	Α	Α	Σ
Η	Λ	Ε	Κ	Τ	Ρ	Ό	Ν	Ι	Ο	Δ	Ι	Γ	Μ	Έ	Α
Α	Ο	Ε	Ξ	Ί	Ι	Ρ	Ί	Ξ	Ο	Ζ	Ρ	Π	Έ	Ο	Θ
Υ	Ω	Σ	Α	Έ	Α	Γ	Ω	Ι	Α	Υ	Ώ	Α	Ν	Ε	Ε
Ο	Ρ	Ε	Ι	Α	Ο	Υ	Ξ	Μ	Έ	Γ	Λ	Ο	Σ	Ξ	Ρ
Κ	Α	Τ	Α	Λ	Ύ	Τ	Η	Ή	Ρ	Ί	Χ	Ω	Δ	Η	Μ
Ί	Π	Η	Ε	Ί	Ε	Ρ	Ε	Κ	Ι	Ζ	Γ	Έ	Π	Μ	Ό
Ά	Ν	Θ	Ρ	Α	Κ	Α	Σ	Ι	Ο	Ω	Λ	Ο	Ρ	Έ	Τ
Υ	Δ	Ρ	Ο	Γ	Ό	Ν	Ο	Ν	Ό	Γ	Υ	Ξ	Ο	Τ	Η
Μ	Ό	Ρ	Ι	Ο	Ω	Γ	Α	Η	Ι	Ω	Τ	Ύ	Τ	Α	Τ
Α	Ί	Σ	Α	Ρ	Κ	Ο	Μ	Ρ	Ε	Θ	Ι	Τ	Ά	Λ	Α
Π	Ο	Ε	Ε	Ω	Χ	Β	Χ	Υ	Ψ	Β	Ω	Γ	Λ	Λ	Υ
Η	Ψ	Έ	Ι	Π	Ν	Η	Λ	Π	Ρ	Υ	Ί	Χ	Η	Α	Σ

ΑΛΚΑΛΙΚΌ
ΟΞΎ
ΘΕΡΜΌΤΗΤΑ
ΆΝΘΡΑΚΑΣ
ΚΑΤΑΛΎΤΗ
ΧΛΏΡΙΟ
ΗΛΕΚΤΡΌΝΙΟ
ΈΝΖΥΜΟ
ΑΈΡΙΟ
ΥΔΡΟΓΌΝΟ
ΙΌΝ
ΥΓΡΌ
ΜΈΤΑΛΛΑ
ΜΌΡΙΟ
ΠΥΡΗΝΙΚΉ
ΟΞΥΓΌΝΟ
ΖΥΓΊΖΩ
ΑΝΤΊΔΡΑΣΗ
ΑΛΆΤΙ
ΘΕΡΜΟΚΡΑΣΊΑ

84 - Gobierno

Ε	Λ	Α	Α	Ρ	Ο	Μ	Μ	Δ	Ί	Δ	Ε	Λ	Π	Γ	Μ
Δ	Ι	Ί	Ί	Ί	Σ	Ψ	Μ	Ι	Δ	Ί	Κ	Α	Ι	Ο	Ν
Ι	Ι	Ρ	Σ	Ξ	Α	Ν	Ή	Κ	Ι	Τ	Ι	Λ	Ο	Π	Η
Κ	Θ	Ε	Η	Ρ	Έ	Τ	Ε	Α	Ι	Σ	Ό	Μ	Η	Δ	Μ
Α	Α	Θ	Τ	Ν	Έ	Ε	Γ	Σ	Μ	Η	Λ	Ο	Ξ	Ο	Ε
Ι	Γ	Υ	Ρ	Κ	Ι	Λ	Τ	Τ	Ι	Γ	Τ	Ί	Ξ	Λ	Ί
Ο	Έ	Ε	Α	Ρ	Α	Κ	Η	Ι	Έ	Α	Α	Α	Δ	Ο	Ο
Σ	Ν	Λ	Ξ	Ε	Ί	Τ	Ή	Κ	Π	Έ	Γ	Τ	Χ	Β	Χ
Ύ	Ε	Ε	Ε	Έ	Σ	Η	Ά	Ή	Α	Π	Τ	Η	Ν	Μ	Η
Ν	Ι	Ψ	Ν	Μ	Η	Α	Έ	Σ	Ρ	Έ	Ν	Τ	Ο	Ύ	Β
Η	Α	Δ	Α	Σ	Σ	Γ	Ν	Υ	Τ	Η	Χ	Ό	Μ	Σ	Σ
Δ	Η	Μ	Ο	Κ	Ρ	Α	Τ	Ί	Α	Α	Ι	Σ	Ι	Ι	Ο
Ρ	Μ	Γ	Σ	Η	Σ	Η	Τ	Ή	Ζ	Υ	Σ	Ι	Λ	Δ	Ν
Ρ	Έ	Π	Ε	Ρ	Ι	Ο	Χ	Ή	Ο	Δ	Γ	Η	Ί	Ί	Θ
Δ	Ι	Κ	Α	Ι	Ώ	Μ	Α	Τ	Α	Ψ	Έ	Α	Α	Ω	Έ
Ξ	Ο	Έ	Σ	Ω	Ρ	Σ	Α	Σ	Μ	Χ	Ι	Σ	Τ	Δ	Λ

ΙΘΑΓΈΝΕΙΑ
ΔΗΜΌΣΙΑ
ΣΎΝΤΑΓΜΑ
ΔΗΜΟΚΡΑΤΊΑ
ΔΙΚΑΙΏΜΑΤΑ
ΟΜΙΛΊΑ
ΣΥΖΉΤΗΣΗ
ΠΕΡΙΟΧΉ
ΚΑΤΆΣΤΑΣΗ
ΙΣΌΤΗΤΑ
ΑΝΕΞΑΡΤΗΣΊΑ
ΔΙΚΑΣΤΙΚΉ
ΔΙΚΑΙΟΣΎΝΗ
ΔΊΚΑΙΟ
ΕΛΕΥΘΕΡΊΑ
ΜΝΗΜΕΊΟ
ΈΘΝΟΣ
ΕΙΡΗΝΙΚΉ
ΠΟΛΙΤΙΚΉ
ΣΎΜΒΟΛΟ

85 - Creatividad

Ι	Δ	Έ	Α	Τ	Α	Μ	Ή	Θ	Σ	Ι	Α	Ν	Υ	Σ	Ρ
Α	Υ	Θ	Ε	Ν	Τ	Ι	Κ	Ό	Τ	Η	Τ	Α	Ε	Ψ	Ε
Κ	Α	Λ	Λ	Ι	Τ	Ε	Χ	Ν	Ι	Κ	Ή	Έ	Δ	Χ	Υ
Ζ	Ω	Τ	Ι	Κ	Ό	Τ	Η	Τ	Α	Σ	Π	Μ	Ψ	Α	Σ
Β	Χ	Ο	Ρ	Ψ	Ο	Υ	Λ	Ξ	Μ	Μ	Σ	Π	Δ	Τ	Τ
Τ	Έ	Δ	Έ	Ί	Η	Σ	Η	Θ	Σ	Ί	Α	Ν	Έ	Η	Ό
Φ	Χ	Η	Σ	Ω	Π	Ύ	Τ	Ν	Ε	Ε	Λ	Ε	Κ	Τ	Τ
Υ	Α	Ο	Δ	Η	Μ	Δ	Η	Η	Χ	Ι	Π	Υ	Φ	Ό	Η
Τ	Ί	Ν	Ο	Ν	Ε	Μ	Μ	Ρ	Λ	Ρ	Ί	Σ	Ρ	Ι	Τ
Λ	Ί	Α	Τ	Α	Μ	Ά	Ρ	Ο	Ε	Ξ	Ν	Η	Α	Ξ	Α
Ρ	Ι	Ν	Χ	Α	Ί	Τ	Ό	Ω	Ε	Λ	Λ	Υ	Σ	Ε	Δ
Ο	Υ	Ό	Ν	Η	Σ	Η	Θ	Σ	Ί	Α	Ι	Δ	Η	Δ	Ο
Β	Τ	Κ	Ο	Ξ	Σ	Ί	Υ	Σ	Α	Φ	Ή	Ν	Ε	Ι	Α
Ν	Ν	Ι	Ψ	Μ	Χ	Ψ	Α	Έ	Ν	Τ	Α	Σ	Η	Π	Υ
Ε	Φ	Ε	Υ	Ρ	Ε	Τ	Ι	Κ	Ή	Β	Υ	Δ	Ρ	Ε	Α
Ρ	Έ	Η	Ψ	Β	Δ	Ρ	Α	Μ	Α	Τ	Ι	Κ	Ή	Ω	Α

ΚΑΛΛΙΤΕΧΝΙΚΉ
ΑΥΘΕΝΤΙΚΌΤΗΤΑ
ΣΑΦΉΝΕΙΑ
ΔΡΑΜΑΤΙΚΉ
ΣΥΝΑΙΣΘΉΜΑΤΑ
ΑΥΘΌΡΜΗΤΗ
ΈΚΦΡΑΣΗ
ΡΕΥΣΤΌΤΗΤΑ
ΕΠΙΔΕΞΙΌΤΗΤΑ
ΙΔΈΑ
ΕΙΚΌΝΑ
ΦΑΝΤΑΣΊΑ
ΕΝΤΎΠΩΣΗ
ΈΜΠΝΕΥΣΗ
ΈΝΤΑΣΗ
ΔΙΑΊΣΘΗΣΗ
ΕΦΕΥΡΕΤΙΚΉ
ΑΊΣΘΗΣΗ
ΟΡΆΜΑΤΑ
ΖΩΤΙΚΌΤΗΤΑ

86 - Clima

Β	Ί	Ω	Η	Α	Ρ	Ύ	Μ	Μ	Η	Λ	Π	Κ	Ά	Ε	Ο
Σ	Ι	Δ	Ω	Σ	Τ	Ω	Χ	Σ	Έ	Ι	Ε	Λ	Ν	Υ	Γ
Π	Ά	Γ	Ο	Σ	Ύ	Μ	Ω	Ω	Β	Τ	Α	Ί	Ε	Υ	Ο
Ξ	Η	Ρ	Ό	Λ	Π	Ν	Ό	Ψ	Λ	Γ	Τ	Μ	Μ	Α	Ω
Έ	Π	Ο	Σ	Έ	Τ	Χ	Ν	Σ	Η	Ι	Α	Α	Ο	Τ	Ο
Π	Ο	Λ	Ι	Κ	Ή	Γ	Π	Ε	Φ	Έ	Ε	Β	Σ	Ρ	Έ
Ί	Η	Ψ	Ν	Π	Ο	Σ	Χ	Χ	Φ	Α	Ί	Μ	Ε	Ρ	Η
Ή	Λ	Η	Ν	Ν	Ε	Ψ	Έ	Ί	Μ	Ο	Ι	Γ	Χ	Π	Ω
Π	Χ	Ι	Ι	Ί	Ι	Α	Λ	Τ	Α	Γ	Ε	Ρ	Τ	Ι	Π
Α	Ί	Σ	Α	Ρ	Κ	Ο	Μ	Ρ	Ε	Θ	Π	Ν	Α	Τ	Π
Ρ	Μ	Ο	Υ	Σ	Ώ	Ν	Α	Σ	Α	Ε	Ρ	Ά	Κ	Ι	Ω
Τ	Ο	Δ	Ω	Σ	Ε	Ν	Έ	Λ	Β	Ν	Ψ	Ψ	Ρ	Μ	Έ
Σ	Α	Ν	Α	Κ	Ι	Ρ	Υ	Ο	Ι	Χ	Τ	Α	Ε	Π	Ρ
Α	Ί	Σ	Α	Ρ	Η	Ξ	Κ	Α	Τ	Α	Ι	Γ	Ί	Δ	Α
Ο	Υ	Ρ	Α	Ν	Ό	Σ	Σ	Ι	Ί	Ω	Ε	Σ	Ί	Τ	Α
Σ	Π	Β	Ρ	Ο	Ν	Τ	Ή	Κ	Ι	Π	Ο	Ρ	Τ	Ν	Γ

ΑΤΜΌΣΦΑΙΡΑ
ΑΕΡΆΚΙ
ΗΡΕΜΊΑ
ΟΥΡΑΝΌΣ
ΚΛΊΜΑ
ΠΆΓΟΣ
ΧΙΟΥΡΙΚΑΝΑΣ
ΠΛΗΜΜΎΡΑ
ΜΟΥΣΏΝΑΣ
ΟΜΊΧΛΗ
ΣΎΝΝΕΦΟ
ΠΟΛΙΚΉ
ΑΣΤΡΑΠΉ
ΞΗΡΌ
ΞΗΡΑΣΊΑ
ΘΕΡΜΟΚΡΑΣΊΑ
ΚΑΤΑΙΓΊΔΑ
ΤΡΟΠΙΚΉ
ΒΡΟΝΤΉ
ΆΝΕΜΟΣ

87 - Comida #2

Σ	Ξ	Ε	Ι	Τ	Λ	Γ	Α	Τ	Ά	Λ	Ο	Κ	Ο	Σ	Π
Γ	Τ	Δ	Ε	Έ	Χ	Ξ	Α	Υ	Ε	Έ	Ε	Β	Χ	Α	Α
Ι	Ι	Α	Η	Χ	Μ	Μ	Δ	Ρ	Ι	Ο	Σ	Ψ	Ν	Κ	Υ
Α	Τ	Κ	Φ	Λ	Ξ	Σ	Ί	Ί	Μ	Ω	Ψ	Ί	Α	Τ	Γ
Ο	Ρ	Χ	Ο	Ύ	Μ	Ε	Λ	Ι	Τ	Ζ	Ά	Ν	Α	Ι	Ό
Ύ	Λ	Β	Ψ	Τ	Λ	Ο	Σ	Β	Β	Π	Σ	Σ	Τ	Ν	Σ
Ρ	Ε	Ρ	Α	Η	Ό	Ι	Ρ	Ά	Τ	Ι	Σ	Έ	Ά	Ί	Α
Τ	Α	Ν	Ά	Ν	Α	Π	Μ	Υ	Ο	Μ	Ο	Λ	Μ	Δ	Τ
Ι	Σ	Η	Ξ	Ι	Μ	Ό	Ο	Μ	Ο	Ο	Α	Ι	Ο	Ι	Ζ
Ι	Ω	Ψ	Ι	Ζ	Ύ	Ρ	Υ	Υ	Π	Υ	Γ	Ν	Τ	Ο	Ί
Ί	Γ	Ξ	Υ	Ί	Γ	Τ	Γ	Γ	Λ	Ψ	Κ	Ο	Ν	Ψ	Ν
Ο	Α	Ν	Ο	Ί	Δ	Ο	Ι	Ξ	Ψ	Ο	Ι	Σ	Β	Μ	Τ
Α	Ξ	Μ	Υ	Ί	Α	Ι	Β	Η	Σ	Ε	Ν	Ι	Ο	Χ	Ζ
Π	Ψ	Ψ	Ή	Μ	Λ	Λ	Χ	Μ	Ι	Σ	Ά	Ρ	Ε	Κ	Ε
Μ	Ρ	Α	Έ	Λ	Ο	Η	Λ	Π	Ο	Υ	Ρ	Λ	Ψ	Λ	Ρ
Ι	Π	Τ	Β	Τ	Ο	Δ	Ί	Υ	Χ	Η	Α	Τ	Γ	Μ	Ω

ΑΓΚΙΝΆΡΑ
ΑΜΎΓΔΑΛΟ
ΣΈΛΙΝΟ
ΡΎΖΙ
ΜΕΛΙΤΖΆΝΑ
ΚΕΡΆΣΙ
ΣΟΚΟΛΆΤΑ
ΗΛΙΟΤΡΌΠΙΟ
ΑΥΓΌ
ΤΖΊΝΤΖΕΡ
ΑΚΤΙΝΊΔΙΟ
ΜΉΛΟ
ΨΩΜΊ
ΜΠΑΝΆΝΑ
ΚΟΤΌΠΟΥΛΟ
ΤΥΡΊ
ΝΤΟΜΆΤΑ
ΣΙΤΆΡΙ
ΣΤΑΦΎΛΙ
ΓΙΑΟΎΡΤΙ

88 - Diplomacia

Α	Ν	Θ	Ρ	Ω	Π	Ι	Σ	Τ	Ι	Κ	Ή	Π	Ψ	Κ	Δ
Μ	Ψ	Β	Η	Τ	Δ	Ι	Ψ	Σ	Μ	Π	Ο	Ω	Ι	Ο	Ι
Ρ	Η	Ω	Δ	Α	Σ	Σ	Ώ	Λ	Γ	Β	Λ	Έ	Έ	Ι	Κ
Ε	Σ	Γ	Υ	Σ	Τ	Α	Σ	Φ	Ά	Λ	Ε	Ι	Α	Ν	Α
Ι	Υ	Ι	Ψ	Ρ	Μ	Η	Σ	Υ	Λ	Ά	Ν	Α	Λ	Ό	Ι
Ο	Ο	Τ	Μ	Η	Σ	Η	Τ	Ή	Ζ	Υ	Σ	Ί	Ύ	Τ	Ο
Π	Ρ	Έ	Σ	Β	Η	Σ	Η	Ό	Χ	Σ	Ε	Σ	Σ	Η	Σ
Ό	Κ	Ι	Τ	Α	Μ	Ω	Λ	Π	Ι	Δ	Ψ	Α	Η	Τ	Ύ
Η	Γ	Ρ	Ω	Ί	Έ	Ε	Έ	Χ	Ω	Α	Ν	Γ	Ο	Α	Ν
Ε	Ύ	Μ	Μ	Ε	Ρ	Π	Β	Ξ	Έ	Ι	Ρ	Ρ	Υ	Ρ	Η
Λ	Σ	Ψ	Ε	Β	Ί	Υ	Ψ	Τ	Η	Ί	Χ	Ε	Λ	Γ	Η
Ι	Υ	Λ	Η	Σ	Η	Ν	Ρ	Έ	Β	Υ	Κ	Ν	Κ	Δ	Ξ
Ω	Ο	Α	Σ	Ε	Έ	Χ	Η	Κ	Ή	Θ	Ν	Υ	Σ	Α	Έ
Η	Ψ	Δ	Ε	Ρ	Υ	Υ	Μ	Υ	Λ	Ψ	Χ	Σ	Π	Μ	Ν
Γ	Α	Ψ	Α	Π	Ο	Λ	Ι	Τ	Ι	Κ	Ή	Γ	Ί	Ψ	Ο
Η	Θ	Ι	Κ	Ή	Ω	Σ	Ύ	Μ	Β	Ο	Υ	Λ	Ο	Σ	Χ

ΣΎΜΒΟΥΛΟΣ
ΚΟΙΝΌΤΗΤΑ
ΣΎΓΚΡΟΥΣΗ
ΣΥΝΕΡΓΑΣΊΑ
ΔΙΠΛΩΜΑΤΙΚΌ
ΣΥΖΉΤΗΣΗ
ΠΡΕΣΒΕΊΑ
ΠΡΈΣΒΗΣ
ΞΈΝΟ
ΗΘΙΚΉ
ΚΥΒΈΡΝΗΣΗ
ΑΝΘΡΩΠΙΣΤΙΚΉ
ΓΛΏΣΣΑ
ΑΚΕΡΑΙΌΤΗΤΑ
ΔΙΚΑΙΟΣΎΝΗ
ΠΟΛΙΤΙΚΉ
ΑΝΆΛΥΣΗ
ΑΣΦΆΛΕΙΑ
ΛΎΣΗ
ΣΥΝΘΉΚΗ

89 - Herboristería

Α	Ά	Γ	Α	Β	Ν	Ξ	Γ	Ι	Π	Ρ	Λ	Έ	Α	Ο	Κ
Ω	Δ	Ν	Ε	Υ	Γ	Χ	Η	Δ	Χ	Σ	Ε	Έ	Χ	Θ	Ρ
Ε	Ε	Ό	Η	Ύ	Τ	Γ	Ή	Ύ	Υ	Τ	Β	Ο	Γ	Α	Ο
Ψ	Ν	Κ	Ω	Θ	Σ	Π	Κ	Ο	Β	Ί	Ά	Σ	Έ	Ρ	Κ
Ψ	Δ	Γ	Α	Λ	Ο	Η	Ι	Λ	Σ	Λ	Ν	Ό	Η	Ά	Ο
Ψ	Ρ	Α	Έ	Α	Ν	Ά	Ρ	Υ	Ο	Ζ	Τ	Ν	Α	Μ	Σ
Κ	Ο	Ρ	Γ	Τ	Ν	Ψ	Ι	Ο	Δ	Μ	Α	Α	Β	Δ	Α
Ή	Λ	Τ	Α	Η	Λ	Ν	Ε	Λ	Ρ	Ό	Χ	Τ	Ρ	Μ	Ο
Π	Ί	Σ	Π	Τ	Ο	Ι	Γ	Π	Ό	Κ	Υ	Ν	Ν	Γ	Ί
Ο	Β	Ε	Ν	Ό	Χ	Η	Α	Π	Κ	Ι	Α	Ϊ	Δ	Έ	Π
Σ	Α	Ψ	Α	Ι	Ψ	Λ	Μ	Α	Σ	Τ	Υ	Α	Δ	Υ	Μ
Ί	Ν	Γ	Ύ	Ο	Κ	Ι	Λ	Ι	Σ	Α	Β	Μ	Ο	Β	Μ
Χ	Ο	Α	Ω	Π	Ξ	Ο	Ό	Κ	Ι	Τ	Α	Μ	Ω	Ρ	Α
Π	Ρ	Ά	Σ	Ι	Ν	Ο	Τ	Γ	Α	Σ	Ί	Η	Έ	Γ	Ν
Ι	Σ	Ρ	Ψ	Ε	Ω	Ν	Υ	Δ	Ψ	Υ	Π	Υ	Χ	Ψ	Ω
Ε	Ο	Ο	Λ	Έ	Ψ	Η	Φ	Α	Ρ	Σ	Ι	Ί	Μ	Ψ	Χ

ΣΚΌΡΔΟ
ΒΑΣΙΛΙΚΟΎ
ΑΡΩΜΑΤΙΚΌ
ΚΡΟΚΟΣ
ΠΟΙΌΤΗΤΑ
ΜΑΓΕΙΡΙΚΉ
ΆΝΗΘΟ
ΕΣΤΡΑΓΚΌΝ
ΛΟΥΛΟΎΔΙ
ΜΆΡΑΘΟ
ΣΥΣΤΑΤΙΚΌ
ΚΉΠΟΣ
ΛΕΒΆΝΤΑ
ΜΑΝΤΖΟΥΡΆΝΑ
ΜΈΝΤΑ
ΜΑΪΝΤΑΝΌΣ
ΦΥΤΌ
ΔΕΝΔΡΟΛΊΒΑΝΟ
ΓΕΎΣΗ
ΠΡΆΣΙΝΟ

90 - Energía

Ρ	Ψ	Ή	Σ	Τ	Ρ	Ο	Β	Ί	Λ	Ω	Ν	Α	Φ	Υ	Α
Ύ	Χ	Λ	Β	Ι	Ο	Μ	Η	Χ	Α	Ν	Ί	Α	Ω	Δ	Τ
Π	Ο	Ι	Ν	Ό	Ρ	Τ	Κ	Ε	Λ	Η	Έ	Τ	Τ	Ρ	Μ
Α	Τ	Ο	Α	Ί	Δ	Π	Ψ	Δ	Έ	Χ	Ε	Ξ	Ό	Ο	Ο
Ν	Έ	Σ	Ί	Ν	Τ	Μ	Β	Β	Ι	Ί	Ψ	Ψ	Ν	Γ	Ύ
Σ	Π	Α	Π	Ι	Α	Ε	Ξ	Β	Ο	Ι	Ι	Ε	Ι	Ό	Ξ
Η	Υ	Κ	Ο	Ν	Ε	Ν	Π	Ν	Α	Μ	Β	Ί	Ο	Ν	Ε
Ω	Ρ	Α	Ρ	Ψ	Β	Α	Ε	Ξ	Ω	Έ	Π	Ω	Ω	Ο	Η
Ι	Η	Ρ	Τ	Έ	Ε	Τ	Ρ	Ώ	Β	Ε	Ν	Ζ	Ί	Ν	Η
Μ	Ν	Θ	Ν	Ξ	Β	Η	Χ	Ι	Σ	Ο	Μ	Ε	Ν	Ά	Σ
Π	Ι	Ν	Ε	Α	Γ	Τ	Γ	Ο	Μ	Ι	Σ	Ύ	Α	Κ	Ξ
Τ	Κ	Ά	Δ	Β	Π	Ό	Α	Δ	Δ	Έ	Μ	Ψ	Ψ	Δ	Σ
Π	Ή	Ν	Α	Χ	Η	Μ	Β	Ρ	Τ	Χ	Ι	Η	Δ	Η	Α
Ξ	Ν	Δ	Ε	Β	Χ	Ρ	Μ	Π	Α	Τ	Α	Ρ	Ί	Α	Η
Β	Α	Ν	Τ	Ί	Ζ	Ε	Λ	Λ	Ι	Α	Δ	Ψ	Υ	Υ	Β
Λ	Η	Ι	Δ	Ψ	Μ	Θ	Η	Λ	Ε	Κ	Τ	Ρ	Ι	Κ	Ή

ΜΠΑΤΑΡΊΑ
ΘΕΡΜΌΤΗΤΑ
ΆΝΘΡΑΚΑΣ
ΚΑΎΣΙΜΟ
ΡΎΠΑΝΣΗ
ΝΤΊΖΕΛ
ΗΛΕΚΤΡΌΝΙΟ
ΗΛΕΚΤΡΙΚΉ
ΕΝΤΡΟΠΊΑ
ΦΩΤΌΝΙΟ
ΒΕΝΖΊΝΗ
ΥΔΡΟΓΌΝΟ
ΒΙΟΜΗΧΑΝΊΑ
ΜΗΧΑΝΉ
ΠΥΡΗΝΙΚΉ
ΑΝΑΝΕΏΣΙΜΗ
ΉΛΙΟΣ
ΣΤΡΟΒΊΛΩΝ
ΑΤΜΟΎ
ΆΝΕΜΟΣ

91 - Especias

Υ	Γ	Έ	Μ	Ξ	Γ	Ρ	Λ	Ε	Υ	Ι	Ρ	Έ	Π	Ι	Π
Π	Λ	Λ	Έ	Α	Λ	Έ	Ν	Α	Κ	Ν	Η	Ο	Π	Ν	Ι
Ν	Υ	Α	Χ	Κ	Υ	Γ	Λ	Υ	Κ	Ό	Ρ	Ι	Ζ	Α	Κ
Α	Κ	Ο	Ε	Ι	Κ	Μ	Μ	Η	Ω	Χ	Η	Ε	Μ	Έ	Ρ
Γ	Ό	Α	Ε	Ρ	Ά	Ο	Ψ	Ί	Σ	Κ	Ό	Ρ	Δ	Ο	Ή
Κ	Α	Ί	Σ	Π	Ν	Δ	Σ	Μ	Ο	Ύ	Ρ	Μ	Ί	Μ	Ν
Υ	Ύ	Ρ	Ω	Ά	Ι	Ο	Μ	Μ	Κ	Α	Ε	Λ	Κ	Ο	Ι
Σ	Γ	Μ	Ύ	Π	Σ	Α	Ξ	Ά	Ο	Κ	Ζ	Γ	Ρ	Σ	Ξ
Ε	Μ	Έ	Ι	Φ	Ο	Η	Γ	Ρ	Ρ	Ά	Τ	Ω	Ε	Χ	Ω
Π	Χ	Ω	Γ	Ν	Α	Ε	Υ	Α	Κ	Ρ	Ν	Ι	Μ	Ο	Έ
Γ	Λ	Ί	Ι	Ν	Ο	Λ	Ξ	Θ	Ι	Υ	Ί	Ψ	Μ	Κ	Λ
Ψ	Α	Λ	Ά	Τ	Ι	Μ	Λ	Ο	Ί	Ο	Ζ	Β	Ύ	Ά	Μ
Β	Α	Ν	Ί	Λ	Ι	Α	Μ	Ο	Έ	Ψ	Τ	Σ	Δ	Ρ	Ω
Η	Ξ	Γ	Τ	Σ	Δ	Υ	Χ	Μ	Η	Η	Τ	Ι	Ι	Υ	Ε
Χ	Δ	Γ	Τ	Χ	Ω	Η	Ο	Ξ	Ε	Σ	Η	Μ	Υ	Δ	Μ
Ο	Ο	Υ	Ο	Μ	Β	Ε	Ν	Γ	Α	Π	Σ	Χ	Π	Ο	Χ

ΞΙΝΉ
ΣΚΌΡΔΟ
ΠΙΚΡΉ
ΓΛΥΚΆΝΙΣΟ
ΚΡΟΚΟΣ
ΚΑΝΈΛΑ
ΚΡΕΜΜΎΔΙ
ΓΑΡΎΦΑΛΛΟ
ΚΎΜΙΝΟ
ΚΆΡΥ
ΓΛΥΚΌ
ΜΆΡΑΘΟ
ΤΖΊΝΤΖΕΡ
ΜΟΣΧΟΚΆΡΥΔΟ
ΠΆΠΡΙΚΑ
ΠΙΠΈΡΙ
ΓΛΥΚΌΡΙΖΑ
ΓΕΎΣΗ
ΑΛΆΤΙ
ΒΑΝΊΛΙΑ

92 - Emociones

Υ	Υ	Ξ	Σ	Π	Ί	Χ	Τ	Θ	Ν	Γ	Α	Π	Ε	Γ	Λ
Φ	Ό	Β	Ο	Σ	Ε	Ά	Σ	Χ	Λ	Ρ	Μ	Γ	Ν	Γ	Ρ
Π	Π	Ν	Ω	Χ	Ψ	Ρ	Ν	Γ	Ε	Ί	Τ	Ι	Ά	Ε	Ρ
Τ	Η	Π	Ε	Έ	Έ	Α	Ι	Β	Λ	Ο	Ψ	Έ	Ί	Π	Ψ
Ρ	Έ	Τ	Λ	Μ	Ε	Χ	Β	Ε	Ρ	Π	Ι	Η	Ν	Π	Η
Ξ	Γ	Ξ	Η	Ψ	Λ	Ι	Ρ	Δ	Χ	Θ	Υ	Μ	Ό	Σ	Ξ
Ε	Υ	Δ	Α	Ι	Μ	Ο	Ν	Ί	Α	Ό	Ν	Χ	Ξ	Ι	Ή
Τ	Ρ	Υ	Φ	Ε	Ρ	Ό	Τ	Η	Τ	Α	Μ	Ε	Γ	Ο	Λ
Έ	Κ	Π	Λ	Η	Ξ	Η	Λ	Τ	Υ	Ε	Κ	Ε	Ί	Η	Π
Η	Α	Ν	Α	Κ	Ο	Ύ	Φ	Ι	Σ	Η	Α	Η	Ν	Ο	Λ
Ν	Σ	Υ	Μ	Π	Ό	Ν	Ι	Α	Τ	Ο	Λ	Ρ	Τ	Ο	Χ
Ή	Ρ	Α	Λ	Α	Χ	Ψ	Γ	Χ	Ξ	Υ	Ο	Ε	Ω	Ο	Π
Ρ	Λ	Μ	Α	Ψ	Ε	Ο	Ψ	Χ	Σ	Ι	Σ	Μ	Β	Υ	Δ
Ι	Κ	Α	Ν	Ο	Π	Ο	Ί	Η	Σ	Α	Ύ	Ί	Ξ	Σ	Τ
Ε	Ε	Λ	Χ	Χ	Λ	Δ	Ρ	Α	Χ	Ο	Ν	Α	Ι	Ε	Υ
Ε	Υ	Γ	Ν	Ώ	Μ	Ω	Ν	Ψ	Α	Ι	Η	Ξ	Α	Ψ	Β

ΠΛΉΞΗ
ΕΥΓΝΏΜΩΝ
ΧΑΡΆ
ΑΝΑΚΟΎΦΙΣΗ
ΑΓΆΠΗ
ΕΥΔΑΙΜΟΝΊΑ
ΚΑΛΟΣΎΝΗ
ΠΕΡΙΕΧΌΜΕΝΟ
ΘΥΜΌΣ
ΦΌΒΟΣ
ΕΙΡΉΝΗ
ΧΑΛΑΡΉ
ΙΚΑΝΟΠΟΊΗΣΑ
ΣΥΜΠΌΝΙΑ
ΈΚΠΛΗΞΗ
ΤΡΥΦΕΡΌΤΗΤΑ
ΗΡΕΜΊΑ
ΘΛΊΨΗ

93 - Universo

Ε	Ο	Ν	Ό	Κ	Ι	Φ	Α	Ρ	Γ	Ω	Ε	Γ	Ο	Σ	Ζ
Τ	Τ	Ι	Α	Ί	Δ	Π	Ε	Έ	Μ	Υ	Γ	Μ	Υ	Κ	Ώ
Ι	Ξ	Έ	Ρ	Π	Ρ	Λ	Δ	Γ	Γ	Ε	Β	Χ	Ρ	Ο	Δ
Ί	Ι	Α	Τ	Ρ	Ο	Χ	Ι	Ά	Γ	Λ	Σ	Π	Α	Τ	Ι
Α	Σ	Τ	Ρ	Ο	Ν	Ο	Μ	Ί	Α	Ά	Α	Π	Ν	Ά	Ο
Ί	Έ	Α	Σ	Α	Ί	Ξ	Α	Λ	Α	Γ	Ρ	Π	Ό	Δ	Ε
Ο	Ρ	Η	Ο	Ι	Ν	Ά	Ρ	Υ	Ο	Ξ	Ί	Ι	Σ	Ι	Ο
Ι	Σ	Η	Μ	Ε	Ρ	Ι	Ν	Ό	Σ	Μ	Β	Ρ	Ω	Χ	Ι
Σ	Ν	Μ	Ό	Α	Σ	Τ	Ε	Ρ	Ο	Ε	Ι	Δ	Ή	Σ	Π
Ά	Έ	Ί	Ν	Η	Μ	Ι	Σ	Φ	Α	Ί	Ρ	Ι	Ο	Ε	Ό
Τ	Η	Ο	Ο	Β	Ξ	Χ	Ο	Χ	Ή	Κ	Ι	Μ	Σ	Ο	Κ
Σ	Π	Α	Ρ	Ι	Α	Φ	Σ	Ό	Μ	Τ	Α	Ν	Ξ	Ε	Σ
Ο	Ί	Α	Τ	Ν	Ο	Ζ	Ί	Ρ	Ο	Ω	Α	Ί	Α	Ο	Ε
Ι	Ν	Υ	Σ	Γ	Ε	Μ	Έ	Ξ	Μ	Α	Ξ	Ρ	Ε	Ί	Λ
Λ	Ή	Κ	Α	Ι	Λ	Η	Ρ	Έ	Ψ	Δ	Ν	Έ	Ο	Λ	Η
Η	Ψ	Α	Λ	Γ	Ψ	Λ	Χ	Υ	Δ	Τ	Χ	Ο	Π	Έ	Τ

ΑΣΤΕΡΟΕΙΔΉΣ
ΑΣΤΡΟΝΟΜΊΑ
ΑΣΤΡΟΝΌΜΟΣ
ΑΤΜΌΣΦΑΙΡΑ
ΟΥΡΆΝΙΟ
ΟΥΡΑΝΌΣ
ΚΟΣΜΙΚΉ
ΙΣΗΜΕΡΙΝΌΣ
ΓΑΛΑΞΊΑΣ
ΗΜΙΣΦΑΊΡΙΟ
ΟΡΊΖΟΝΤΑ
ΓΕΩΓΡΑΦΙΚΌ
ΦΕΓΓΆΡΙ
ΣΚΟΤΆΔΙ
ΤΡΟΧΙΆ
ΗΛΙΑΚΉ
ΗΛΙΟΣΤΆΣΙΟ
ΤΗΛΕΣΚΌΠΙΟ
ΟΡΑΤΉ
ΖΏΔΙΟ

94 - Jazz

Τ	Ι	Ί	Ρ	Μ	Α	Γ	Α	Π	Η	Μ	Έ	Ν	Α	Ρ	Ε
Σ	Α	Έ	Ν	Υ	Ο	Β	Ι	Η	Λ	Π	Ξ	Η	Σ	Τ	Σ
Υ	Ν	Λ	Α	Τ	Θ	Υ	Μ	Ο	Λ	Α	Ί	Γ	Ν	Ι	Α
Ν	Α	Ί	Έ	Α	Ε	Μ	Σ	Β	Δ	Λ	Σ	Ο	Δ	Ί	Ε
Θ	Π	Ε	Ξ	Ν	Ο	Α	Ο	Ι	Α	Ι	Τ	Λ	Β	Α	Ι
Έ	Μ	Ω	Η	Ν	Τ	Ί	Ξ	Ύ	Κ	Ό	Υ	Η	Λ	Έ	Μ
Τ	Ύ	Π	Σ	Ί	Μ	Ο	Ε	Π	Τ	Ή	Λ	Έ	Ο	Ω	Ο
Η	Τ	Δ	Ι	Ά	Σ	Η	Μ	Η	Σ	Ύ	Ν	Θ	Ε	Σ	Η
Μ	Π	Α	Ρ	Τ	Σ	Ή	Χ	Ρ	Ο	Ρ	Ί	Η	Μ	Ω	Τ
Χ	Ρ	Ί	Έ	Μ	Φ	Α	Σ	Η	Α	Η	Ε	Ρ	Ρ	Χ	Ε
Ο	Ι	Λ	Υ	Κ	Α	Λ	Λ	Ι	Τ	Έ	Χ	Ν	Η	Σ	Χ
Ε	Μ	Υ	Ο	Π	Μ	Λ	Ά	Δ	Τ	Λ	Υ	Α	Ν	Ι	Ν
Τ	Ρ	Α	Γ	Ο	Ύ	Δ	Ι	Τ	Ν	Η	Λ	Η	Ι	Β	Ι
Ε	Ξ	Ν	Χ	Ε	Ι	Ρ	Ο	Κ	Ρ	Ό	Τ	Η	Μ	Α	Κ
Β	Τ	Υ	Ψ	Γ	Β	Ι	Η	Υ	Η	Σ	Ο	Ο	Η	Έ	Ή
Ψ	Ξ	Σ	Ρ	Α	Ω	Π	Γ	Ο	Ξ	Ι	Ξ	Σ	Ε	Π	Σ

ΧΕΙΡΟΚΡΌΤΗΜΑ
ΚΑΛΛΙΤΈΧΝΗΣ
ΆΛΜΠΟΥΜ
ΤΡΑΓΟΎΔΙ
ΣΎΝΘΕΣΗ
ΣΥΝΘΈΤΗ
ΣΥΝΑΥΛΊΑ
ΣΤΥΛ
ΈΜΦΑΣΗ
ΔΙΆΣΗΜΗ
ΑΓΑΠΗΜΈΝΑ
ΕΊΔΟΣ
ΜΟΥΣΙΚΉ
ΝΈΑ
ΟΡΧΉΣΤΡΑ
ΡΥΘΜΟΎ
ΤΑΛΈΝΤΟ
ΤΎΜΠΑΝΑ
ΤΕΧΝΙΚΉ
ΠΑΛΙΌ

95 - Mediciones

Ν	Ψ	Τ	Ρ	Β	Β	Ά	Θ	Ο	Σ	Π	Λ	Ά	Τ	Ο	Σ
Μ	Δ	Μ	Μ	Ρ	Ι	Ι	Β	Ρ	Ρ	Έ	Ρ	Η	Γ	Χ	Ό
Σ	Δ	Ο	Η	Ί	Σ	Γ	Τ	Τ	Έ	Τ	Ο	Ξ	Β	Ι	Μ
Ί	Ν	Τ	Σ	Α	Π	Γ	Α	Έ	Γ	Χ	Ί	Ε	Ρ	Λ	Θ
Ξ	Χ	Σ	Ο	Β	Ι	Υ	Β	Μ	Β	Α	Β	Λ	Έ	Ι	Α
Π	Ο	Μ	Ψ	Α	Χ	Ο	Η	Π	Σ	Ι	Π	Ο	Α	Ό	Β
Π	Ω	Λ	Υ	Ό	Κ	Ι	Δ	Α	Κ	Ε	Δ	Ι	Ε	Γ	Τ
Λ	Ο	Γ	Σ	Τ	Η	Ρ	Ε	Ί	Η	Σ	Ο	Φ	Μ	Ρ	Π
Ι	Υ	Λ	Ο	Π	Ξ	Ά	Δ	Ν	Μ	Ε	Έ	Η	Ή	Α	Ψ
Ξ	Μ	Δ	Ξ	Ε	Σ	Μ	Η	Έ	Ω	Ε	Χ	Ψ	Κ	Μ	Τ
Ι	Δ	Ρ	Ί	Λ	Ξ	Μ	Ο	Ν	Ν	Ζ	Β	Έ	Ο	Μ	Ό
Ξ	Ρ	Ω	Δ	Έ	Ρ	Α	Ζ	Ά	Μ	Τ	Υ	Π	Σ	Ο	Ν
Ν	Υ	Σ	Π	Β	Ε	Ρ	Ω	Μ	Α	Ί	Α	Γ	Α	Α	Ο
Μ	Π	Ν	Η	Ο	Ξ	Γ	Α	Η	Ί	Σ	Χ	Σ	Ί	Μ	Σ
Χ	Ι	Λ	Ι	Ό	Μ	Ε	Τ	Ρ	Ο	Ο	Έ	Ε	Η	Ζ	Ο
Ε	Κ	Α	Τ	Ο	Σ	Τ	Ό	Υ	Υ	Λ	Ε	Ξ	Ε	Ψ	Ω

ΥΨΟΣ
ΠΛΆΤΟΣ
ΨΗΦΙΟΛΕΞΗ
ΕΚΑΤΟΣΤΌ
ΔΕΚΑΔΙΚΌ
ΒΑΘΜΌΣ
ΓΡΑΜΜΆΡΙΟ
ΧΙΛΙΌΓΡΑΜΜΟ
ΧΙΛΙΌΜΕΤΡΟ
ΛΊΤΡΟ
ΜΉΚΟΣ
ΜΆΖΑ
ΜΈΤΡΟ
ΛΕΠΤΌ
ΟΥΓΓΙΆ
ΖΥΓΊΖΩ
ΒΆΘΟΣ
ΊΝΤΣΑ
ΤΌΝΟΣ
ΈΝΤΑΣΗ

96 - Barcos

Κ	Ι	Ν	Ρ	Ν	Δ	Ψ	Η	Θ	Μ	Δ	Κ	Λ	Α	Π	Ξ
Ά	Α	Σ	Η	Τ	Ύ	Α	Ν	Ά	Ε	Ί	Ύ	Γ	Β	Ψ	Ν
Ι	Ί	Ν	Τ	Ο	Ι	Γ	Μ	Λ	Έ	Χ	Μ	Ί	Ε	Π	Δ
Γ	Δ	Χ	Ό	Ι	Σ	Η	Ί	Α	Έ	Β	Α	Ρ	Ω	Έ	Β
Α	Ε	Σ	Ω	Ν	Ο	Ω	Λ	Σ	Ξ	Έ	Τ	Ν	Ω	Ι	Σ
Κ	Χ	Ψ	Τ	Α	Ι	Φ	Π	Σ	Ό	Μ	Α	Τ	Ο	Π	Π
Η	Σ	Τ	Χ	Υ	Ε	Α	Ό	Α	Π	Ψ	Ρ	Μ	Ί	Ξ	Α
Ί	Ρ	Δ	Ψ	Τ	Λ	Ε	Γ	Ρ	Ν	Υ	Ύ	Σ	Ε	Β	Λ
Π	Μ	Ψ	Ε	Ι	Ο	Λ	Δ	Έ	Ο	Μ	Ο	Ε	Μ	Υ	Ί
Τ	Ψ	Σ	Ι	Κ	Ά	Γ	Κ	Υ	Ρ	Α	Δ	Λ	Θ	Δ	Ρ
Τ	Δ	Ξ	Ό	Ό	Μ	Η	Χ	Α	Ν	Ή	Α	Β	Ρ	Ρ	Ρ
Σ	Χ	Ο	Ι	Ν	Ί	Η	Η	Η	Λ	Ξ	Μ	Ρ	Ο	Β	Ο
Ι	Τ	Ρ	Ά	Τ	Α	Κ	Γ	Έ	Ψ	Ξ	Η	Δ	Π	Ί	Ι
Δ	Λ	Γ	Σ	Ξ	Η	Ε	Π	Λ	Ω	Π	Σ	Ξ	Λ	Η	Α
Γ	Ω	Γ	Ι	Π	Έ	Β	Κ	Π	Λ	Ή	Ρ	Ω	Μ	Α	Γ
Α	Α	Γ	Ο	Χ	Υ	Ν	Π	Ω	Γ	Υ	Έ	Σ	Δ	Ι	Δ

ΆΓΚΥΡΑ
ΣΧΕΔΊΑ
ΣΗΜΑΔΟΎΡΑ
ΚΑΝΌ
ΣΧΟΙΝΊ
ΠΟΡΘΜΕΊΟ
ΚΑΓΙΆΚ
ΛΊΜΝΗ
ΘΆΛΑΣΣΑ
ΠΑΛΊΡΡΟΙΑ
ΝΑΎΤΗΣ
ΚΑΤΆΡΤΙ
ΜΗΧΑΝΉ
ΝΑΥΤΙΚΌ
ΩΚΕΑΝΌΣ
ΚΎΜΑΤΑ
ΠΟΤΑΜΌΣ
ΠΛΉΡΩΜΑ
ΙΣΤΙΟΦΌΡΟ
ΓΙΟΤ

97 - Antártida

Υ	Ί	Ν	Η	Ό	Π	Β	Ί	Χ	Ε	Γ	Π	Γ	Α	Χ	Β
Έ	Ξ	Λ	Η	Ρ	Ρ	Ρ	Ξ	Χ	Έ	Γ	Ι	Ε	Ε	Σ	Ρ
Ξ	Έ	Ν	Σ	Μ	Ι	Δ	Β	Σ	Β	Β	Γ	Ω	Σ	Π	Α
Λ	Έ	Ω	Η	Ο	Π	Λ	Ό	Κ	Ν	Ί	Κ	Γ	Ν	Ά	Χ
Ρ	Δ	Μ	Ρ	Σ	Ο	Ρ	Ι	Ε	Π	Ή	Ο	Ρ	Β	Γ	Ώ
Α	Ν	Ψ	Ή	Ά	Ι	Λ	Υ	Ο	Π	Χ	Υ	Α	Έ	Ο	Δ
Φ	Ν	Ω	Τ	Μ	Ί	Ά	Η	Ο	Γ	Έ	Ί	Φ	Ά	Σ	Η
Ε	Η	Ι	Α	Χ	Ε	Γ	Ν	Ρ	Ε	Σ	Ν	Ί	Τ	Ε	Σ
Ν	Ρ	Ω	Ι	Λ	Ε	Ω	Υ	Δ	Ω	Γ	Ο	Α	Κ	Π	Ο
Ν	Έ	Ε	Δ	Ο	Ε	Ρ	Ξ	Ρ	Ν	Ι	Ι	Ω	Υ	Έ	Ρ
Ύ	Τ	Γ	Υ	Ι	Α	Ί	Σ	Α	Ρ	Κ	Ο	Μ	Ρ	Ε	Θ
Σ	Ξ	Χ	Δ	Ν	Ο	Ί	Ξ	Ό	Ε	Κ	Δ	Ρ	Ο	Μ	Ή
Τ	Δ	Δ	Γ	Σ	Η	Ρ	Ν	Έ	Ν	Ί	Ρ	Ν	Ω	Λ	Μ
Χ	Υ	Έ	Μ	Ι	Τ	Τ	Α	Τ	Ν	Η	Η	Γ	Ξ	Δ	Ί
Ω	Ι	Ψ	Ν	Ι	Ε	Σ	Ή	Β	Έ	Σ	Σ	Ν	Ε	Ρ	Ό
Ή	Κ	Ι	Ν	Ο	Μ	Η	Τ	Σ	Ι	Π	Ε	Ο	Μ	Έ	Χ

ΝΕΡΌ
ΚΌΛΠΟ
ΕΠΙΣΤΗΜΟΝΙΚΉ
ΔΙΑΤΉΡΗΣΗ
ΉΠΕΙΡΟΣ
ΌΡΜΟ
ΕΚΔΡΟΜΉ
ΓΕΩΓΡΑΦΊΑ
ΠΆΓΟΣ
ΕΡΕΥΝΗΤΉΣ
ΝΗΣΙΆ
ΟΡΥΚΤΆ
ΣΎΝΝΕΦΑ
ΠΟΥΛΙΆ
ΧΕΡΣΌΝΗΣΟ
ΠΙΓΚΟΥΊΝΟΙ
ΒΡΑΧΏΔΗΣ
ΘΕΡΜΟΚΡΑΣΊΑ

98 - Mamíferos

Μ	Ρ	Σ	Γ	Σ	Γ	Η	Μ	Α	Ϊ	Μ	Ο	Ύ	Ο	Β	Κ
Χ	Ί	Κ	Δ	Ο	Τ	Ι	Έ	Τ	Λ	Ι	Π	Ο	Ί	Γ	Ο
Γ	Ι	Ύ	Λ	Κ	Ρ	Ν	Ι	Ε	Ψ	Ο	Ι	Π	Ο	Α	Γ
Ρ	Γ	Λ	Η	Ύ	Α	Ί	Ό	Η	Ω	Έ	Α	Ε	Ω	Ϊ	Ι
Ζ	Η	Ο	Λ	Λ	Ρ	Φ	Λ	Ρ	Β	Ί	Χ	Λ	Γ	Δ	Ό
Ι	Έ	Σ	Α	Η	Κ	Λ	Π	Α	Υ	Ρ	Υ	Α	Π	Ο	Τ
Ψ	Τ	Β	Δ	Ω	Ο	Ε	Ι	Τ	Σ	Ο	Π	Ξ	Ρ	Ύ	Μ
Τ	Χ	Ξ	Ρ	Σ	Ύ	Δ	Ξ	Ά	Ο	Ι	Κ	Γ	Ό	Ρ	Β
Ν	Σ	Ο	Ά	Α	Δ	Ε	Ρ	Γ	Ρ	Π	Ψ	Γ	Β	Ι	Τ
Ρ	Λ	Ω	Π	Τ	Α	Μ	Ο	Φ	Ύ	Ί	Τ	Τ	Α	Ρ	Γ
Τ	Ψ	Δ	Ο	Ν	Λ	Ν	Μ	Ά	Α	Μ	Ί	Β	Τ	Κ	Ξ
Ψ	Σ	Τ	Λ	Α	Ή	Δ	Ω	Λ	Τ	Α	Α	Η	Ο	Μ	Ί
Ί	Μ	Ί	Η	Φ	Μ	Δ	Β	Α	Α	Α	Μ	Ρ	Γ	Ι	Χ
Δ	Γ	Λ	Μ	Έ	Α	Γ	Ρ	Ι	Λ	Έ	Ν	Υ	Ο	Κ	Ψ
Β	Ω	Έ	Α	Λ	Κ	Η	Έ	Ν	Ε	Γ	Ω	Δ	Λ	Λ	Έ
Ω	Η	Ε	Κ	Ε	Ν	Έ	Ε	Α	Μ	Σ	Ε	Ί	Ά	Γ	Μ

ΦΆΛΑΙΝΑ
ΓΑΪΔΟΎΡΙ
ΆΛΟΓΟ
ΚΑΜΉΛΑ
ΚΑΓΚΟΥΡΌ
ΖΈΒΡΑ
ΚΟΥΝΈΛΙ
ΚΟΓΙΌΤ
ΔΕΛΦΊΝΙ
ΕΛΈΦΑΝΤΑΣ
ΓΆΤΑ
ΓΟΡΊΛΑΣ
ΚΑΜΗΛΟΠΆΡΔΑΛΗ
ΛΎΚΟΣ
ΜΑΪΜΟΎ
ΑΡΚΟΎΔΑ
ΠΡΌΒΑΤΟ
ΣΚΎΛΟΣ
ΤΑΎΡΟΣ
ΑΛΕΠΟΎ

99 - Boxeo

Τ	Ε	Λ	Ξ	Ι	Ί	Κ	Γ	Ρ	Ο	Θ	Ι	Ά	Η	Ω	Υ
Ξ	Π	Α	Ν	Χ	Χ	Ν	Ο	Η	Ο	Ί	Α	Μ	Ω	Ε	Ε
Ρ	Ι	Ν	Ύ	Ο	Γ	Η	Π	Υ	Ί	Ξ	Ω	Ο	Μ	Σ	Ι
Ψ	Δ	Ώ	Ι	Ν	Γ	Σ	Π	Β	Δ	Σ	Ρ	Δ	Έ	Χ	Ψ
Ρ	Ε	Κ	Σ	Ί	Σ	Η	Υ	Τ	Κ	Ο	Τ	Ω	Χ	Ο	Ψ
Η	Ξ	Γ	Δ	Χ	Ί	Τ	Π	Χ	Ν	Λ	Ύ	Σ	Τ	Ι	Ω
Ι	Ι	Α	Ρ	Λ	Χ	Κ	Ρ	Ο	Δ	Α	Ω	Ν	Τ	Ν	Ι
Λ	Ό	Ι	Σ	Ο	Λ	Ά	Π	Η	Υ	Π	Έ	Τ	Ι	Ι	Δ
Μ	Τ	Τ	Η	Ε	Ψ	Ν	Ω	Ω	Ο	Ί	Δ	Ί	Σ	Ά	Ύ
Χ	Η	Ν	Ί	Α	Μ	Α	Ί	Σ	Ξ	Τ	Έ	Έ	Ν	Ώ	Ν
Ω	Τ	Ά	Ι	Δ	Α	Α	Μ	Ώ	Σ	Ν	Τ	Σ	Δ	Ί	Α
Υ	Α	Γ	Ο	Χ	Σ	Ί	Χ	Η	Σ	Α	Ί	Τ	Σ	Ε	Μ
Η	Γ	Β	Έ	Ρ	Ί	Ε	Θ	Η	Λ	Τ	Ν	Α	Ξ	Ε	Η
Ξ	Χ	Η	Μ	Α	Ι	Μ	Σ	Ή	Τ	Η	Τ	Ι	Α	Ι	Δ
Χ	Μ	Ξ	Μ	Ρ	Ο	Η	Ψ	Η	Ψ	Ή	Ρ	Ξ	Ι	Ε	Έ
Γ	Ω	Ν	Ί	Α	Η	Σ	Ρ	Μ	Ψ	Ι	Σ	Τ	Δ	Μ	Β

ΔΙΑΙΤΗΤΉΣ
ΠΗΓΟΎΝΙ
ΚΟΥΔΟΎΝΙ
ΕΣΤΊΑΣΗ
ΑΓΚΏΝΑ
ΣΧΟΙΝΙΆ
ΣΏΜΑ
ΓΩΝΊΑ
ΕΞΑΝΤΛΗΘΕΊ
ΔΎΝΑΜΗ
ΓΆΝΤΙΑ
ΕΠΙΔΕΞΙΌΤΗΤΑ
ΜΑΧΗΤΉΣ
ΑΝΤΊΠΑΛΟΣ
ΚΛΩΤΣΏ
ΣΗΜΕΊΑ
ΓΡΟΘΙΆ
ΑΝΆΚΤΗΣΗ

100 - Abejas

Μ	Ε	Υ	Α	Π	Κ	Ε	Ο	Π	Ω	Ψ	Δ	Β	Λ	Χ	Γ
Λ	Υ	Ο	Μ	Ν	Υ	Ο	Ζ	Ί	Ν	Π	Α	Κ	Β	Χ	Υ
Ξ	Ε	Α	Ρ	Τ	Ψ	Έ	Β	Ο	Η	Τ	Φ	Υ	Έ	Ί	Λ
Ε	Ρ	Δ	Ι	Ε	Έ	Η	Δ	Υ	Ω	Μ	Ν	Τ	Π	Υ	Υ
Π	Γ	Ω	Α	Ί	Λ	Ι	Κ	Ι	Ο	Π	Ο	Φ	Ε	Έ	Υ
Μ	Ε	Η	Π	Ρ	Η	Α	Ε	Η	Ψ	Λ	Β	Ρ	Ξ	Ρ	Δ
Έ	Τ	Α	Υ	Ξ	Σ	Λ	Ρ	Δ	Σ	Ν	Β	Ο	Ρ	Α	Ά
Λ	Ι	Β	Λ	Έ	Β	Χ	Ί	Χ	Ν	Ρ	Σ	Ύ	Χ	Ο	Β
Ι	Κ	Ο	Γ	Μ	Κ	Ή	Π	Ο	Σ	Δ	Ά	Τ	Υ	Φ	Α
Β	Ή	Μ	Ι	Ύ	Υ	Π	Ψ	Β	Χ	Ί	Ρ	Ο	Υ	Έ	Σ
Β	Τ	Ο	Γ	Η	Ρ	Λ	Ο	Υ	Λ	Ο	Ύ	Δ	Ι	Α	Ί
Ξ	Ρ	Τ	Ψ	Α	Μ	Η	Τ	Σ	Ύ	Σ	Ο	Κ	Ι	Ο	Λ
Σ	Ο	Ν	Ή	Μ	Σ	Ο	Ι	Λ	Ή	Τ	Ο	Ε	Ρ	Υ	Ι
Χ	Φ	Έ	Ί	Ε	Τ	Ε	Β	Ρ	Γ	Γ	Ψ	Θ	Μ	Γ	Σ
Σ	Ή	Τ	Σ	Α	Ι	Ν	Ο	Κ	Ι	Π	Ε	Ν	Ν	Ξ	Σ
Β	Β	Τ	Ψ	Ί	Δ	Ν	Ν	Ε	Α	Ω	Ω	Τ	Ν	Ά	Α

ΦΤΕΡΆ
ΕΥΕΡΓΕΤΙΚΉ
ΚΕΡΊ
ΚΥΨΈΛΗ
ΤΡΟΦΉ
ΠΟΙΚΙΛΊΑ
ΟΙΚΟΣΎΣΤΗΜΑ
ΣΜΉΝΟΣ
ΆΝΘΟΣ
ΛΟΥΛΟΎΔΙΑ
ΦΡΟΎΤΟ
ΚΑΠΝΊΖΟΥΝ
ΈΝΤΟΜΟ
ΚΉΠΟΣ
ΜΈΛΙ
ΦΥΤΆ
ΓΎΡΗ
ΕΠΙΚΟΝΙΑΣΤΉΣ
ΒΑΣΊΛΙΣΣΑ
ΉΛΙΟΣ

1 - Agua

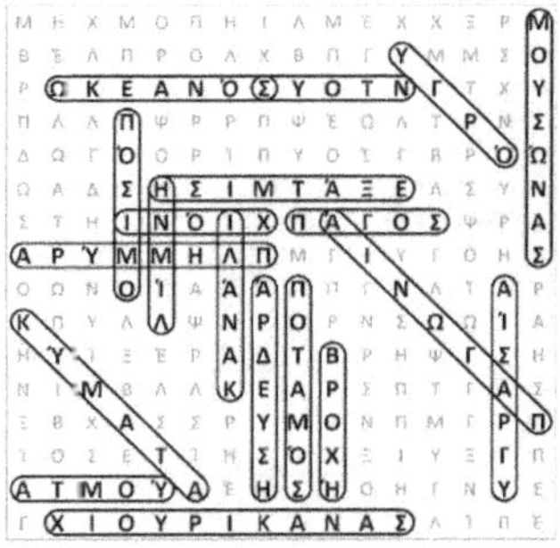

2 - Arqueología

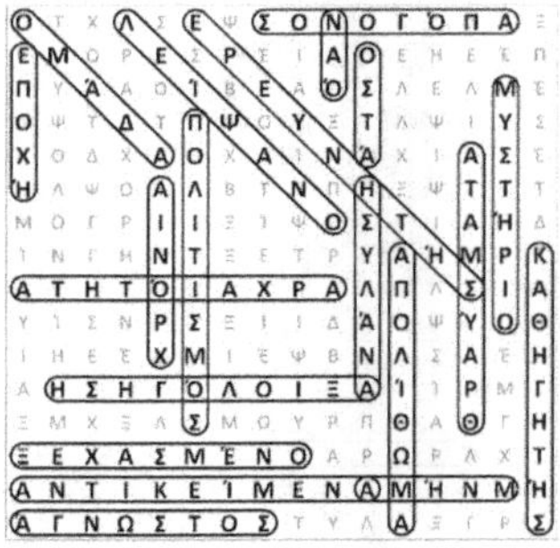

3 - Granja #2

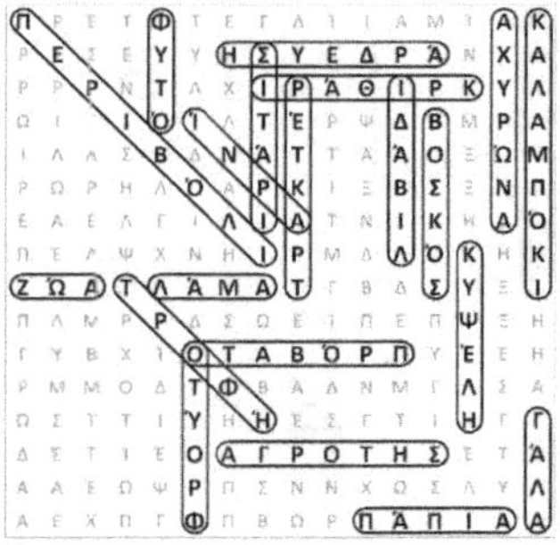

4 - La Empresa

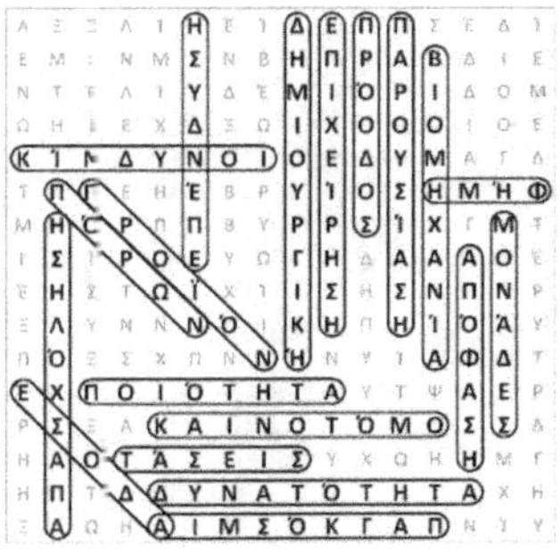

5 - Pesca

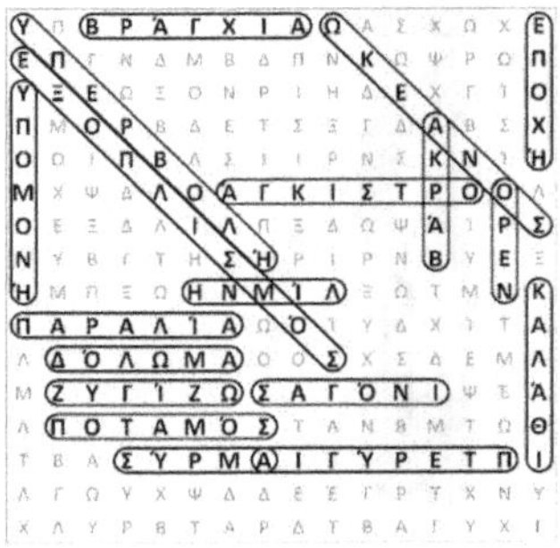

6 - Aviones

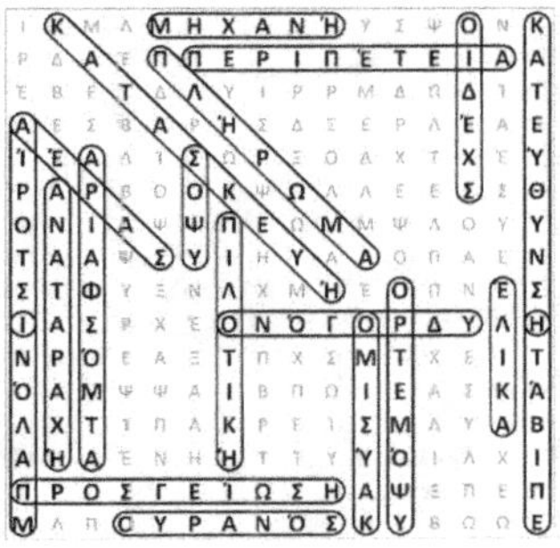

7 - Tipos de Cabello

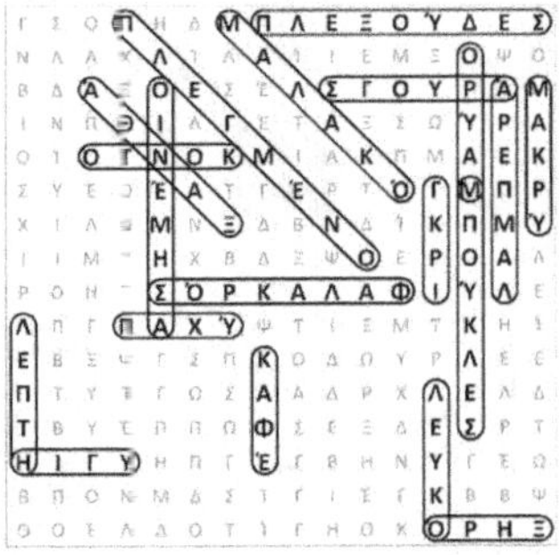

8 - Ética

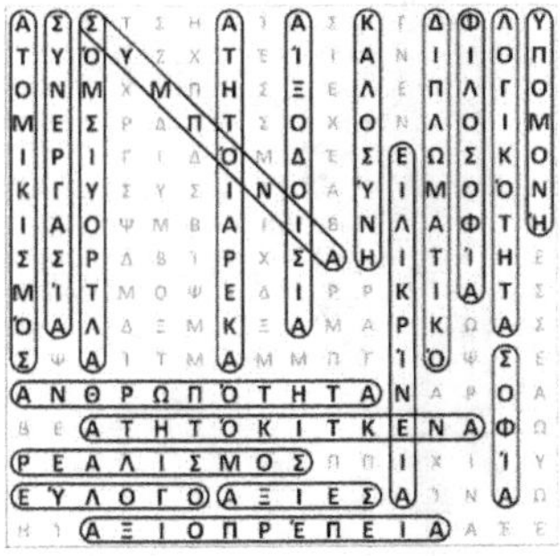

9 - Ciencia Ficción

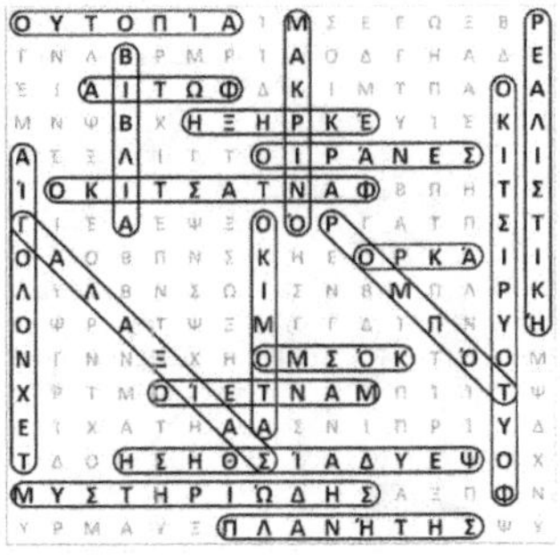

10 - Granja #1

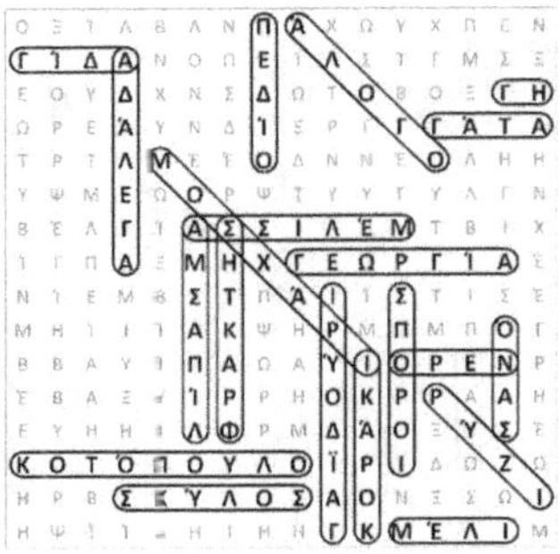

11 - Camping

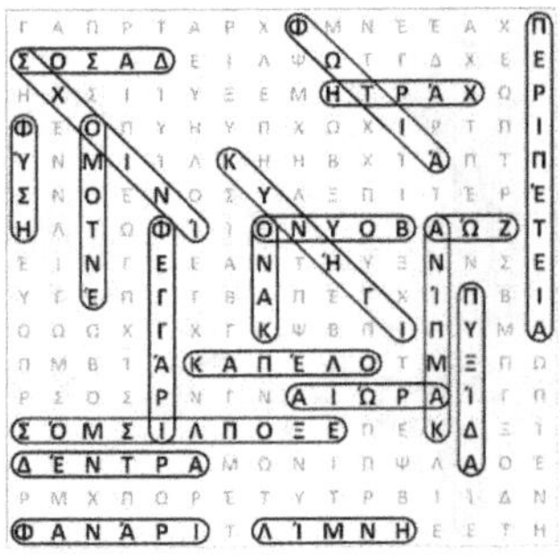

12 - Fruta

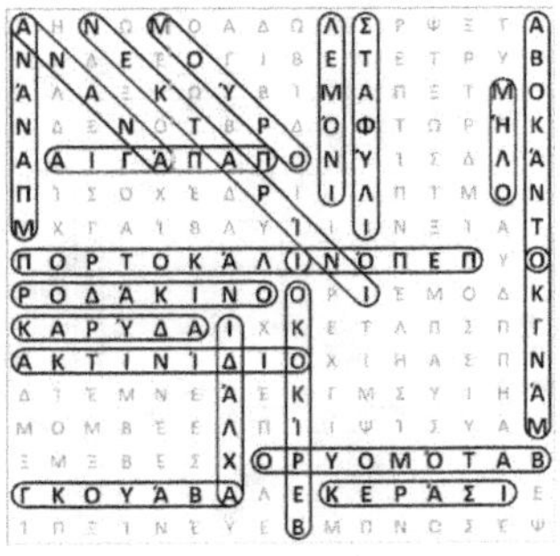

13 - Geología

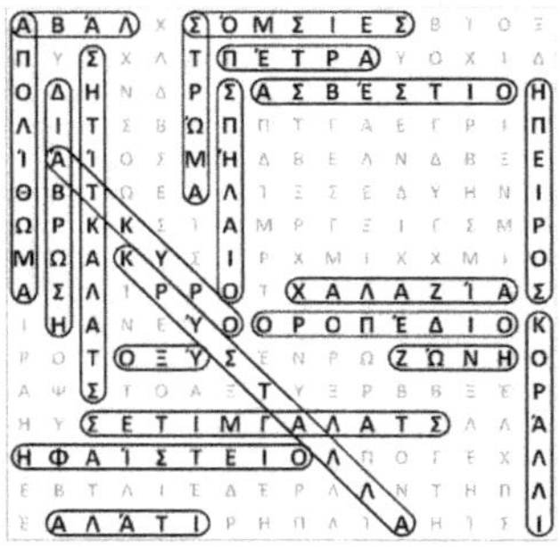

14 - Álgebra

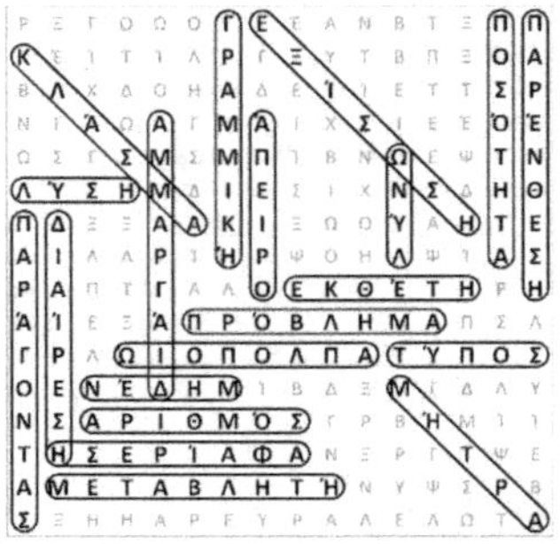

15 - Plantas

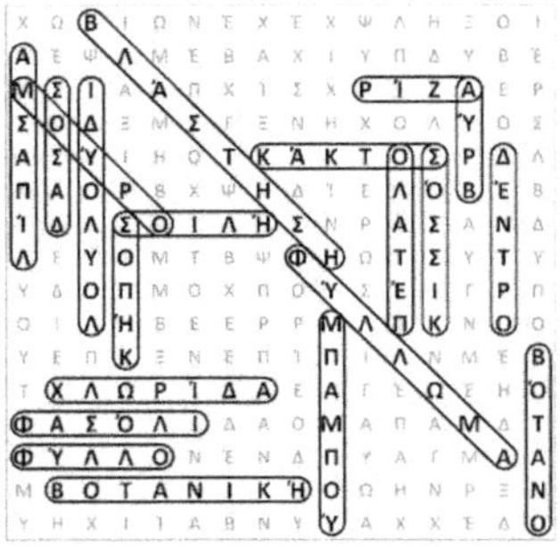

16 - Negocio

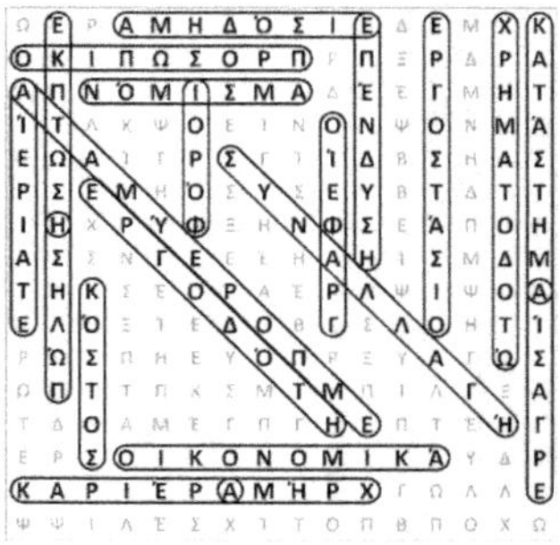

17 - Países #2

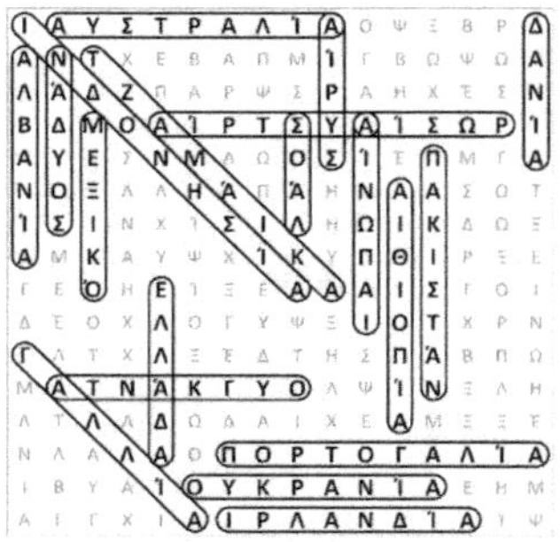

18 - Números

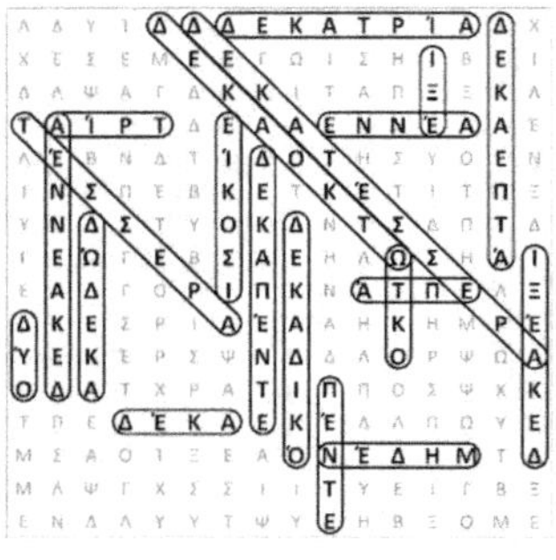

19 - Física

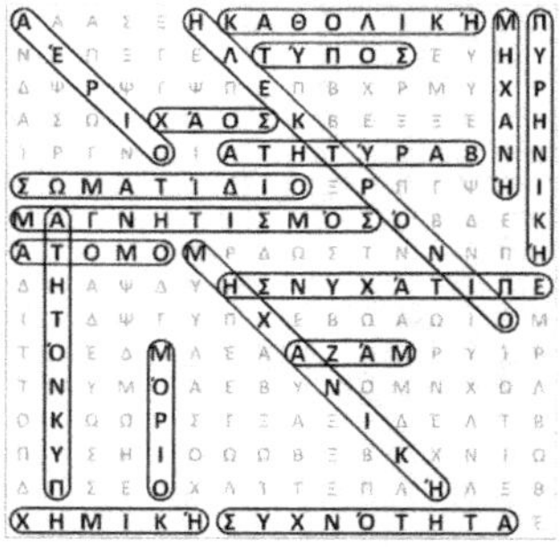

20 - Belleza

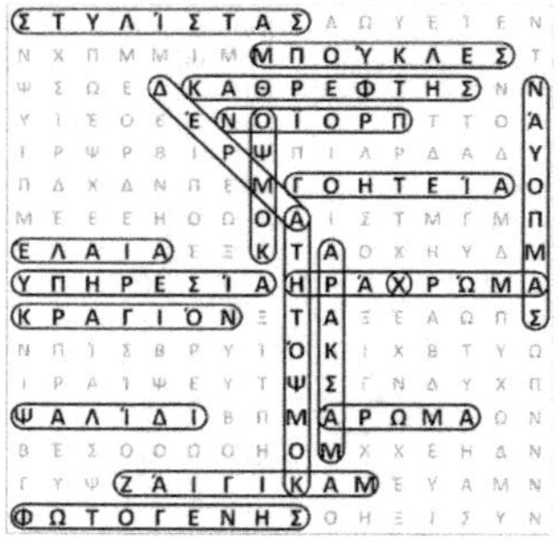

21 - Países #1

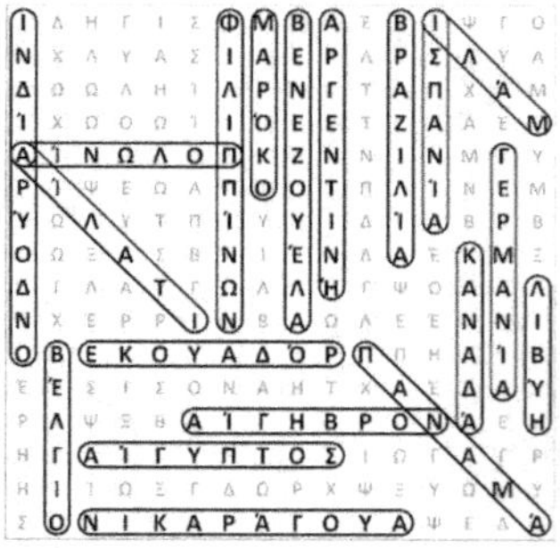

22 - Mitología

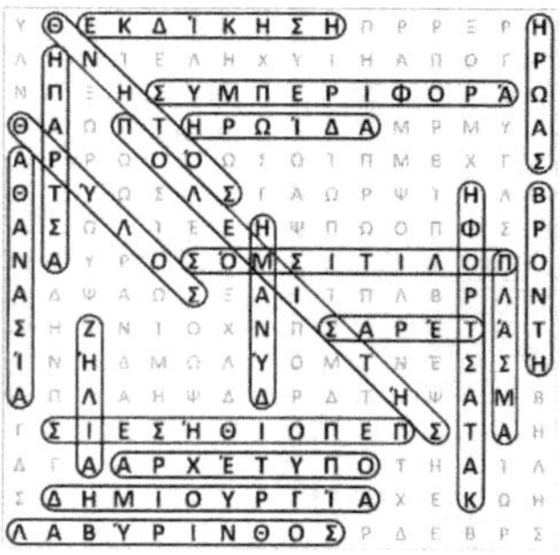

23 - Ecología

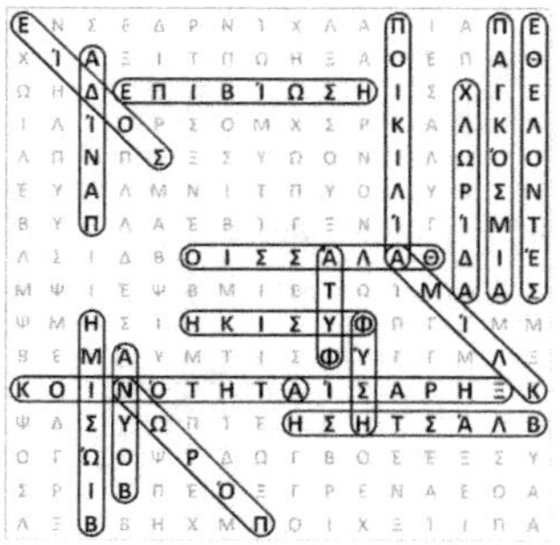

24 - Casa

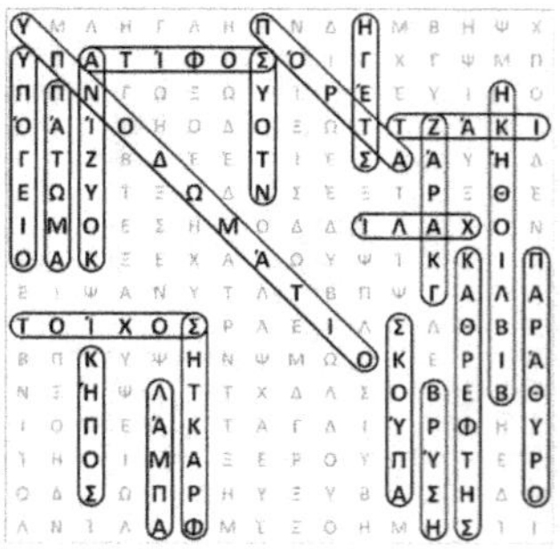

25 - Artes Visuales

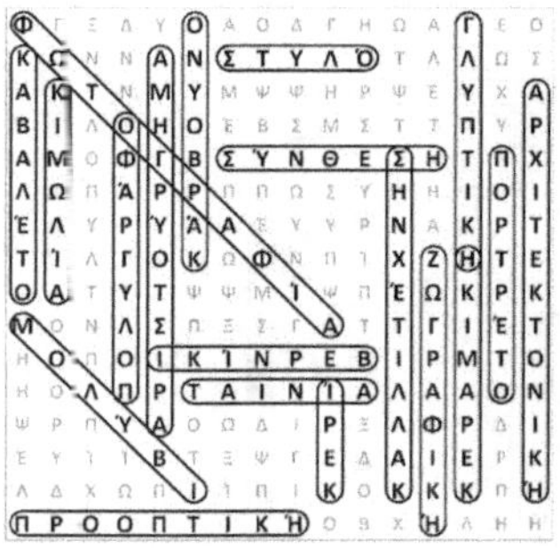

26 - Salud y Bienestar #2

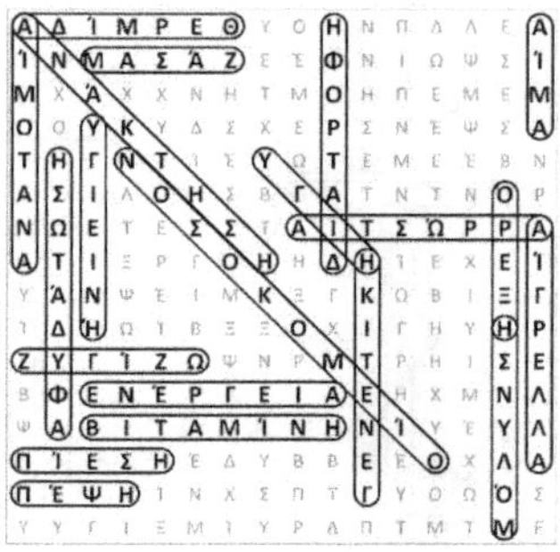

27 - Selva Tropical

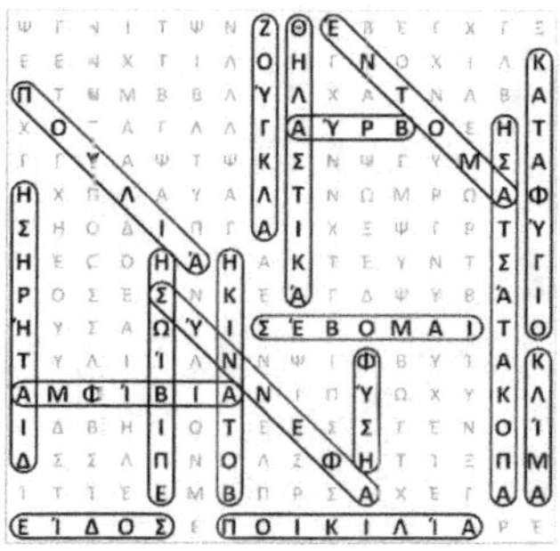

28 - Colores

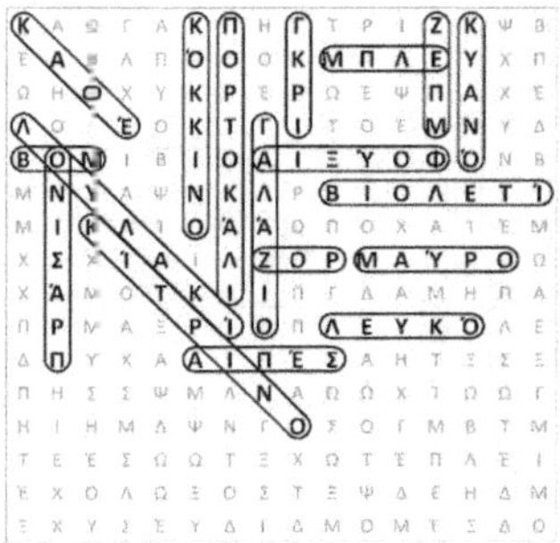

29 - Adjetivos #1

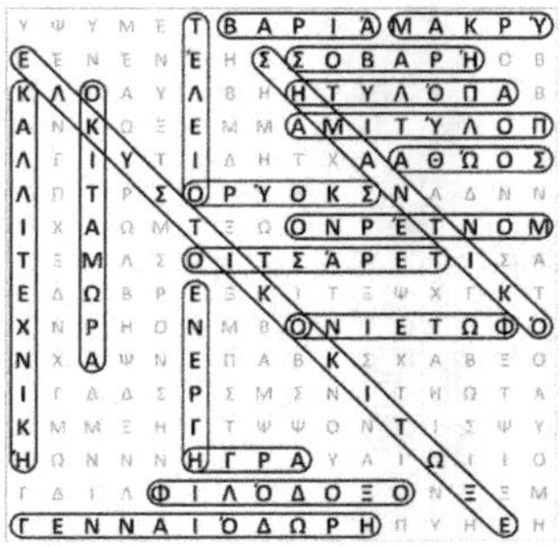

30 - Familia

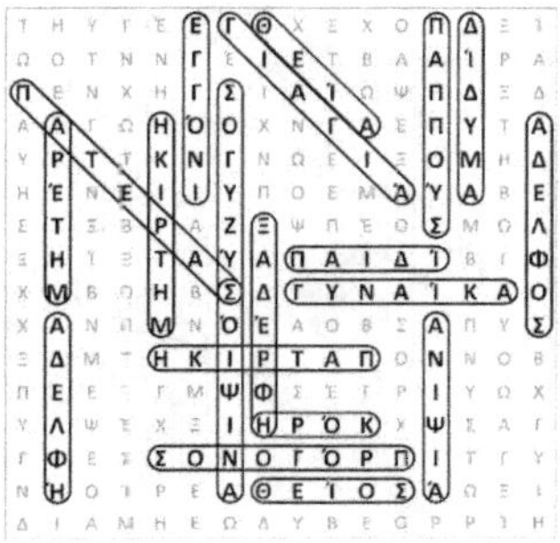

31 - Disciplinas Científicas

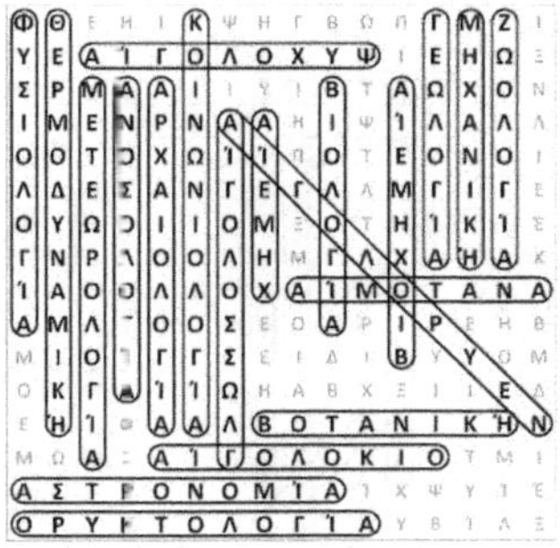

32 - Moda

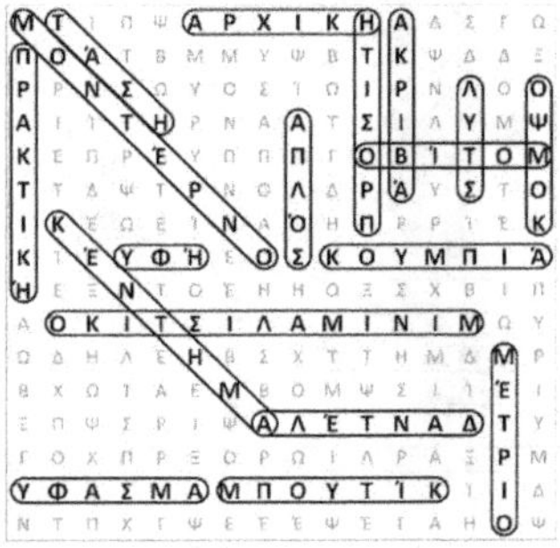

33 - Electricidad

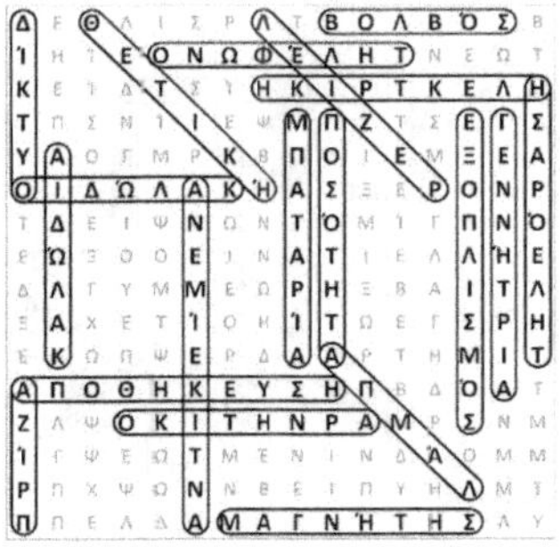

34 - Salud y Bienestar #1

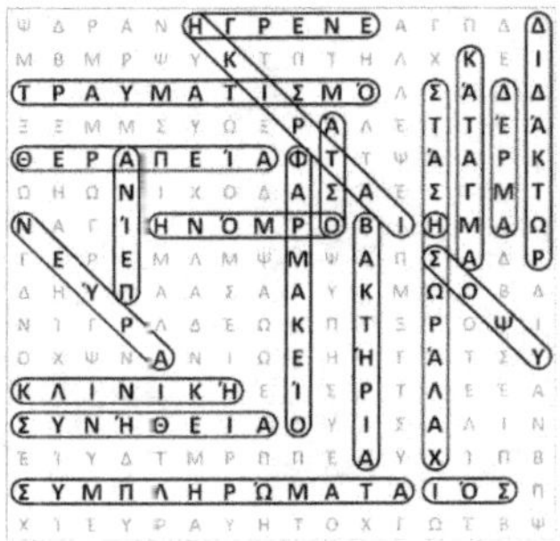

35 - Adjetivos #2

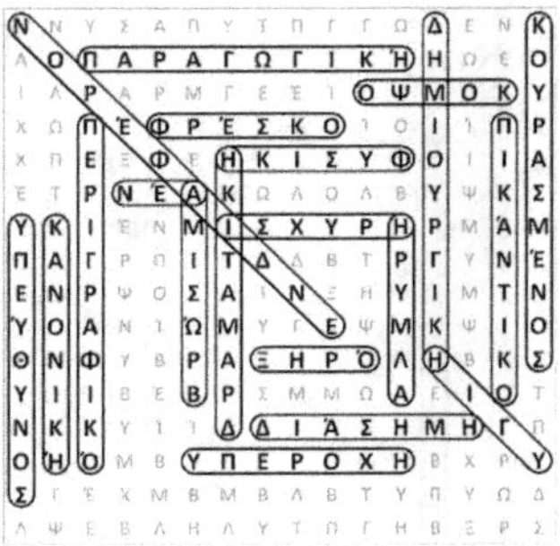

36 - Cuerpo Humano

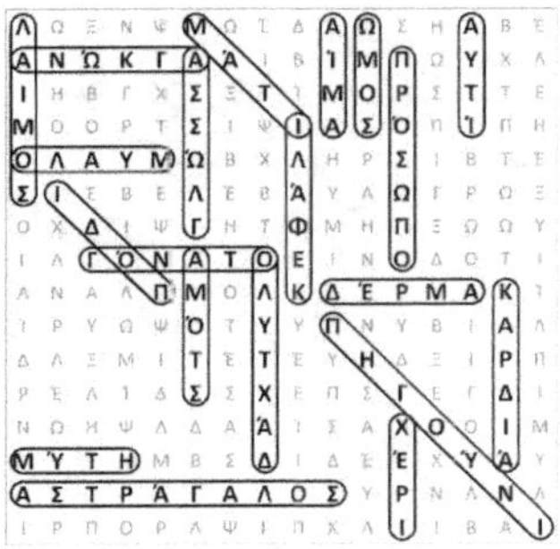

37 - Ciencia

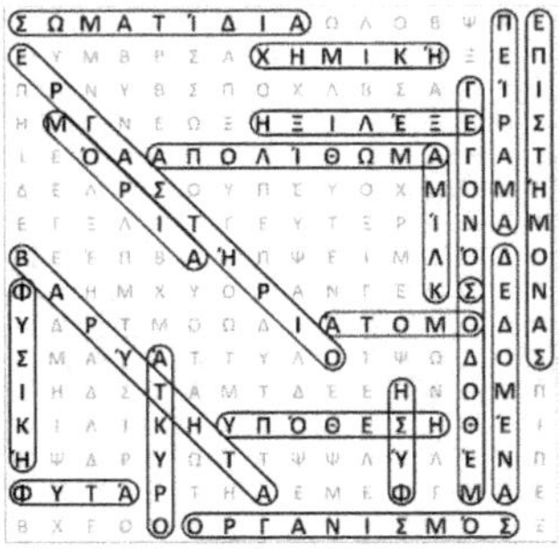

38 - Restaurante #2

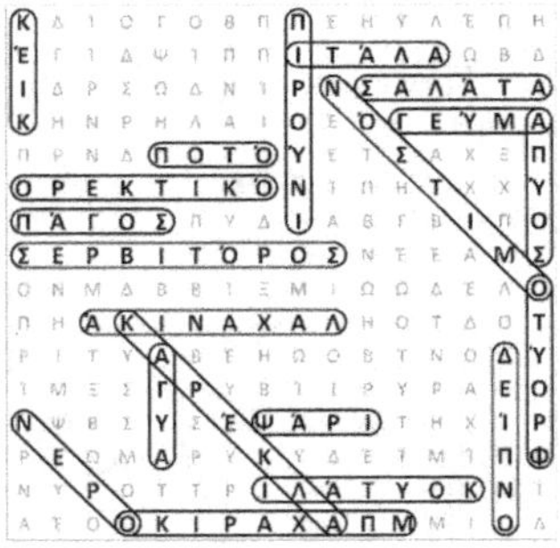

39 - Profesiones #1

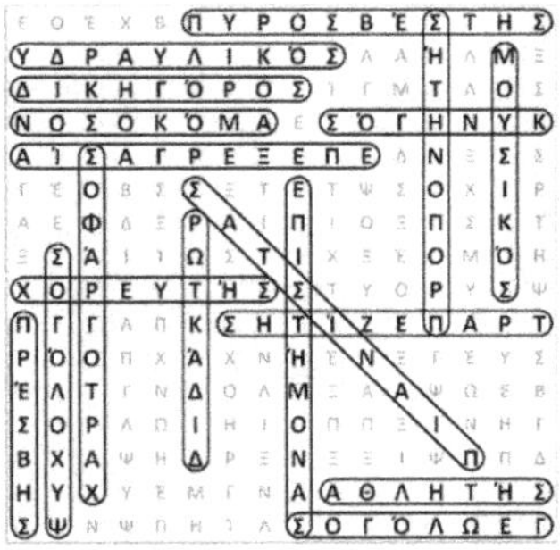

40 - Vehículos

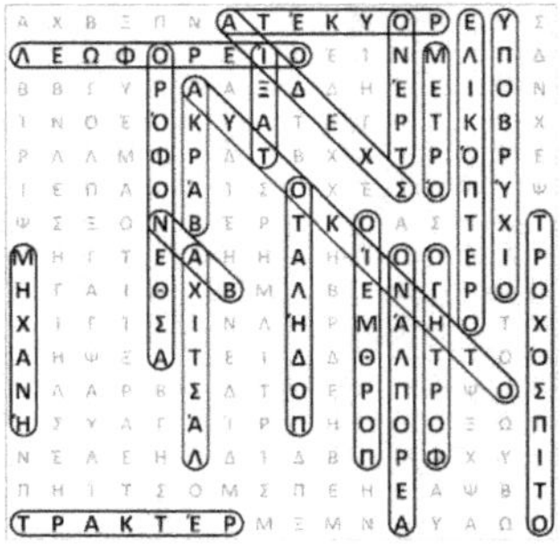

41 - Geometría

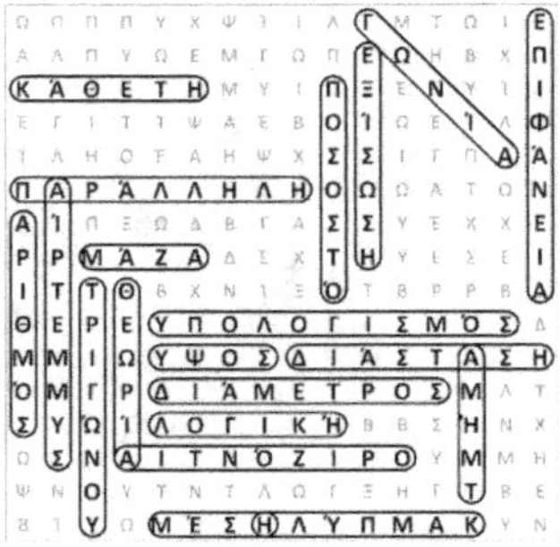

42 - Vacaciones #2

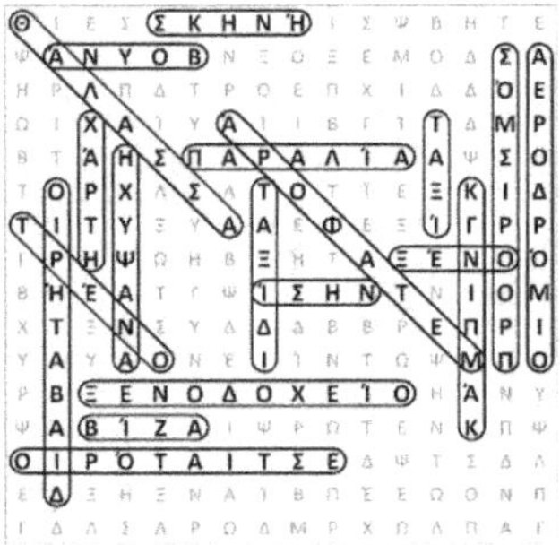

43 - Baile

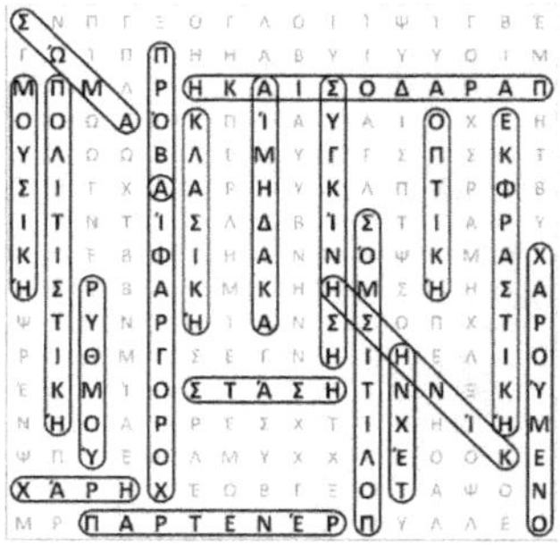

44 - Matemáticas

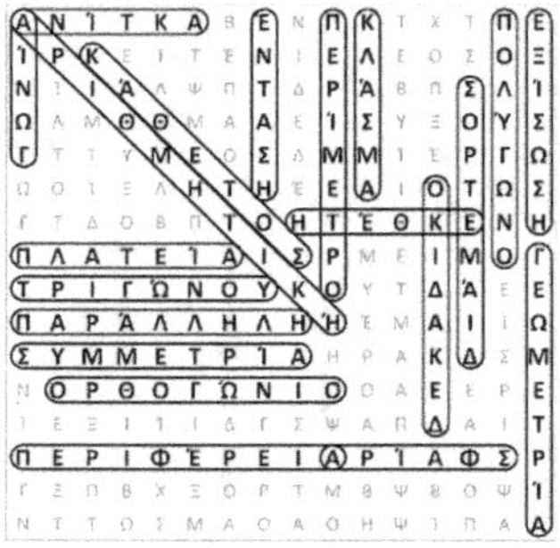

45 - Profesiones #2

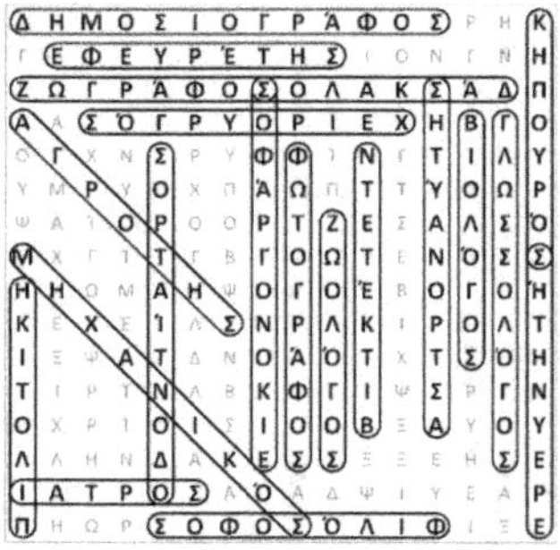

46 - Senderismo

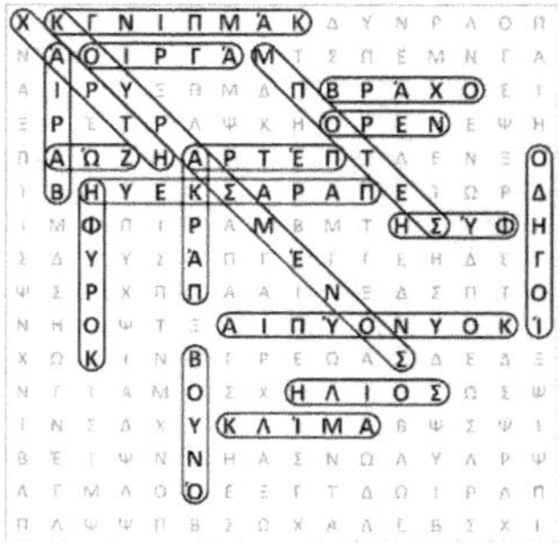

47 - Naturaleza

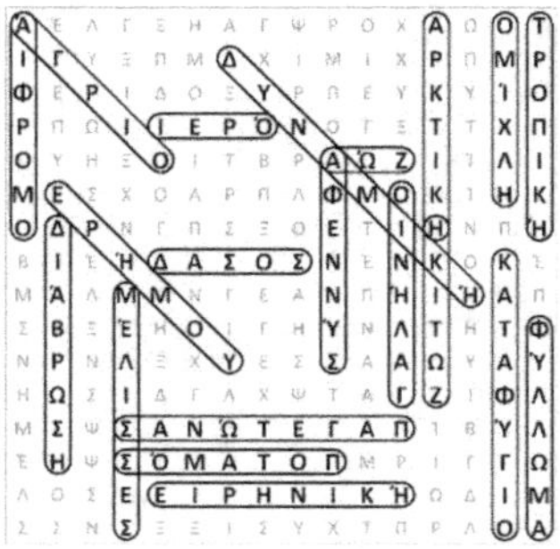

48 - Conduciendo

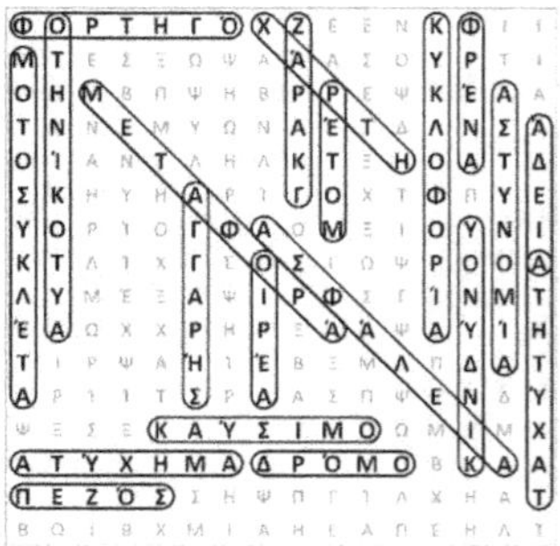

49 - Ballet

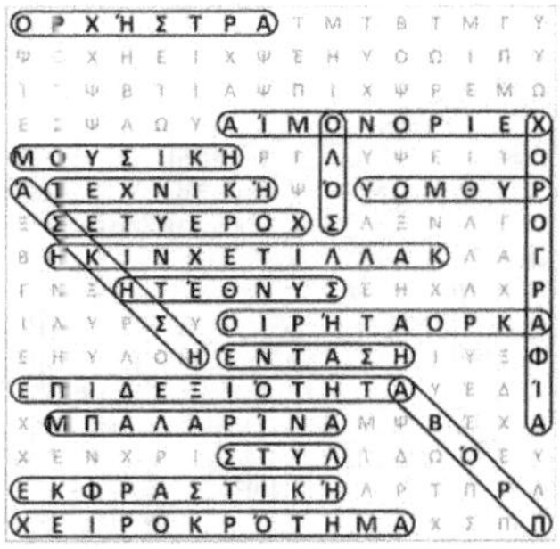

50 - Fuerza y Gravedad

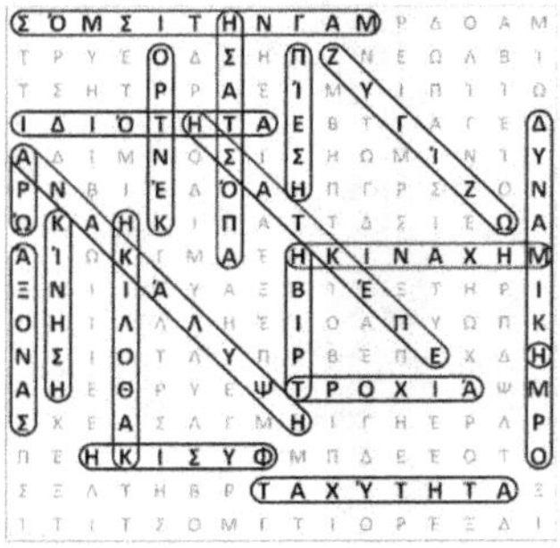

51 - Aventura

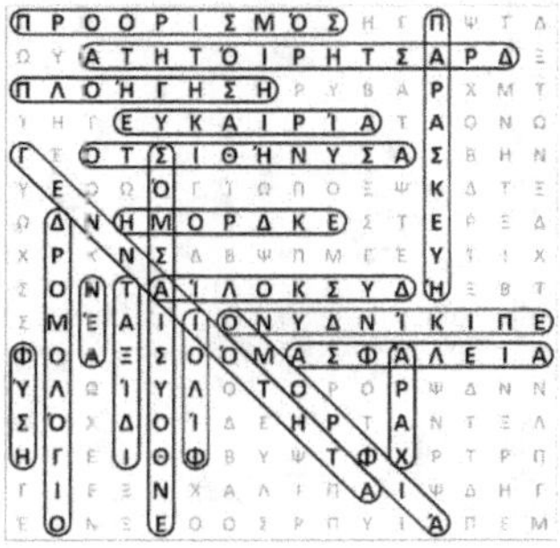

52 - Pájaros

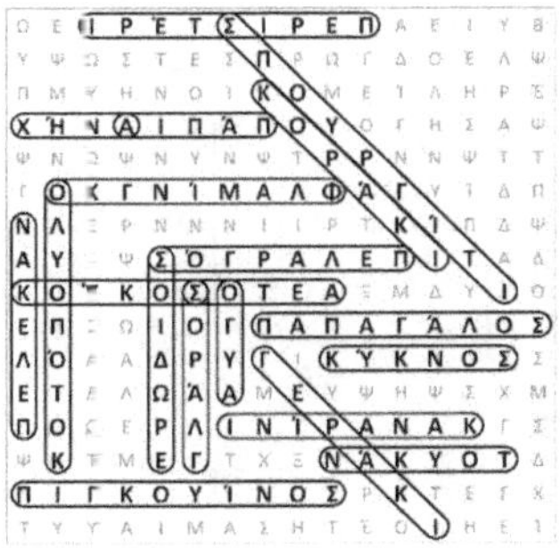

53 - Geografía

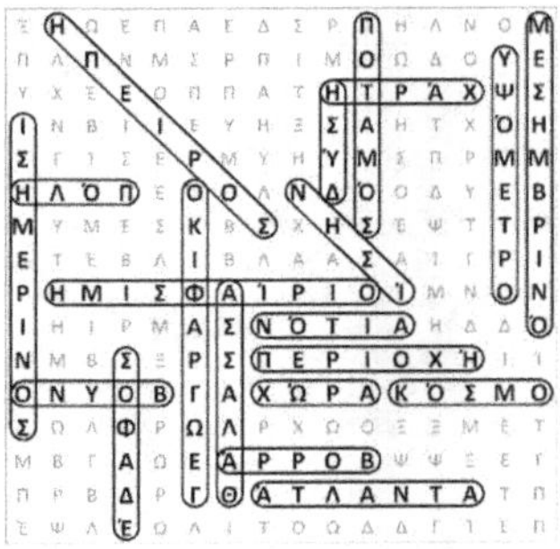

54 - Música

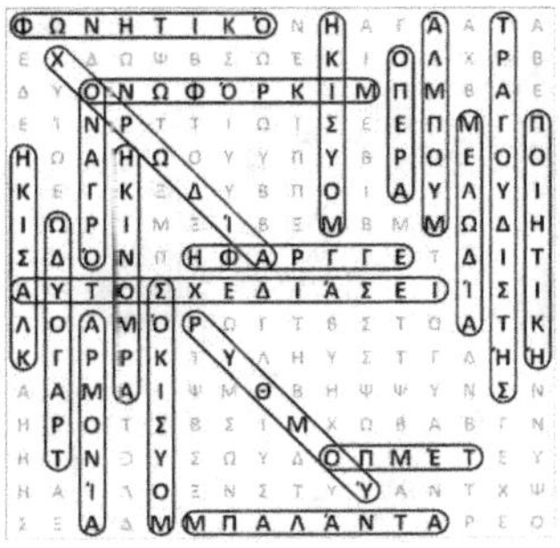

55 - Enfermedad

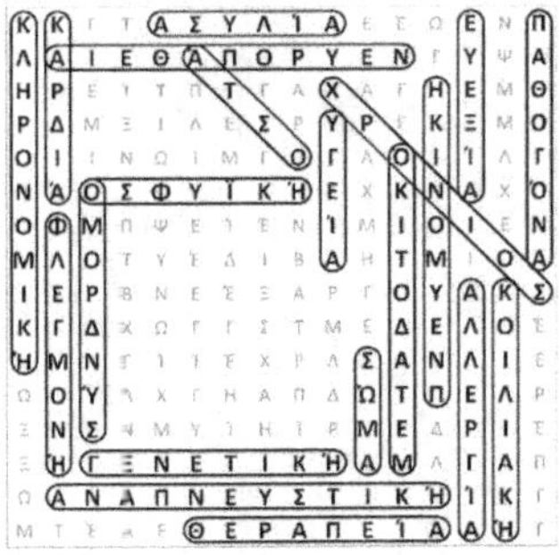

56 - Actividades

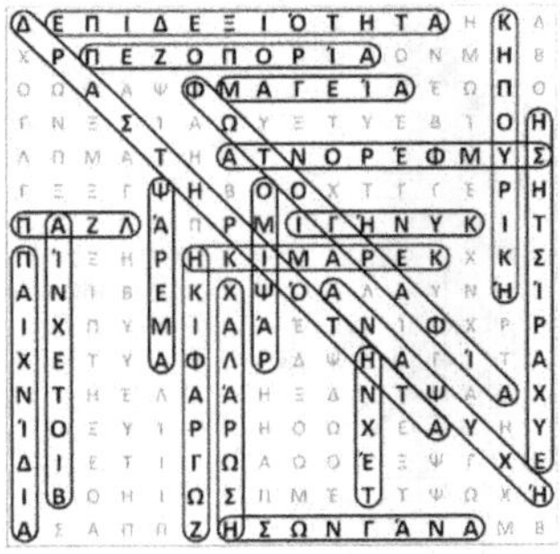

57 - Verduras

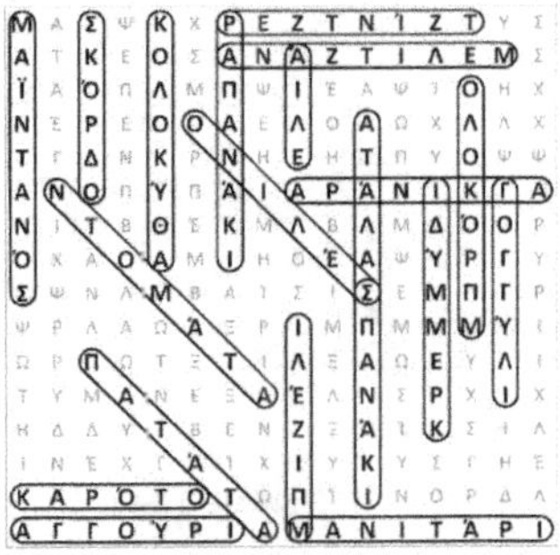

58 - Instrumentos Musicales

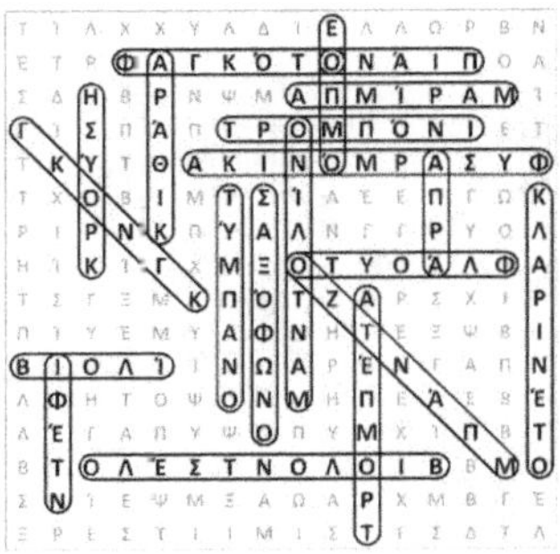

59 - Formas

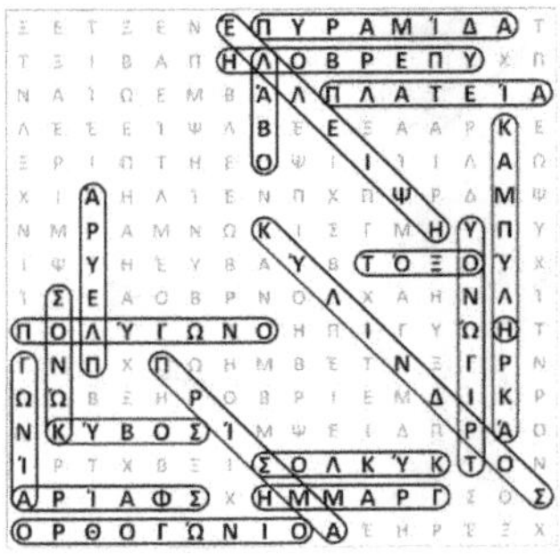

60 - Flores

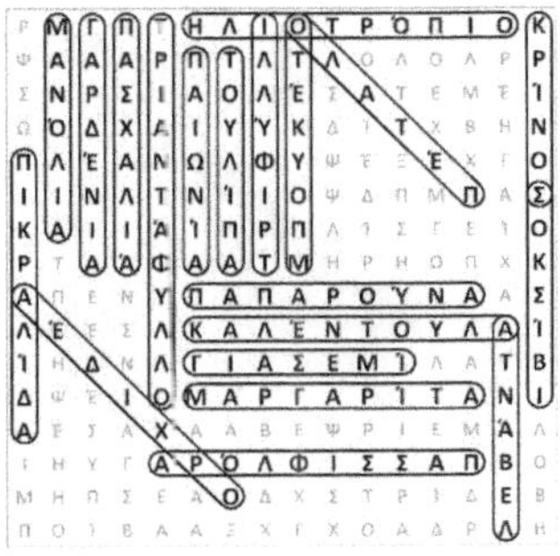

61 - Astronomía

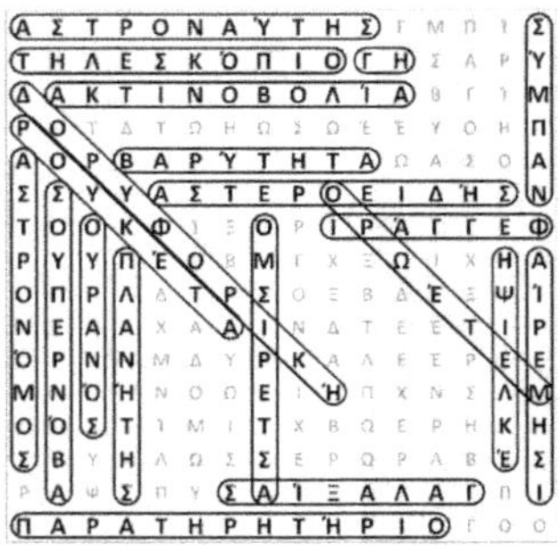

62 - Tiempo

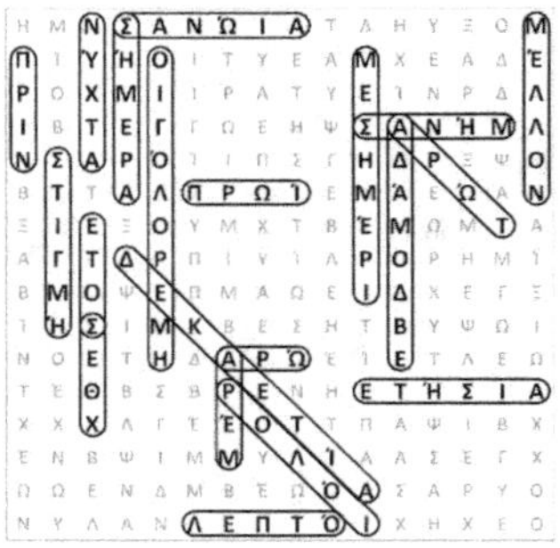

63 - Paisajes

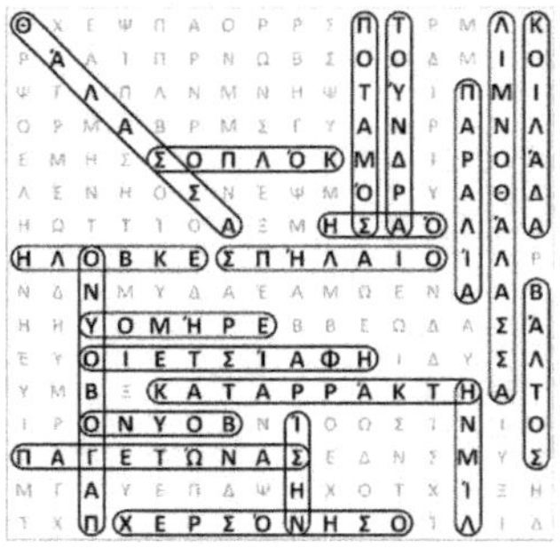

64 - Días y Meses

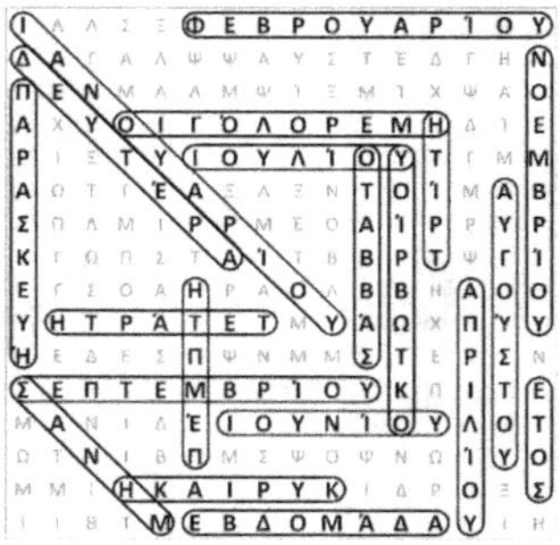

65 - Biología

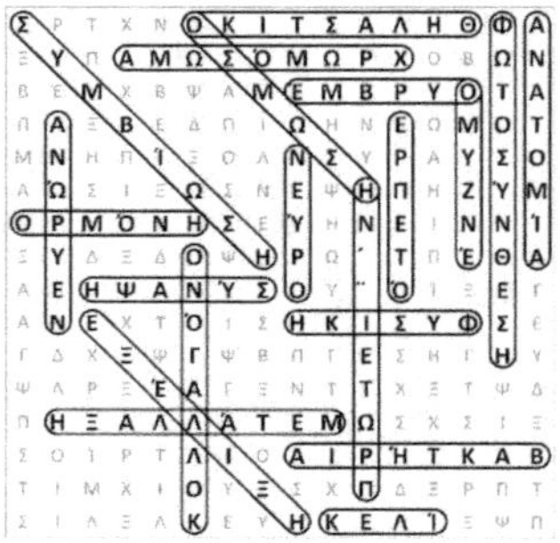

66 - Jardinería

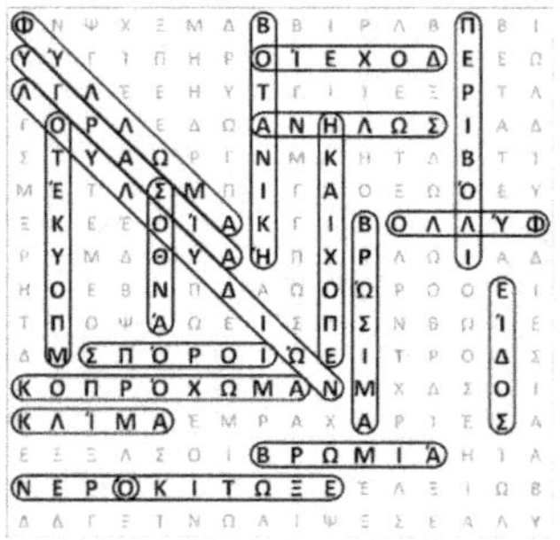

67 - Chocolate

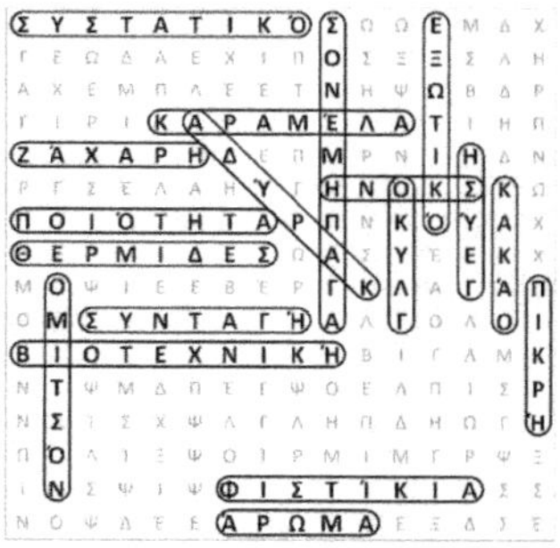

68 - Barbacoas

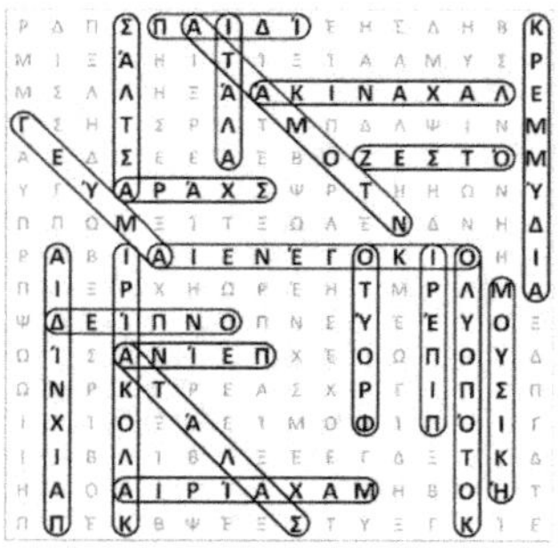

69 - Ropa

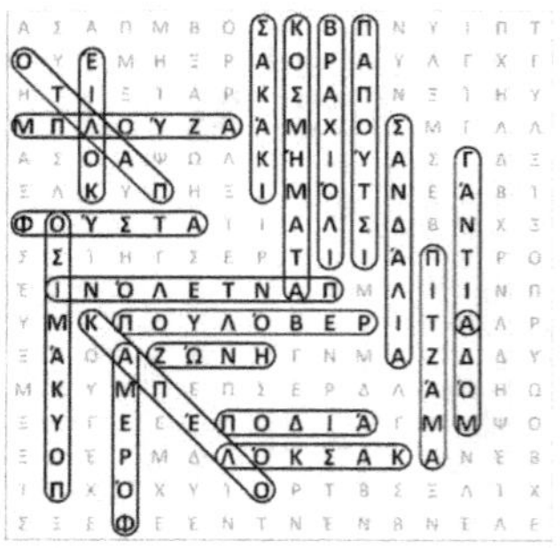

70 - Meditación

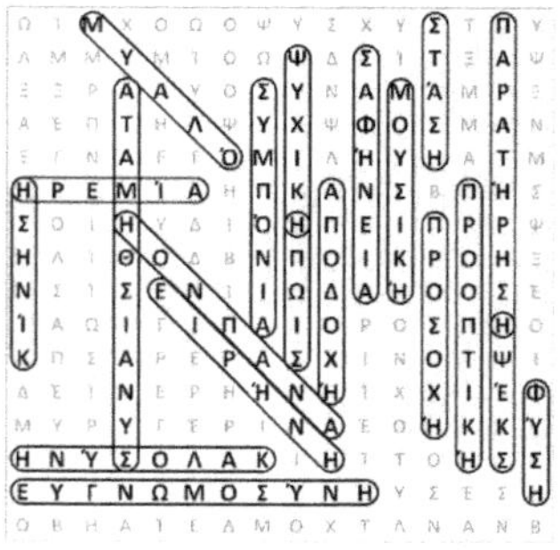

71 - Café

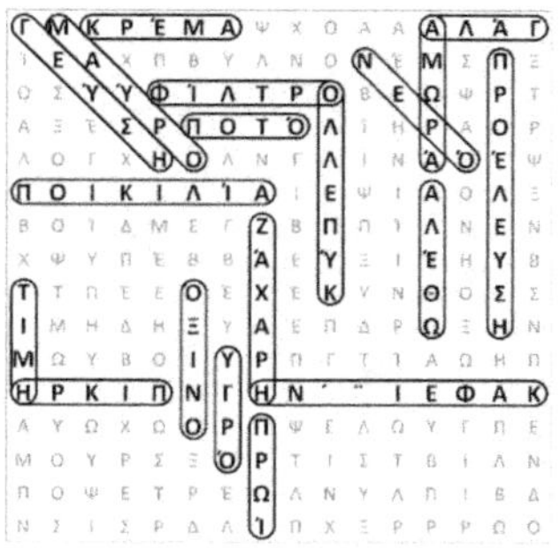

72 - Libros

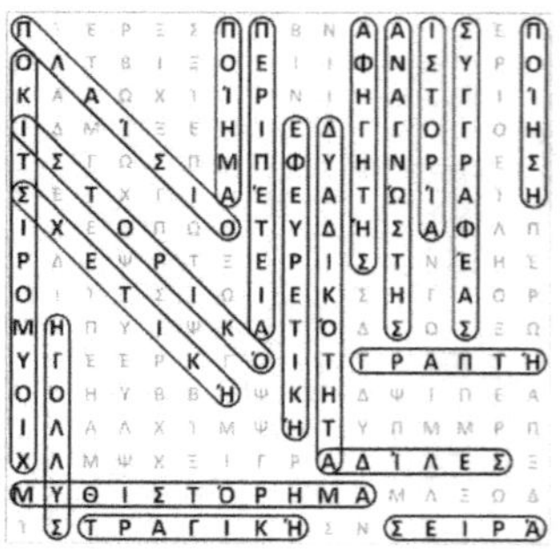

73 - Nutrición

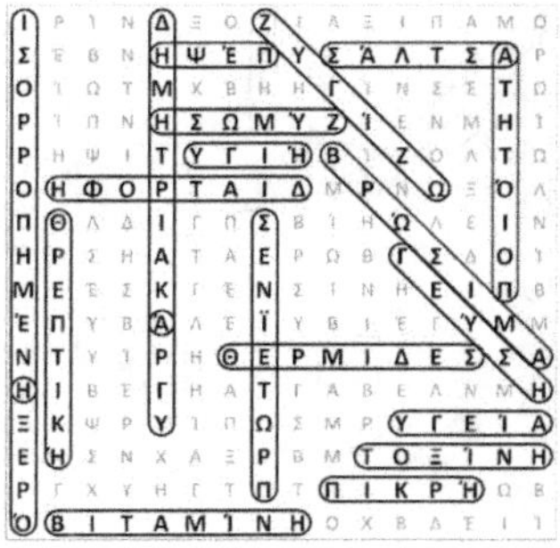

74 - Edificios

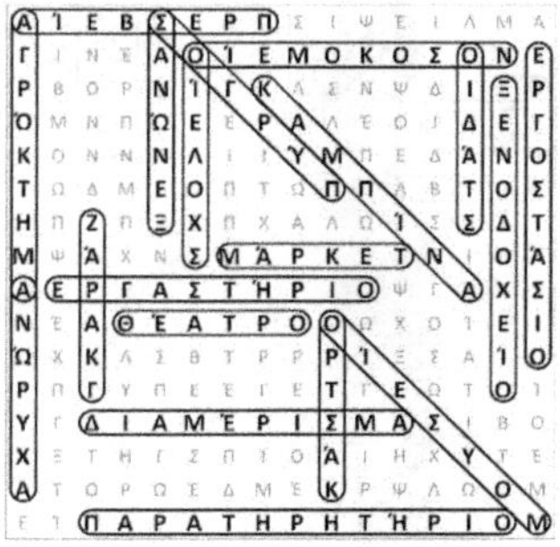

75 - Océano

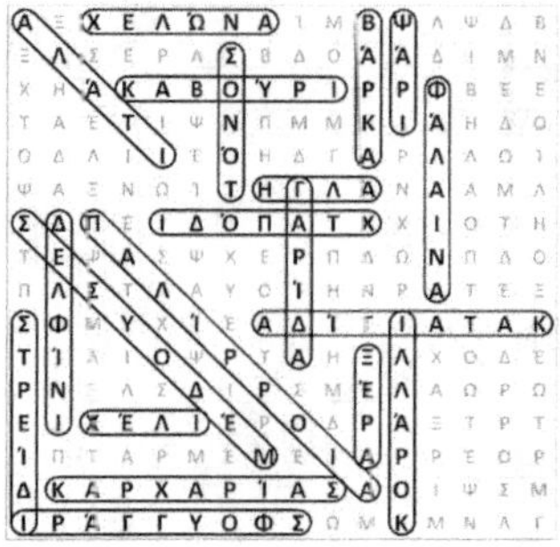

76 - Ciudad

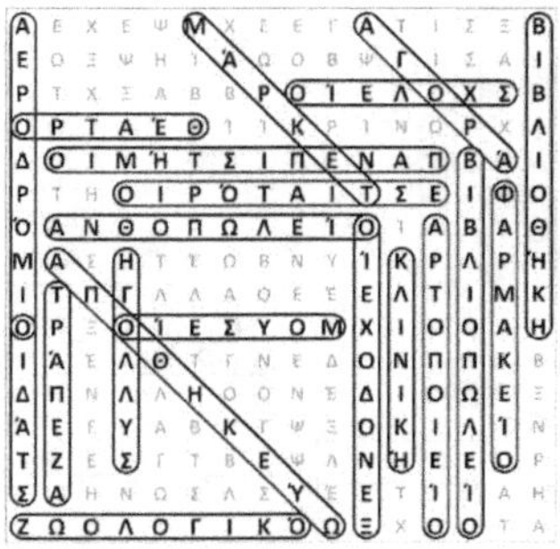

77 - Agronomía

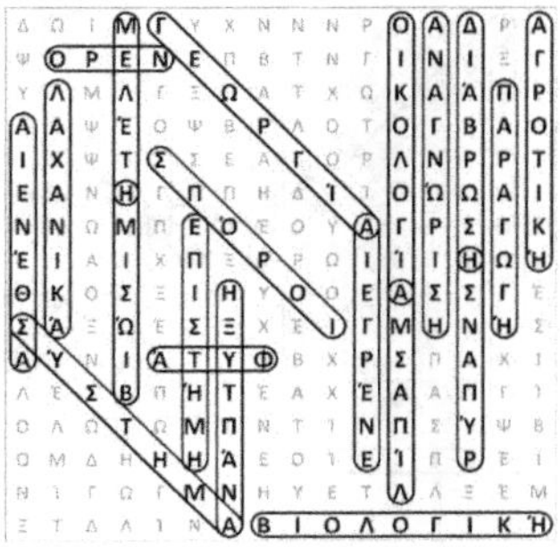

78 - Actividades y Ocio

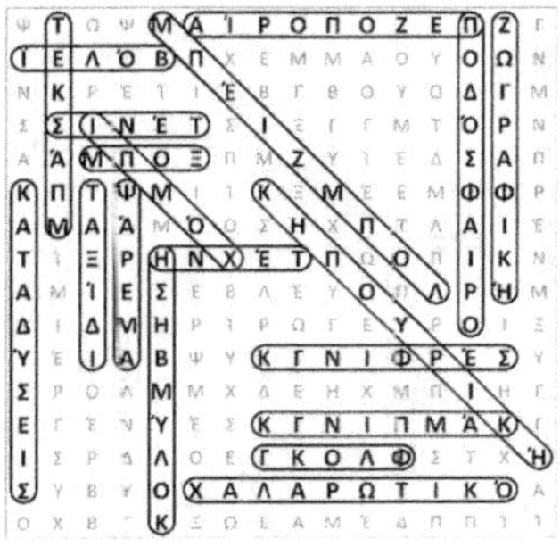

79 - Ingeniería

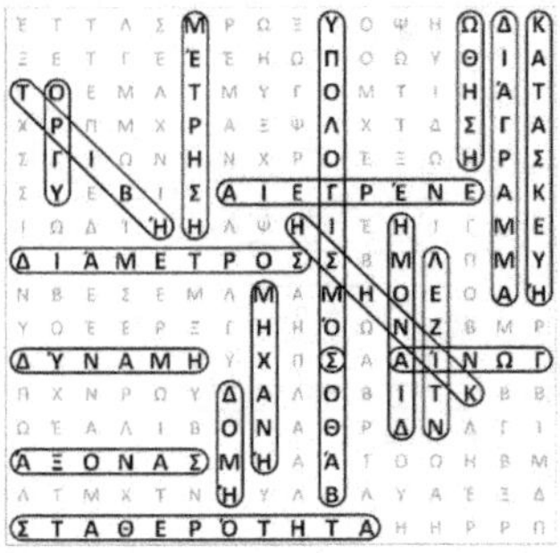

80 - Comida #1

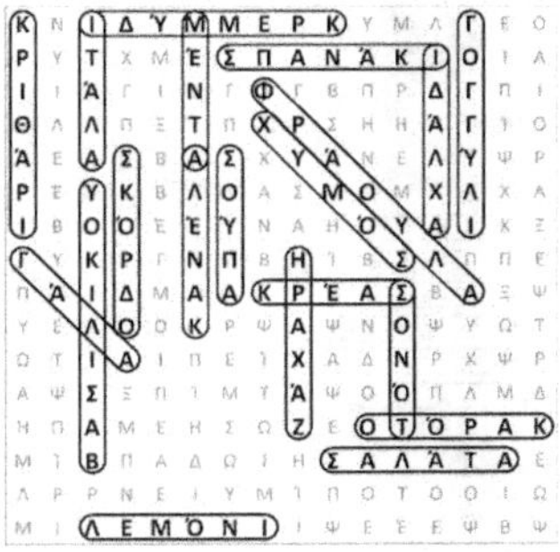

81 - Antigüedades

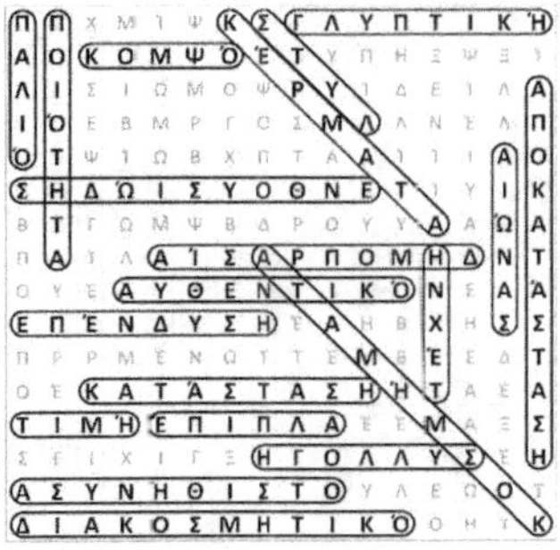

82 - Literatura

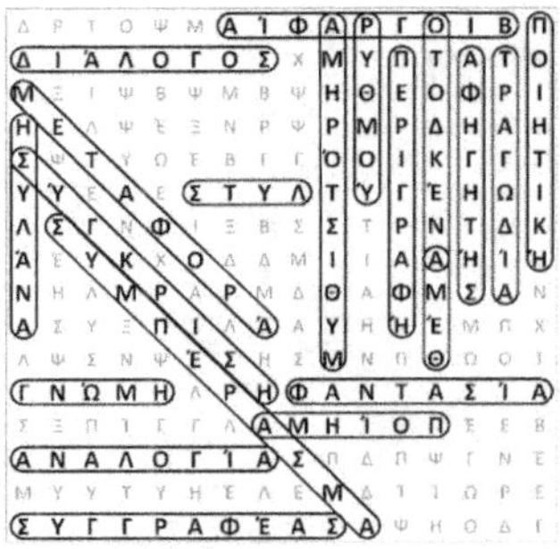

83 - Química

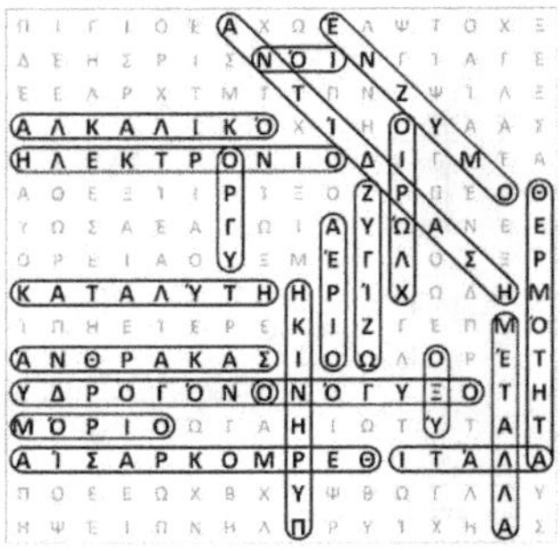

84 - Gobierno

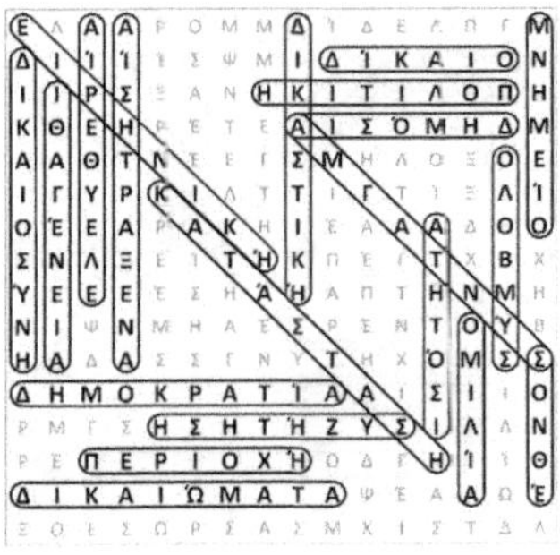

85 - Creatividad

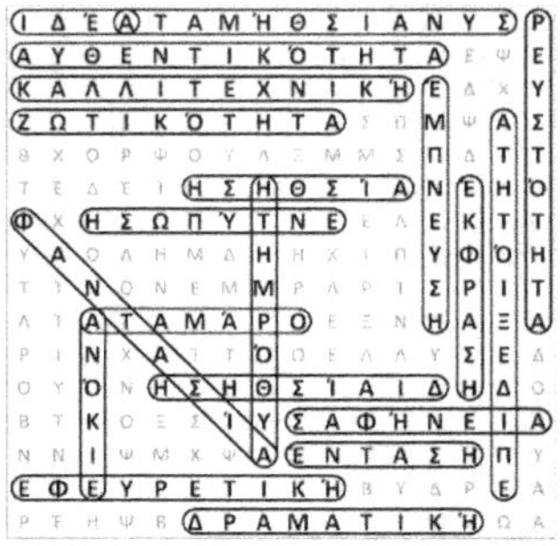

86 - Clima

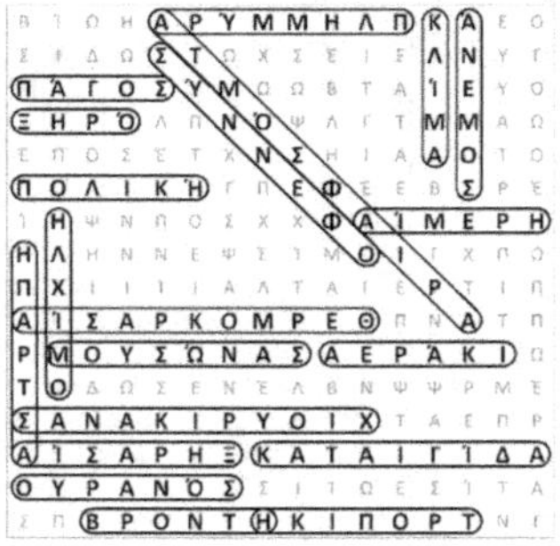

87 - Comida #2

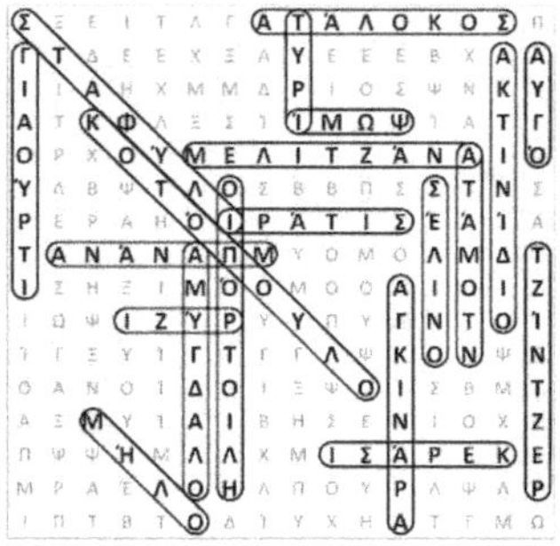

88 - Diplomacia

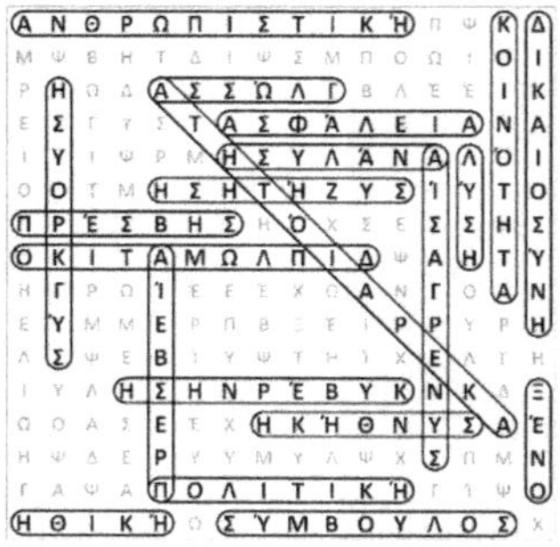

89 - Herboristería

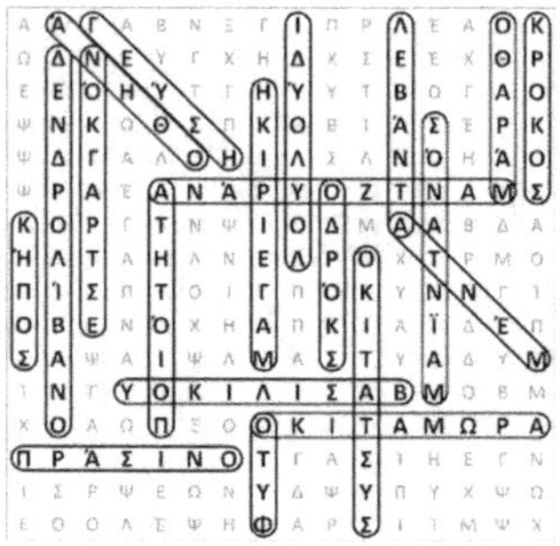

90 - Energía

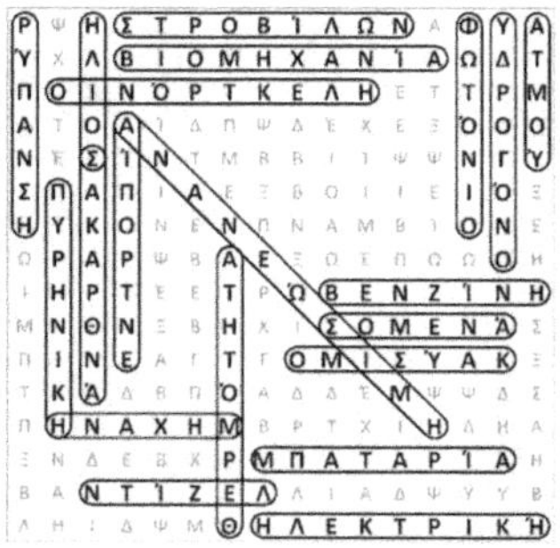

91 - Especias

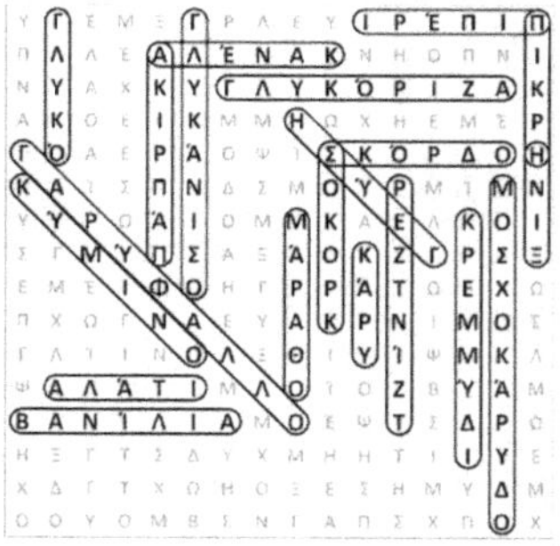

92 - Emociones

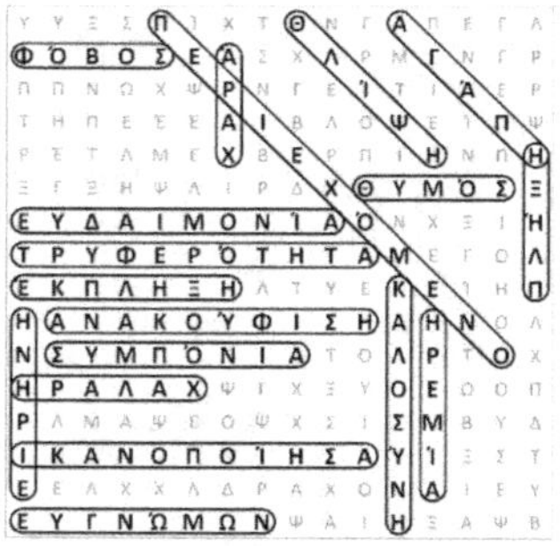

93 - Universo

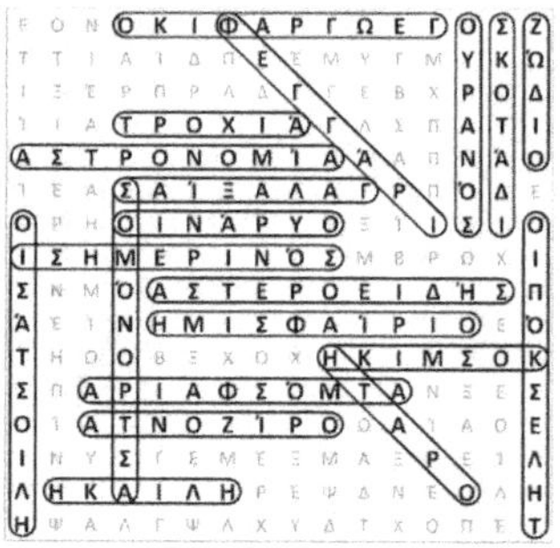

94 - Jazz

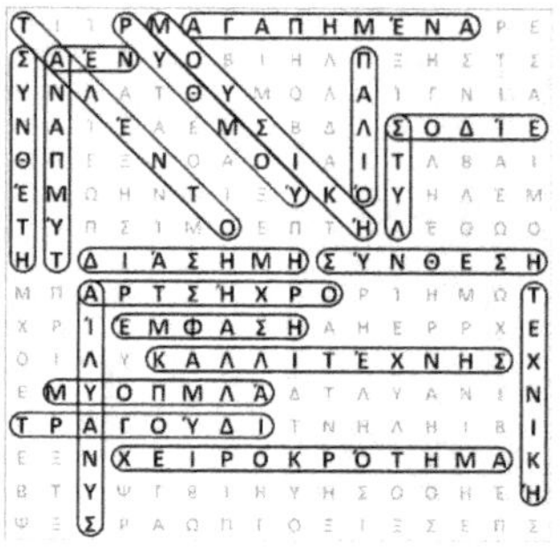

95 - Mediciones

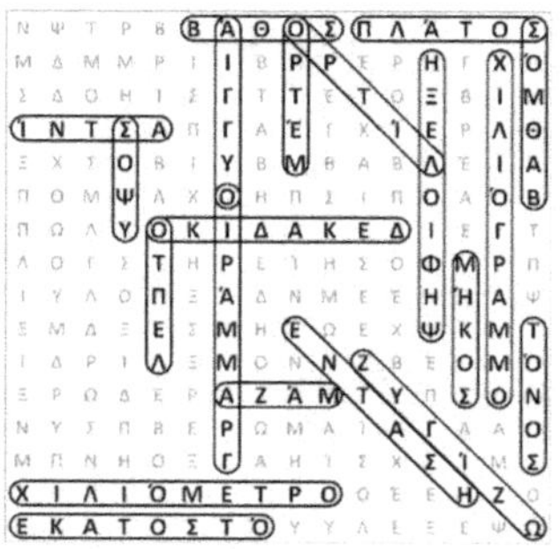

96 - Barcos

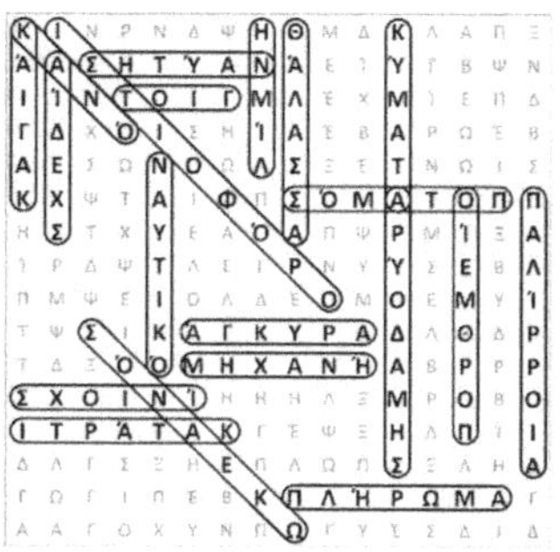

97 - Antártida

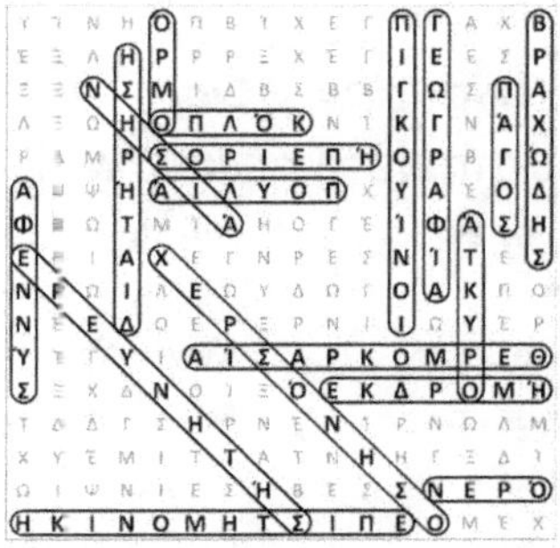

98 - Mamíferos

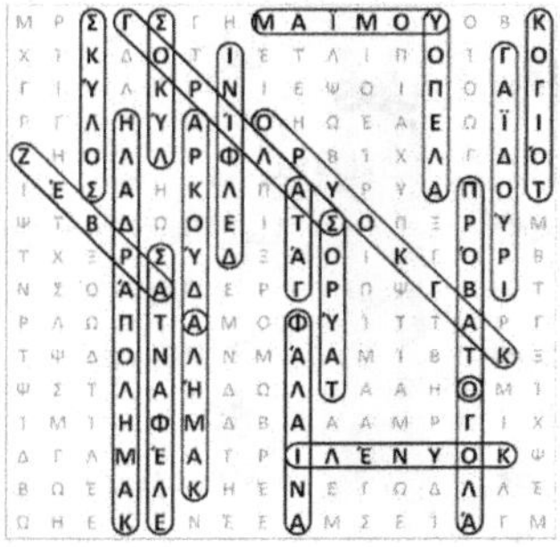

99 - Boxeo

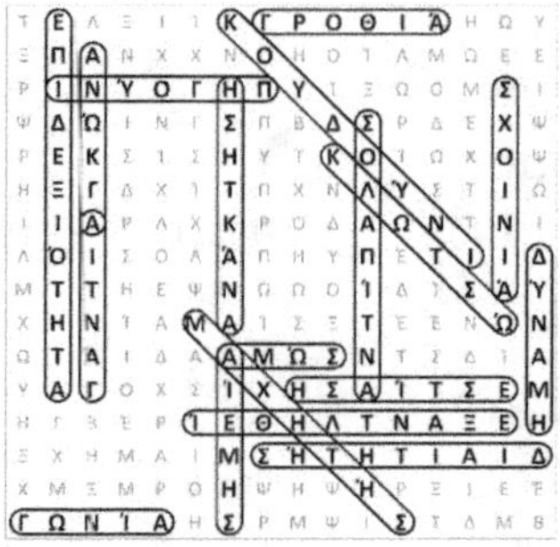

100 - Abejas

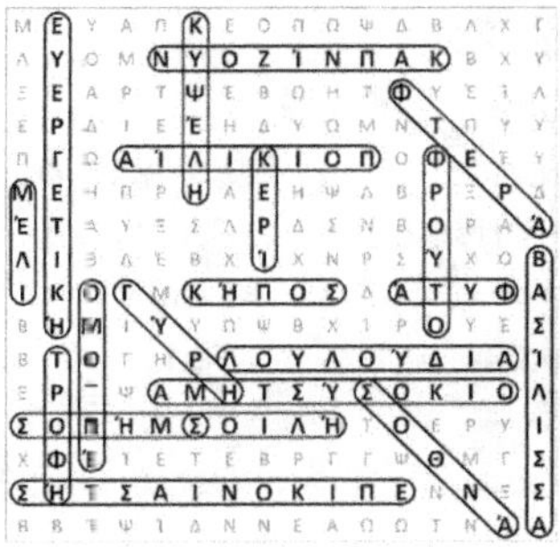

Diccionario

Abejas
Μέλισσες

Alas	Φτερά
Beneficioso	Ευεργετική
Cera	Κερί
Colmena	Κυψέλη
Comida	Τροφή
Diversidad	Ποικιλία
Ecosistema	Οικοσύστημα
Enjambre	Σμήνοσ
Flor	Άνθοσ
Flores	Λουλούδια
Fruta	Φρούτο
Humo	Καπνίζουν
Insecto	Έντομο
Jardín	Κήποσ
Miel	Μέλι
Plantas	Φυτά
Polen	Γύρη
Polinizador	Επικονιαστήσ
Reina	Βασίλισσα
Sol	Ήλιοσ

Actividades
Δραστηριότητες

Actividad	Δραστηριότητα
Arte	Τέχνη
Artesanía	Βιοτεχνία
Caza	Κυνήγι
Cerámica	Κεραμική
Costura	Ράψιμο
Fotografía	Φωτογραφία
Habilidad	Επιδεξιότητα
Intereses	Συμφέροντα
Jardinería	Κηπουρική
Juegos	Παιχνίδια
Lectura	Ανάγνωση
Magia	Μαγεία
Ocio	Αναψυχή
Pesca	Ψάρεμα
Pintura	Ζωγραφική
Placer	Ευχαρίστηση
Relajación	Χαλάρωση
Rompecabezas	Παζλ
Senderismo	Πεζοπορία

Actividades y Ocio
Δραστηριότητες και Αναψυχή

Aficiones	Χόμπι
Arte	Τέχνη
Baloncesto	Μπάσκετ
Béisbol	Μπέιζμπολ
Boxeo	Μποξ
Buceo	Καταδύσεισ
Camping	Κάμπινγκ
Fútbol	Ποδόσφαιρο
Golf	Γκολφ
Jardinería	Κηπουρική
Natación	Κολύμβηση
Pesca	Ψάρεμα
Pintura	Ζωγραφική
Relajante	Χαλαρωτικό
Senderismo	Πεζοπορία
Surf	Σέρφινγκ
Tenis	Τένισ
Viaje	Ταξίδι
Voleibol	Βόλεϊ

Adjetivos #1
Επίθετα #1

Absoluto	Απόλυτη
Activo	Ενεργή
Ambicioso	Φιλόδοξο
Aromático	Αρωματικό
Artístico	Καλλιτεχνική
Atractivo	Ελκυστικό
Brillante	Φωτεινό
Enorme	Τεράστιο
Exótico	Εξωτικό
Generoso	Γενναιόδωρη
Importante	Σημαντικό
Inocente	Αθώοσ
Largo	Μακρύ
Lento	Αργή
Moderno	Μοντέρνο
Oscuro	Σκούρο
Perfecto	Τέλειο
Pesado	Βαριά
Serio	Σοβαρή
Valioso	Πολύτιμα

Adjetivos #2
Επίθετα #2

Cansado	Κουρασμένοσ
Comestible	Βρώσιμα
Creativo	Δημιουργική
Descriptivo	Περιγραφικό
Dramático	Δραματική
Elegante	Κομψό
Famoso	Διάσημη
Fresco	Φρέσκο
Fuerte	Ισχυρή
Interesante	Ενδιαφέρον
Natural	Φυσική
Normal	Κανονική
Nuevo	Νέα
Orgulloso	Υπεροχη
Picante	Πικάντικο
Productivo	Παραγωγική
Responsable	Υπεύθυνοσ
Salado	Αλμυρή
Saludable	Υγιή
Seco	Ξηρό

Agronomía
Αγρονομία

Agricultura	Γεωργία
Agua	Νερό
Ciencia	Επιστήμη
Contaminación	Ρύπανση
Crecimiento	Ανάπτυξη
Ecología	Οικολογία
Energía	Ενέργεια
Enfermedades	Ασθένεια
Erosión	Διάβρωση
Estudio	Μελέτη
Fertilizante	Λίπασμα
Identificación	Αναγνώριση
Orgánico	Βιολογική
Plantas	Φυτά
Producción	Παραγωγή
Rural	Αγροτική
Semillas	Σπόροι
Sistemas	Σύστημα
Sostenible	Βιώσιμη
Verduras	Λαχανικά

Agua
Νερό

Canal	Κανάλι
Ducha	Ντουσ
Evaporación	Εξάτμιση
Helada	Παγωνιά
Hielo	Πάγοσ
Humedad	Υγρασία
Huracán	Χιουρικαναστ
Húmedo	Υγρό
Inundación	Πλημμύρα
Lago	Λίμνη
Lluvia	Βροχή
Monzón	Μουσώνασ
Nieve	Χιόνι
Océano	Ωκεανόσ
Olas	Κύματα
Potable	Πόσιμο
Riego	Άρδευση
Río	Ποταμόσ
Vapor	Ατμού

Antártida
Ανταρκτική

Agua	Νερό
Bahía	Κόλπο
Científico	Επιστημονική
Conservación	Διατήρηση
Continente	Ήπειροσ
Ensenada	Όρμο
Expedición	Εκδρομή
Geografía	Γεωγραφία
Hielo	Πάγοσ
Investigador	Ερευνητήσ
Islas	Νησιά
Migración	Μετανάστευση
Minerales	Ορυκτά
Nubes	Σύννεφα
Pájaros	Πουλιά
Península	Χερσόνησο
Pingüinos	Πιγκουίνοι
Rocoso	Βραχώδησ
Temperatura	Θερμοκρασία
Topografía	Τοπογραφία

Antigüedades
Αντίκες

Arte	Τέχνη
Auténtico	Αυθεντικό
Calidad	Ποιότητα
Condición	Κατάσταση
Decorativo	Διακοσμητικό
Elegante	Κομψό
Entusiasta	Ενθουσιώδησ
Escultura	Γλυπτική
Estilo	Στυλ
Galería	Συλλογή
Inusual	Ασυνήθιστο
Inversión	Επένδυση
Joyas	Κοσμήματα
Monedas	Κέρματα
Mueble	Έπιπλα
Precio	Τιμή
Restauración	Αποκατάσταση
Siglo	Αιώνασ
Subasta	Δημοπρασία
Viejo	Παλιό

Arqueología
Αρχαιολογία

Análisis	Ανάλυση
Antigüedad	Αρχαιότητα
Años	Χρόνια
Civilización	Πολιτισμόσ
Descendiente	Απόγονοσ
Desconocido	Άγνωστοσ
Equipo	Ομάδα
Era	Εποχή
Evaluación	Αξιολόγηση
Fósil	Απολίθωμα
Fragmentos	Θραύσματα
Huesos	Οστά
Investigador	Ερευνητήσ
Misterio	Μυστήριο
Objetos	Αντικείμενα
Olvidado	Ξεχασμένο
Profesor	Καθηγητήσ
Reliquia	Λείψανο
Templo	Ναό
Tumba	Μνήμα

Artes Visuales
Εικαστικές Τέχνες

Arquitectura	Αρχιτεκτονική
Artista	Καλλιτέχνησ
Barniz	Βερνίκι
Caballete	Καβαλέτο
Carbón	Κάρβουνο
Cera	Κερί
Cerámica	Κεραμική
Composición	Σύνθεση
Escultura	Γλυπτική
Fotografía	Φωτογραφία
Lápiz	Μολύβι
Obra Maestra	Αριστούργημα
Película	Ταινία
Perspectiva	Προοπτική
Pintura	Ζωγραφική
Plantilla	Πολυγράφο
Pluma	Στυλό
Retrato	Πορτρέτο
Tiza	Κιμωλία

Astronomía
Αστρονομία

Asteroide	Αστεροειδήσ
Astronauta	Αστροναύτησ
Astrónomo	Αστρονόμοσ
Cielo	Ουρανόσ
Cohete	Ρουκέτα
Constelación	Αστερισμό
Eclipse	Έκλειψη
Equinoccio	Ισημερία
Galaxia	Γαλαξίασ
Gravedad	Βαρύτητα
Luna	Φεγγάρι
Meteoro	Μετέωρο
Observatorio	Παρατηρητήριο
Planeta	Πλανήτησ
Radiación	Ακτινοβολία
Satélite	Δορυφορική
Supernova	Σουπερνόβα
Telescopio	Τηλεσκόπιο
Tierra	Γη
Universo	Σύμπαν

Aventura
Περιπέτεια

Actividad	Δραστηριότητα
Alegría	Χαρά
Amigos	Φίλοι
Belleza	Ομορφιά
Destino	Προορισμόσ
Dificultad	Δυσκολία
Entusiasmo	Ενθουσιασμόσ
Excursión	Εκδρομή
Inusual	Ασυνήθιστο
Itinerario	Δρομολόγιο
Naturaleza	Φύση
Navegación	Πλοήγηση
Nuevo	Νέα
Oportunidad	Ευκαιρία
Peligroso	Επικίνδυνο
Preparación	Παρασκευή
Seguridad	Ασφάλεια
Valentía	Γενναιότητα
Viajes	Ταξίδι

Aviones
Αεροπλάνα

Aire	Αέρασ
Altitud	Υψόμετρο
Altura	Υψοσ
Aterrizaje	Προσγείωση
Atmósfera	Ατμόσφαιρα
Aventura	Περιπέτεια
Cielo	Ουρανόσ
Combustible	Καύσιμο
Construcción	Κατασκευή
Dirección	Κατεύθυνση
Diseño	Σχέδιο
Globo	Μπαλόνι
Hélices	Έλικα
Hidrógeno	Υδρογόνο
Historia	Ιστορία
Motor	Μηχανή
Pasajero	Επιβάτη
Piloto	Πιλοτική
Tripulación	Πλήρωμα
Turbulencia	Αναταραχή

Álgebra
Άλγεβρα

Cantidad	Ποσότητα
Cero	Μηδέν
Diagrama	Διάγραμμα
División	Διαίρεση
Ecuación	Εξίσωση
Exponente	Εκθέτη
Factor	Παράγοντασ
Fórmula	Τύποσ
Fracción	Κλάσμα
Infinito	Άπειρο
Lineal	Γραμμική
Matriz	Μήτρα
Número	Αριθμόσ
Paréntesis	Παρένθεση
Problema	Πρόβλημα
Resolver	Λύνω
Resta	Αφαίρεση
Simplificar	Απλοποιώ
Solución	Λύση
Variable	Μεταβλητή

Baile
Χορός

Academia	Ακαδημία
Alegre	Χαρούμενο
Arte	Τέχνη
Clásico	Κλασική
Coreografía	Χορογραφία
Cuerpo	Σώμα
Cultura	Πολιτισμόσ
Cultural	Πολιτιστική
Emoción	Συγκίνηση
Ensayo	Πρόβα
Expresivo	Εκφραστική
Gracia	Χάρη
Movimiento	Κίνηση
Música	Μουσική
Postura	Στάση
Ritmo	Ρυθμού
Socio	Παρτενέρ
Tradicional	Παραδοσιακή
Visual	Οπτική

Ballet
Μπαλέτο

Aplauso	Χειροκρότημα
Artístico	Καλλιτεχνική
Audiencia	Ακροατήριο
Bailarina	Μπαλαρίνα
Bailarines	Χορευτεσ
Compositor	Συνθέτη
Coreografía	Χορογραφία
Ensayo	Πρόβα
Estilo	Στυλ
Expresivo	Εκφραστική
Gesto	Χειρονομία
Habilidad	Επιδεξιότητα
Intensidad	Ένταση
Música	Μουσική
Orquesta	Ορχήστρα
Práctica	Άσκηση
Ritmo	Ρυθμού
Solo	Σόλο
Técnica	Τεχνική

Barbacoas
Μπάρμπεκιου

Almuerzo	Γεύμα
Caliente	Ζεστό
Cebollas	Κρεμμύδια
Cena	Δείπνο
Cuchillos	Μαχαίρια
Ensaladas	Σαλάτα
Familia	Οικογένεια
Fruta	Φρούτο
Hambre	Πείνα
Juegos	Παιχνίδια
Música	Μουσική
Niños	Παιδί
Parrilla	Σχάρα
Pimienta	Πιπέρι
Pollo	Κοτόπουλο
Sal	Αλάτι
Salsa	Σάλτσα
Tomates	Ντομάτα
Verano	Καλοκαίρι
Verduras	Λαχανικά

Barcos
Σκάφη

Ancla	Άγκυρα
Balsa	Σχεδία
Boya	Σημαδούρα
Canoa	Κανό
Cuerda	Σχοινί
Ferry	Πορθμείο
Kayak	Καγιάκ
Lago	Λίμνη
Mar	Θάλασσα
Marea	Παλίρροια
Marinero	Ναύτησ
Mástil	Κατάρτι
Motor	Μηχανή
Náutico	Ναυτικό
Océano	Ωκεανόσ
Olas	Κύματα
Río	Ποταμόσ
Tripulación	Πλήρωμα
Velero	Ιστιοφόρο
Yate	Γιοτ

Belleza
Ομορφιά

Aceites	Έλαια
Champú	Σαμπουάν
Color	Χρώμα
Cosméticos	Καλλυντικά
Elegancia	Κομψότητα
Elegante	Κομψό
Encanto	Γοητεία
Espejo	Καθρεφτησ
Estilista	Στυλίστασ
Fotogénico	Φωτογενησ
Fragancia	Άρωμα
Gracia	Χάρη
Maquillaje	Μακιγιάζ
Piel	Δέρμα
Pintalabios	Κραγιόν
Productos	Προϊόν
Rizos	Μπούκλεσ
Rímel	Μάσκαρα
Servicios	Υπηρεσία
Tijeras	Ψαλίδι

Biología
Βιολογία

Anatomía	Ανατομία
Bacterias	Βακτήρια
Celda	Κελί
Colágeno	Κολλαγόνο
Cromosoma	Χρωμόσωμα
Embrión	Έμβρυο
Enzima	Ένζυμο
Evolución	Εξέλιξη
Fotosíntesis	Φωτοσύνθεση
Hormona	Ορμόνη
Mamífero	Θηλαστικό
Mutación	Μετάλλαξη
Natural	Φυσική
Nervio	Νεύρο
Neurona	Νευρώνα
Ósmosis	Όσμωση
Proteína	Πρωτεϊνη
Reptil	Ερπετό
Simbiosis	Συμβίωση
Sinapsis	Σύναψη

Boxeo
Πυγμαχία

Árbitro	Διαιτητήσ
Barbilla	Πηγούνι
Campana	Κουδούνι
Centrar	Εστίαση
Codo	Αγκώνα
Cuerdas	Σχοινιά
Cuerpo	Σώμα
Esquina	Γωνία
Exhausto	Εξαντληθεί
Fuerza	Δύναμη
Guantes	Γάντια
Habilidad	Επιδεξιότητα
Luchador	Μαχητήσ
Oponente	Αντίπαλοσ
Patear	Κλωτσώ
Puntos	Σημεία
Puño	Γροθιά
Recuperacion	Ανάκτηση

Café
Καφές

Agua	Νερό
Amargo	Πικρή
Aroma	Άρωμα
Azúcar	Ζάχαρη
Ácido	Όξινο
Bebida	Ποτό
Cafeína	Καφεΐνη
Crema	Κρέμα
Filtro	Φίλτρο
Leche	Γάλα
Líquido	Υγρό
Mañana	Πρωί
Moler	Αλέθω
Negro	Μαύρο
Origen	Προέλευση
Precio	Τιμή
Sabor	Γεύση
Taza	Κύπελλο
Variedad	Ποικιλία

Camping
Κατασκήνωση

Animales	Ζώα
Aventura	Περιπέτεια
Árboles	Δέντρα
Bosque	Δασοσ
Brújula	Πυξίδα
Cabina	Καμπίνα
Canoa	Κανό
Caza	Κυνήγι
Cuerda	Σχοινί
Equipo	Εξοπλισμόσ
Fuego	Φωτιά
Hamaca	Αιώρα
Insecto	Έντομο
Lago	Λίμνη
Linterna	Φανάρι
Luna	Φεγγάρι
Mapa	Χάρτη
Montaña	Βουνό
Naturaleza	Φύση
Sombrero	Καπέλο

Casa
Σπίτι

Alfombra	Χαλί
Ático	Σοφίτα
Biblioteca	Βιβλιοθήκη
Chimenea	Τζάκι
Cocina	Κουζίνα
Dormitorio	Υπνοδωμάτιο
Ducha	Ντουσ
Escoba	Σκούπα
Espejo	Καθρεφτησ
Garaje	Γκαράζ
Grifo	Βρύση
Jardín	Κήποσ
Lámpara	Λάμπα
Pared	Τοίχοσ
Piso	Πάτωμα
Puerta	Πόρτα
Sótano	Υπόγειο
Techo	Στέγη
Valla	Φρακτησ
Ventana	Παράθυρο

Chocolate
Σοκολάτα

Amargo	Πικρή
Aroma	Άρωμα
Artesanal	Βιοτεχνική
Azúcar	Ζάχαρη
Cacahuetes	Φιστίκια
Cacao	Κακάο
Calidad	Ποιότητα
Calorías	Θερμιδεσ
Caramelo	Καραμέλα
Coco	Καρύδα
Delicioso	Νόστιμο
Dulce	Γλυκό
Exótico	Εξωτικό
Favorito	Αγαπημένοσ
Gusto	Γεύση
Ingrediente	Συστατικό
Polvo	Σκόνη
Receta	Συνταγή

Ciencia
Επιστήμη

Átomo	Άτομο
Científico	Επιστήμονασ
Clima	Κλίμα
Datos	Δεδομένα
Evolución	Εξέλιξη
Experimento	Πείραμα
Física	Φυσική
Fósil	Απολίθωμα
Gravedad	Βαρύτητα
Hecho	Γεγονόσ
Hipótesis	Υπόθεση
Laboratorio	Εργαστήριο
Método	Μέθοδοσ
Minerales	Ορυκτά
Moléculas	Μόρια
Naturaleza	Φύση
Organismo	Οργανισμόσ
Partículas	Σωματίδια
Plantas	Φυτά
Químico	Χημική

Ciencia Ficción
Επιστημονική Φαντασία

Atómico	Ατομικό
Distante	Μακρινό
Escenario	Σενάριο
Explosión	Έκρηξη
Extremo	Άκρο
Fuego	Φωτιά
Futurista	Φουτουριστικό
Galaxia	Γαλαξίασ
Ilusión	Ψευδαίσθηση
Imaginario	Φανταστικό
Libros	Βιβλια
Misterioso	Μυστηριώδησ
Mundo	Κόσμο
Novelas	Μυθιστορήματα
Oráculo	Μαντείο
Planeta	Πλανήτησ
Realista	Ρεαλιστική
Robots	Ρομπότ
Tecnología	Τεχνολογία
Utopía	Ουτοπία

Ciudad
Πόλη

Aeropuerto	Αεροδρόμιο
Banco	Τράπεζα
Biblioteca	Βιβλιοθήκη
Clínica	Κλινική
Escuela	Σχολείο
Estadio	Στάδιο
Farmacia	Φαρμακείο
Florista	Ανθοπωλείο
Galería	Συλλογή
Hotel	Ξενοδοχείο
Librería	Βιβλιοπωλείο
Mercado	Αγορά
Museo	Μουσείο
Panadería	Αρτοποιείο
Restaurante	Εστιατόριο
Supermercado	Μάρκετ
Teatro	Θέατρο
Tienda	Αποθηκεύω
Universidad	Πανεπιστήμιο
Zoo	Ζωολογικό

Clima
Καιρός

Atmósfera	Ατμόσφαιρα
Brisa	Αεράκι
Calma	Ηρεμία
Cielo	Ουρανόσ
Clima	Κλίμα
Hielo	Πάγοσ
Huracán	Χιουρικανασ
Inundación	Πλημμύρα
Monzón	Μουσώνασ
Niebla	Ομίχλη
Nube	Σύννεφο
Polar	Πολική
Rayo	Αστραπή
Seco	Ξηρό
Sequía	Ξηρασία
Temperatura	Θερμοκρασία
Tormenta	Καταιγίδα
Tropical	Τροπική
Trueno	Βροντή
Viento	Άνεμοσ

Colores
Χρώματα

Amarillo	Κίτρινο
Azul	Μπλε
Azur	Γαλάζιο
Beige	Μπεζ
Blanco	Λευκό
Cian	Κυανό
Fucsia	Φούξια
Gris	Γκρι
Índigo	Λουλακί
Marrón	Καφέ
Naranja	Πορτοκάλι
Negro	Μαύρο
Púrpura	Μοβ
Rojo	Κόκκινο
Rosa	Ροζ
Sepia	Σέπια
Verde	Πράσινο
Violeta	Βιολετί

Comida #1
Τρόφιμα #1

Ajo	Σκόρδο
Albahaca	Βασιλικού
Atún	Τόνοσ
Azúcar	Ζάχαρη
Canela	Κανέλα
Carne	Κρέασ
Cebada	Κριθάρι
Cebolla	Κρεμμύδι
Ensalada	Σαλάτα
Espinacas	Σπανάκι
Fresa	Φράουλα
Jugo	Χυμόσ
Leche	Γάλα
Limón	Λεμόνι
Menta	Μέντα
Nabo	Γογγύλι
Pera	Αχλάδι
Sal	Αλάτι
Sopa	Σούπα
Zanahoria	Καρότο

Comida #2
Τρόφιμα #2

Alcachofa	Αγκινάρα
Almendra	Αμύγδαλο
Apio	Σέλινο
Arroz	Ρύζι
Berenjena	Μελιτζάνα
Cereza	Κεράσι
Chocolate	Σοκολάτα
Girasol	Ηλιοτρόπιο
Huevo	Αυγό
Jengibre	Τζίντζερ
Kiwi	Ακτινίδιο
Manzana	Μήλο
Pan	Ψωμί
Plátano	Μπανάνα
Pollo	Κοτόπουλο
Queso	Τυρί
Tomate	Ντομάτα
Trigo	Σιτάρι
Uva	Σταφύλι
Yogur	Γιαούρτι

Conduciendo
Οδήγησ η

Accidente	Ατύχημα
Calle	Δρόμο
Camión	Φορτηγό
Coche	Αυτοκίνητο
Combustible	Καύσιμο
Frenos	Φρένα
Garaje	Γκαράζ
Gas	Αέριο
Licencia	Άδεια
Mapa	Χάρτη
Motocicleta	Μοτοσυκλέτα
Motor	Μοτέρ
Peatonal	Πεζόσ
Peligro	Κινδύνου
Policía	Αστυνομία
Seguridad	Ασφάλεια
Transporte	Μεταφορά
Tráfico	Κυκλοφορία
Túnel	Σήραγγα
Velocidad	Ταχύτητα

Creatividad
Δημιουργικότητα

Artístico	Καλλιτεχνική
Autenticidad	Αυθεντικότητα
Claridad	Σαφήνεια
Dramático	Δραματική
Emociones	Συναισθήματα
Espontáneo	Αυθόρμητη
Expresión	Έκφραση
Fluidez	Ρευστότητα
Habilidad	Επιδεξιότητα
Ideas	Ιδέα
Imagen	Εικόνα
Imaginación	Φαντασία
Impresión	Εντύπωση
Inspiración	Έμπνευση
Intensidad	Ένταση
Intuición	Διαίσθηση
Inventivo	Εφευρετική
Sensación	Αίσθηση
Visiones	Οράματα
Vitalidad	Ζωτικότητα

Cuerpo Humano
Ανθρώπινο Σώμα

Barbilla	Πηγούνι
Boca	Στόμα
Cabeza	Κεφάλι
Cara	Πρόσωπο
Cerebro	Μυαλό
Codo	Αγκώνα
Corazón	Καρδιά
Cuello	Λαιμόσ
Dedo	Δάχτυλο
Hombro	Ώμοσ
Lengua	Γλώσσα
Mano	Χέρι
Nariz	Μύτη
Ojo	Μάτι
Oreja	Αυτί
Piel	Δέρμα
Pierna	Πόδι
Rodilla	Γόνατο
Sangre	Αίμα
Tobillo	Αστράγαλοσ

Diplomacia
Διπλωματία

Asesor	Σύμβουλοσ
Comunidad	Κοινότητα
Conflicto	Σύγκρουση
Cooperación	Συνεργασία
Diplomático	Διπλωματικό
Discusión	Συζήτηση
Embajada	Πρεσβεία
Embajador	Πρέσβησ
Extranjero	Ξένο
Ética	Ηθική
Gobierno	Κυβέρνηση
Humanitario	Ανθρωπιστική
Idiomas	Γλώσσα
Integridad	Ακεραιότητα
Justicia	Δικαιοσύνη
Política	Πολιτική
Resolución	Ανάλυση
Seguridad	Ασφάλεια
Solución	Λύση
Tratado	Συνθήκη

Disciplinas Científicas
Επιστημονικοί Κλάδοι

Anatomía	Ανατομία
Arqueología	Αρχαιολογία
Astronomía	Αστρονομία
Biología	Βιολογία
Bioquímica	Βιοχημεία
Botánica	Βοτανική
Ecología	Οικολογία
Fisiología	Φυσιολογία
Geología	Γεωλογία
Inmunología	Ανοσολογία
Lingüística	Γλωσσολογία
Mecánica	Μηχανική
Meteorología	Μετεωρολογία
Mineralogía	Ορυκτολογία
Neurología	Νευρολογία
Psicología	Ψυχολογία
Química	Χημεία
Sociología	Κοινωνιολογία
Termodinámica	Θερμοδυναμική
Zoología	Ζωολογία

Días y Meses
Ημέρες και Μήνες

Abril	Απριλίου
Agosto	Αυγούστου
Año	Ετοσ
Calendario	Ημερολόγιο
Domingo	Κυριακή
Enero	Ιανουαρίου
Febrero	Φεβρουαρίου
Jueves	Πέμπτη
Julio	Ιουλίου
Junio	Ιουνίου
Lunes	Δευτέρα
Martes	Τρίτη
Mes	Μήνασ
Miércoles	Τετάρτη
Noviembre	Νοεμβρίου
Octubre	Οκτωβρίου
Sábado	Σάββατο
Semana	Εβδομάδα
Septiembre	Σεπτεμβρίου
Viernes	Παρασκευή

Ecología
Οικολογία

Clima	Κλίμα
Comunidades	Κοινότητα
Diversidad	Ποικιλία
Especie	Είδοσ
Fauna	Πανίδα
Flora	Χλωρίδα
Global	Παγκόσμια
Marino	Θαλάσσιο
Montañas	Βουνά
Natural	Φυσική
Naturaleza	Φύση
Plantas	Φυτά
Recursos	Πόρων
Sequía	Ξηρασία
Sostenible	Βιώσιμη
Supervivencia	Επιβίωση
Vegetación	Βλάστηση
Voluntarios	Εθελοντέσ

Edificios
Κτίρια

Albergue	Ξενώνασ
Apartamento	Διαμέρισμα
Cabina	Καμπίνα
Castillo	Κάστρο
Embajada	Πρεσβεία
Escuela	Σχολείο
Estadio	Στάδιο
Fábrica	Εργοστάσιο
Garaje	Γκαράζ
Granero	Αχυρώνα
Granja	Αγρόκτημα
Hospital	Νοσοκομείο
Hotel	Ξενοδοχείο
Laboratorio	Εργαστήριο
Museo	Μουσείο
Observatorio	Παρατηρητήριο
Supermercado	Μάρκετ
Teatro	Θέατρο
Torre	Πύργοσ
Universidad	Πανεπιστήμιο

Electricidad
Ηλεκτρική Ενέργεια

Almacenamiento	Αποθήκευση
Batería	Μπαταρία
Bombilla	Βολβόσ
Cable	Καλώδιο
Cables	Καλώδια
Cantidad	Ποσότητα
Electricista	Ηλεκτρολόγοσ
Eléctrico	Ηλεκτρική
Enchufe	Πρίζα
Equipo	Εξοπλισμόσ
Generador	Γεννήτρια
Imán	Μαγνήτησ
Lámpara	Λάμπα
Láser	Λέιζερ
Negativo	Αρνητικό
Objetos	Αντικείμενα
Positivo	Θετική
Red	Δίκτυο
Televisión	Τηλεόραση
Teléfono	Τηλέφωνο

Emociones
Συναισθήματα

Aburrimiento	Πλήξη
Agradecido	Ευγνώμων
Alegría	Χαρά
Alivio	Ανακούφιση
Amor	Αγάπη
Beatitud	Ευδαιμονία
Bondad	Καλοσύνη
Contenido	Περιεχόμενο
Ira	Θυμόσ
Miedo	Φόβοσ
Paz	Ειρήνη
Relajado	Χαλαρή
Satisfecho	Ικανοποίησα
Simpatía	Συμπόνια
Sorpresa	Έκπληξη
Ternura	Τρυφερότητα
Tranquilidad	Ηρεμία
Tristeza	Θλίψη

Energía
Ενέργεια

Batería	Μπαταρία
Calor	Θερμότητα
Carbono	Άνθρακασ
Combustible	Καύσιμο
Contaminación	Ρύπανση
Diesel	Ντίζελ
Electrón	Ηλεκτρόνιο
Eléctrico	Ηλεκτρική
Entropía	Εντροπία
Fotón	Φωτόνιο
Gasolina	Βενζίνη
Hidrógeno	Υδρογόνο
Industria	Βιομηχανία
Motor	Μηχανή
Nuclear	Πυρηνική
Renovable	Ανανεώσιμη
Sol	Ήλιοσ
Turbina	Στροβίλων
Vapor	Ατμού
Viento	Άνεμοσ

Enfermedad
Ασθένεια

Abdominal	Κοιλιακή
Alergias	Αλλεργία
Bienestar	Ευεξία
Contagioso	Μεταδοτικό
Corazón	Καρδιά
Crónica	Χρόνιοσ
Cuerpo	Σώμα
Genético	Γενετική
Hereditario	Κληρονομική
Huesos	Οστά
Inflamación	Φλεγμονή
Inmunidad	Ασυλία
Lumbar	Οσφυϊκή
Neuropatía	Νευροπάθεια
Patógenos	Παθογόνα
Pulmonar	Πνευμονική
Respiratorio	Αναπνευστική
Salud	Υγεία
Síndrome	Σύνδρομο
Terapia	Θεραπεία

Especias
Μπαχαρικά

Agrio	Ξινή
Ajo	Σκόρδο
Amargo	Πικρή
Anís	Γλυκάνισο
Azafrán	Κροκοσ
Canela	Κανέλα
Cebolla	Κρεμμύδι
Clavo	Γαρύφαλλο
Comino	Κύμινο
Curry	Κάρυ
Dulce	Γλυκό
Hinojo	Μάραθο
Jengibre	Τζίντζερ
Nuez Moscada	Μοσχοκάρυδο
Pimentón	Πάπρικα
Pimienta	Πιπέρι
Regaliz	Γλυκόριζα
Sabor	Γεύση
Sal	Αλάτι
Vainilla	Βανίλια

Ética
Ηθική

Altruismo	Αλτρουισμόσ
Bondad	Καλοσύνη
Compasión	Συμπόνια
Cooperación	Συνεργασία
Dignidad	Αξιοπρέπεια
Diplomático	Διπλωματικό
Filosofía	Φιλοσοφία
Honestidad	Ειλικρίνεια
Humanidad	Ανθρωπότητα
Individualismo	Ατομικισμόσ
Integridad	Ακεραιότητα
Optimismo	Αισιοδοξία
Paciencia	Υπομονή
Racionalidad	Λογικότητα
Razonable	Εύλογο
Realismo	Ρεαλισμοσ
Sabiduría	Σοφία
Tolerancia	Ανεκτικότητα
Valores	Αξιεσ

Familia
Οικογένεια

Abuela	Γιαγιά
Abuelo	Παππούσ
Antepasado	Πρόγονοσ
Esposa	Γυναίκα
Gemelos	Δίδυμα
Hermana	Αδελφή
Hermano	Αδελφοσ
Hija	Κόρη
Madre	Μητέρα
Marido	Σύζυγοσ
Materno	Μητρική
Nieto	Εγγόνι
Niño	Παιδί
Padre	Πατέρασ
Paterno	Πατρική
Primo	Ξαδέρφη
Sobrina	Ανιψιά
Sobrino	Ανιψιόσ
Tía	Θεία
Tío	Θείοσ

Física
Φυσική

Aceleración	Επιτάχυνση
Átomo	Άτομο
Caos	Χάοσ
Densidad	Πυκνότητα
Electrón	Ηλεκτρόνιο
Fórmula	Τύποσ
Frecuencia	Συχνότητα
Gas	Αέριο
Gravedad	Βαρύτητα
Magnetismo	Μαγνητισμόσ
Masa	Μάζα
Mecánica	Μηχανική
Molécula	Μόριο
Motor	Μηχανή
Nuclear	Πυρηνική
Partícula	Σωματίδιο
Químico	Χημική
Relatividad	Σχετικότητα
Universal	Καθολική
Velocidad	Ταχύτητα

Flores
Λουλούδια

Amapola	Παπαρούνα
Caléndula	Καλέντουλα
Diente de León	Πικραλίδα
Gardenia	Γαρδένια
Girasol	Ηλιοτρόπιο
Hibisco	Ιβίσκοσ
Jazmín	Γιασεμί
Lavanda	Λεβάντα
Lila	Πασχαλιά
Lirio	Κρίνοσ
Magnolia	Μανόλια
Margarita	Μαργαρίτα
Orquídea	Ορχιδέα
Pasionaria	Πασσιφλόρα
Peonía	Παιωνία
Pétalo	Πέταλο
Ramo	Μπουκέτο
Rosa	Τριαντάφυλλο
Trébol	Τριφύλλι
Tulipán	Τουλίπα

Formas
Σχήματα

Arco	Τόξο
Bordes	Άκρη
Cilindro	Κύλινδροσ
Círculo	Κύκλοσ
Cono	Κώνοσ
Cuadrado	Πλατεία
Cubo	Κύβοσ
Curva	Καμπύλη
Elipse	Έλλειψη
Esfera	Σφαίρα
Esquina	Γωνία
Hipérbola	Υπερβολή
Lado	Πλευρά
Línea	Γραμμή
Oval	Οβάλ
Pirámide	Πυραμίδα
Polígono	Πολύγωνο
Prisma	Πρίσμα
Rectángulo	Ορθογώνιο
Triángulo	Τριγώνου

Fruta
Φρούτα

Aguacate	Αβοκάντο
Albaricoque	Βερίκοκο
Baya	Μούρο
Cereza	Κεράσι
Coco	Καρύδα
Frambuesa	Βατόμουρο
Guayaba	Γκουάβα
Kiwi	Ακτινίδιο
Limón	Λεμόνι
Mango	Μάνγκο
Manzana	Μήλο
Melocotón	Ροδάκινο
Melón	Πεπόνι
Naranja	Πορτοκάλι
Nectarina	Νεκταρίνι
Papaya	Παπάγια
Pera	Αχλάδι
Piña	Ανανά
Plátano	Μπανάνα
Uva	Σταφύλι

Fuerza y Gravedad
Δύναμη και Βαρύτητα

Centro	Κέντρο
Descubrimiento	Ανακάλυψη
Dinámico	Δυναμική
Distancia	Απόσταση
Eje	Άξονασ
Expansión	Επέκταση
Física	Φυσική
Fricción	Τριβή
Impulso	Ορμή
Magnetismo	Μαγνητισμόσ
Mecánica	Μηχανική
Movimiento	Κίνηση
Órbita	Τροχιά
Peso	Ζυγίζω
Presión	Πίεση
Propiedades	Ιδιότητα
Tiempo	Ώρα
Universal	Καθολική
Velocidad	Ταχύτητα

Geografía
Γεωγραφία

Altitud	Υψόμετρο
Atlas	Άτλαντα
Ciudad	Πόλη
Continente	Ήπειροσ
Ecuador	Ισημερινόσ
Hemisferio	Ημισφαίριο
Isla	Νησί
Longitud	Γεωγραφικό
Mapa	Χάρτη
Mar	Θάλασσα
Meridiano	Μεσημβρινό
Montaña	Βουνό
Mundo	Κόσμο
Norte	Βορρά
Oeste	Δύση
País	Χώρα
Región	Περιοχή
Río	Ποταμόσ
Sur	Νότια
Territorio	Έδαφοσ

Geología
Γεωλογία

Ácido	Οξύ
Calcio	Ασβέστιο
Capa	Στρώμα
Caverna	Σπήλαιο
Continente	Ήπειροσ
Coral	Κοράλλι
Cristales	Κρύσταλλα
Cuarzo	Χαλαζία
Erosión	Διάβρωση
Estalactita	Σταλακτίτησ
Estalagmitas	Σταλαγμιτεσ
Fósil	Απολίθωμα
Lava	Λάβα
Meseta	Οροπέδιο
Minerales	Ορυκτά
Piedra	Πέτρα
Sal	Αλάτι
Terremoto	Σεισμόσ
Volcán	Ηφαίστειο
Zona	Ζώνη

Geometría
Γεωμετρία

Altura	Υψοσ
Ángulo	Γωνία
Cálculo	Υπολογισμόσ
Curva	Καμπύλη
Diámetro	Διάμετροσ
Dimensión	Διάσταση
Ecuación	Εξίσωση
Horizontal	Οριζόντια
Lógica	Λογική
Masa	Μάζα
Mediana	Μέση
Número	Αριθμόσ
Paralelo	Παράλληλη
Proporción	Ποσοστό
Segmento	Τμήμα
Simetría	Συμμετρία
Superficie	Επιφάνεια
Teoría	Θεωρία
Triángulo	Τριγώνου
Vertical	Κάθετη

Gobierno
Κυβέρνηση

Ciudadanía	Ιθαγένεια
Civil	Δημόσια
Constitución	Σύνταγμα
Democracia	Δημοκρατία
Derechos	Δικαιώματα
Discurso	Ομιλία
Discusión	Συζήτηση
Distrito	Περιοχή
Estado	Κατάσταση
Igualdad	Ισότητα
Independencia	Ανεξαρτησία
Judicial	Δικαστική
Justicia	Δικαιοσύνη
Ley	Δίκαιο
Libertad	Ελευθερία
Monumento	Μνημείο
Nación	Έθνοσ
Pacífico	Ειρηνική
Política	Πολιτική
Símbolo	Σύμβολο

Granja #1
Αγρόκτημα #1

Abeja	Μέλισσα
Agricultura	Γεωργία
Agua	Νερό
Arroz	Ρύζι
Burro	Γαϊδούρι
Caballo	Άλογο
Cabra	Γίδα
Campo	Πεδίο
Cuervo	Κοράκι
Fertilizante	Λίπασμα
Gato	Γάτα
Heno	Σανό
Miel	Μέλι
Perro	Σκύλοσ
Pollo	Κοτόπουλο
Semillas	Σπόροι
Ternero	Μοσχάρι
Tierra	Γη
Vaca	Αγελάδα
Valla	Φρακτησ

Granja #2
Αγρόκτημα #2

Agricultor	Αγροτησ
Animales	Ζώα
Cebada	Κριθάρι
Colmena	Κυψέλη
Comida	Τροφή
Cordero	Αρνί
Fruta	Φρούτο
Granero	Αχυρώνα
Huerto	Περιβόλι
Leche	Γάλα
Llama	Λάμα
Maíz	Καλαμπόκι
Oveja	Πρόβατο
Pastor	Βοσκόσ
Pato	Πάπια
Prado	Λιβάδι
Riego	Άρδευση
Tractor	Τρακτέρ
Trigo	Σιτάρι
Vegetal	Φυτό

Herboristería
Βοτανολογία

Ajo	Σκόρδο
Albahaca	Βασιλικού
Aromático	Αρωματικό
Azafrán	Κροκοσ
Calidad	Ποιότητα
Culinario	Μαγειρική
Eneldo	Άνηθο
Estragón	Εστραγκόν
Flor	Λουλούδι
Hinojo	Μάραθο
Ingrediente	Συστατικό
Jardín	Κήποσ
Lavanda	Λεβάντα
Mejorana	Μαντζουράνα
Menta	Μέντα
Perejil	Μαϊντανόσ
Planta	Φυτό
Romero	Δενδρολίβανο
Sabor	Γεύση
Verde	Πράσινο

Ingeniería
Μηχανική

Ángulo	Γωνία
Cálculo	Υπολογισμόσ
Construcción	Κατασκευή
Diagrama	Διάγραμμα
Diámetro	Διάμετροσ
Diesel	Ντίζελ
Distribución	Διανομή
Eje	Άξονασ
Energía	Ενέργεια
Estabilidad	Σταθερότητα
Estructura	Δομή
Fricción	Τριβή
Fuerza	Δύναμη
Líquido	Υγρό
Máquina	Μηχανή
Medición	Μέτρηση
Movimiento	Κίνηση
Profundidad	Βάθοσ
Propulsión	Ώθηση
Rotación	Περιστροφή

Instrumentos Musicales
Μουσικά Όργανα

Armónica	Φυσαρμόνικα
Arpa	Άρπα
Banjo	Μπάντζο
Clarinete	Κλαρινέτο
Fagot	Φαγκότο
Flauta	Φλάουτο
Gong	Γκονγκ
Guitarra	Κιθάρα
Mandolina	Μαντολίνο
Marimba	Μαρίμπα
Oboe	Όμποε
Pandereta	Ντέφι
Percusión	Κρούση
Piano	Πιάνο
Saxofón	Σαξόφωνο
Tambor	Τύμπανο
Trombón	Τρομπόνι
Trompeta	Τρομπέτα
Violín	Βιολί
Violonchelo	Βιολοντσέλο

Jardinería
Κηπουρική

Agua	Νερό
Botánico	Βοτανική
Clima	Κλίμα
Comestible	Βρώσιμα
Compost	Κοπρόχωμα
Contenedor	Δοχείο
Especie	Είδοσ
Estacional	Εποχιακή
Exótico	Εξωτικό
Flor	Άνθοσ
Floral	Λουλουδιών
Follaje	Φύλλωμα
Hoja	Φύλλο
Huerto	Περιβόλι
Humedad	Υγρασία
Manguera	Σωλήνα
Ramo	Μπουκέτο
Semillas	Σπόροι
Suciedad	Βρωμιά

Jazz
Τζαζ

Aplauso	Χειροκρότημα
Artista	Καλλιτέχνησ
Álbum	Άλμπουμ
Canción	Τραγούδι
Composición	Σύνθεση
Compositor	Συνθέτη
Concierto	Συναυλία
Estilo	Στυλ
Énfasis	Έμφαση
Famoso	Διάσημη
Favoritos	Αγαπημένα
Género	Είδοσ
Música	Μουσική
Nuevo	Νέα
Orquesta	Ορχήστρα
Ritmo	Ρυθμού
Talento	Ταλέντο
Tambores	Τύμπανα
Técnica	Τεχνική
Viejo	Παλιό

La Empresa
Η Εταιρεία

Calidad	Ποιότητα
Creativo	Δημιουργική
Decisión	Απόφαση
Empleo	Απασχόληση
Global	Παγκόσμια
Industria	Βιομηχανία
Ingresos	Έσοδα
Innovador	Καινοτόμο
Inversión	Επένδυση
Negocio	Επιχείρηση
Posibilidad	Δυνατότητα
Presentación	Παρουσίαση
Producto	Προϊόν
Progreso	Πρόοδοσ
Recursos	Πόρων
Reputación	Φήμη
Riesgos	Κίνδυνοι
Tendencias	Τάσεισ
Unidades	Μονάδεσ

Libros
Βιβλία

Autor	Συγγραφέασ
Aventura	Περιπέτεια
Colección	Συλλογή
Contexto	Πλαίσιο
Dualidad	Δυαδικότητα
Escrito	Γραπτή
Historia	Ιστορία
Histórico	Ιστορικό
Humorístico	Χιουμοριστικό
Inventivo	Εφευρετική
Lector	Αναγνώστησ
Literario	Λογοτεχνική
Narrador	Αφηγητήσ
Novela	Μυθιστόρημα
Página	Σελίδα
Pertinente	Σχετική
Poema	Ποίημα
Poesía	Ποίηση
Serie	Σειρά
Trágico	Τραγική

Literatura
Λογοτεχνία

Analogia	Αναλογία
Análisis	Ανάλυση
Anécdota	Ανέκδοτο
Autor	Συγγραφέασ
Biografía	Βιογραφία
Comparación	Σύγκριση
Conclusión	Συμπέρασμα
Descripción	Περιγραφή
Diálogo	Διάλογοσ
Estilo	Στυλ
Ficción	Φαντασία
Metáfora	Μεταφορά
Narrador	Αφηγητήσ
Novela	Μυθιστόρημα
Opinión	Γνώμη
Poema	Ποίημα
Poético	Ποιητική
Ritmo	Ρυθμού
Tema	Θέμα
Tragedia	Τραγωδία

Mamíferos
Θηλαστικά

Ballena	Φάλαινα
Burro	Γαϊδούρι
Caballo	Άλογο
Camello	Καμήλα
Canguro	Καγκουρό
Cebra	Ζέβρα
Conejo	Κουνέλι
Coyote	Κογιότ
Delfín	Δελφίνι
Elefante	Ελέφαντασ
Gato	Γάτα
Gorila	Γορίλασ
Jirafa	Καμηλοπάρδαλη
Lobo	Λύκοσ
Mono	Μαϊμού
Oso	Αρκούδα
Oveja	Πρόβατο
Perro	Σκύλοσ
Toro	Ταύροσ
Zorro	Αλεπού

Matemáticas
Μαθηματικά

Aritmética	Αριθμητική
Ángulos	Γωνία
Circunferencia	Περιφέρεια
Cuadrado	Πλατεία
Decimal	Δεκαδικό
Diámetro	Διάμετροσ
Ecuación	Εξίσωση
Esfera	Σφαίρα
Exponente	Εκθέτη
Fracción	Κλάσμα
Geometría	Γεωμετρία
Paralelo	Παράλληλη
Perímetro	Περίμετρο
Perpendicular	Κάθετοσ
Polígono	Πολύγωνο
Radio	Ακτίνα
Rectángulo	Ορθογώνιο
Simetría	Συμμετρία
Triángulo	Τριγώνου
Volumen	Ένταση

Mediciones
Μετρήσεις

Altura	Υψοσ
Ancho	Πλάτοσ
Byte	Ψηφιολεξη
Centímetro	Εκατοστό
Decimal	Δεκαδικό
Grado	Βαθμόσ
Gramo	Γραμμάριο
Kilogramo	Χιλιόγραμμο
Kilómetro	Χιλιόμετρο
Litro	Λίτρο
Longitud	Μήκοσ
Masa	Μάζα
Metro	Μέτρο
Minuto	Λεπτό
Onza	Ουγγιά
Peso	Ζυγίζω
Profundidad	Βάθοσ
Pulgada	Ίντσα
Tonelada	Τόνοσ
Volumen	Ένταση

Meditación
Διαλογισμός

Aceptación	Αποδοχή
Atención	Προσοχή
Bondad	Καλοσύνη
Calma	Ηρεμία
Claridad	Σαφήνεια
Compasión	Συμπόνια
Emociones	Συναισθήματα
Gratitud	Ευγνωμοσύνη
Mental	Ψυχική
Mente	Μυαλό
Movimiento	Κίνηση
Música	Μουσική
Naturaleza	Φύση
Observación	Παρατήρηση
Paz	Ειρήνη
Pensamientos	Σκέψη
Perspectiva	Προοπτική
Postura	Στάση
Respiración	Αναπνοή
Silencio	Σιωπή

Mitología
Μυθολογία

Arquetipo	Αρχέτυπο
Celos	Ζήλια
Comportamiento	Συμπεριφορά
Creación	Δημιουργία
Creencias	Πεποιθήσεισ
Criatura	Πλάσμα
Cultura	Πολιτισμόσ
Desastre	Καταστροφή
Fuerza	Δύναμη
Guerrero	Πολεμιστήσ
Heroína	Ηρωίδα
Héroe	Ήρωασ
Inmortalidad	Αθανασία
Laberinto	Λαβύρινθοσ
Leyenda	Θρύλοσ
Monstruo	Τέρασ
Mortal	Θνητόσ
Rayo	Αστραπή
Trueno	Βροντή
Venganza	Εκδίκηση

Moda
Μόδα

Asequible	Προσιτή
Bordado	Κέντημα
Botones	Κουμπιά
Boutique	Μπουτίκ
Caro	Ακριβά
Elegante	Κομψό
Encaje	Δαντέλα
Estilo	Στυλ
Minimalista	Μινιμαλιστικό
Moderno	Μοντέρνο
Modesto	Μέτριο
Original	Αρχική
Patrón	Μοτίβο
Práctico	Πρακτική
Sencillo	Απλόσ
Tejido	Ύφασμα
Tendencia	Τάση
Textura	Υφή

Música
Μουσική

Armonía	Αρμονία
Armónico	Αρμονική
Álbum	Άλμπουμ
Balada	Μπαλάντα
Cantante	Τραγουδιστήσ
Cantar	Τραγουδώ
Clásico	Κλασική
Coro	Χορωδία
Grabación	Εγγραφή
Improvisar	Αυτοσχεδιάσει
Instrumento	Όργανο
Melodía	Μελωδία
Micrófono	Μικρόφωνο
Musical	Μουσική
Músico	Μουσικόσ
Ópera	Όπερα
Poético	Ποιητική
Ritmo	Ρυθμού
Tempo	Τέμπο
Vocal	Φωνητικό

Naturaleza
Φύση

Abejas	Μέλισσεσ
Animales	Ζώα
Ártico	Αρκτική
Belleza	Ομορφιά
Bosque	Δασοσ
Desierto	Ερήμου
Dinámico	Δυναμική
Erosión	Διάβρωση
Follaje	Φύλλωμα
Glaciar	Παγετώνασ
Niebla	Ομίχλη
Nubes	Σύννεφα
Pacífico	Ειρηνική
Refugio	Καταφύγιο
Río	Ποταμόσ
Salvaje	Άγριο
Santuario	Ιερό
Sereno	Γαλήνιο
Tropical	Τροπική
Vital	Ζωτική

Negocio
Επιχείρηση

Carrera	Καριέρα
Costo	Κόστοσ
Descuento	Έκπτωση
Dinero	Χρήμα
Economía	Οικονομικά
Empleador	Εργοδότη
Empresa	Εταιρεία
Fábrica	Εργοστάσιο
Finanzas	Χρηματοδοτώ
Impuestos	Φόροι
Ingreso	Εισόδημα
Inversión	Επένδυση
Mercancía	Εμπορεύματα
Moneda	Νόμισμα
Oficina	Γραφείο
Personal	Προσωπικό
Tienda	Κατάστημα
Trabajo	Εργασία
Transacción	Συναλλαγή
Venta	Πώληση

Nutrición
Διατροφή

Amargo	Πικρή
Apetito	Όρεξη
Calidad	Ποιότητα
Calorías	Θερμιδεσ
Cereales	Δημητριακά
Comestible	Βρώσιμα
Dieta	Διατροφή
Digestión	Πέψη
Equilibrado	Ισορροπημένη
Fermentación	Ζύμωση
Líquidos	Υγρά
Nutriente	Θρεπτική
Peso	Ζυγίζω
Proteínas	Πρωτεϊνεσ
Sabor	Γεύση
Salsa	Σάλτσα
Salud	Υγεία
Saludable	Υγιή
Toxina	Τοξίνη
Vitamina	Βιταμίνη

Números
Αριθμοί

Catorce	Δεκατέσσερα
Cero	Μηδέν
Cinco	Πέντε
Cuatro	Τέσσερα
Decimal	Δεκαδικό
Diecinueve	Δεκαεννέα
Dieciocho	Δεκαοκτώ
Dieciséis	Δεκαέξι
Diecisiete	Δεκαεπτά
Diez	Δέκα
Doce	Δώδεκα
Dos	Δύο
Nueve	Εννέα
Ocho	Οκτώ
Quince	Δεκαπέντε
Seis	Έξι
Siete	Επτά
Trece	Δεκατρία
Tres	Τρία
Veinte	Είκοσι

Océano
Ωκεανός

Alga	Άλγη
Anguila	Χέλι
Arrecife	Ξέρα
Atún	Τόνοσ
Ballena	Φάλαινα
Barco	Βάρκα
Camarón	Γαρίδα
Cangrejo	Καβούρι
Coral	Κοράλλι
Delfín	Δελφίνι
Esponja	Σφουγγάρι
Mareas	Παλίρροια
Medusa	Μέδουσεσ
Ostra	Στρείδι
Pescado	Ψάρι
Pulpo	Χταπόδι
Sal	Αλάτι
Tiburón	Καρχαρίασ
Tormenta	Καταιγίδα
Tortuga	Χελώνα

Paisajes
Τοπία

Cascada	Καταρράκτη
Cueva	Σπήλαιο
Desierto	Ερήμου
Estuario	Εκβολή
Glaciar	Παγετώνασ
Golfo	Κόλποσ
Iceberg	Παγόβουνο
Isla	Νησί
Lago	Λίμνη
Laguna	Λιμνοθάλασσα
Mar	Θάλασσα
Montaña	Βουνό
Oasis	Όαση
Pantano	Βάλτοσ
Península	Χερσόνησο
Playa	Παραλία
Río	Ποταμόσ
Tundra	Τούνδρα
Valle	Κοιλάδα
Volcán	Ηφαίστειο

Países #1
Χώρες #1

Alemania	Γερμανία
Argentina	Αργεντινή
Bélgica	Βέλγιο
Brasil	Βραζιλία
Canadá	Καναδά
Ecuador	Εκουαδόρ
Egipto	Αίγυπτοσ
España	Ισπανία
Filipinas	Φιλιππίνων
Honduras	Ονδούρα
India	Ινδία
Italia	Ιταλία
Libia	Λιβύη
Malí	Μάλι
Marruecos	Μαρόκο
Nicaragua	Νικαράγουα
Noruega	Νορβηγία
Panamá	Παναμά
Polonia	Πολωνία
Venezuela	Βενεζουέλα

Países #2
Χώρες #2

Albania	Αλβανία
Australia	Αυστραλία
Austria	Αυστρία
Dinamarca	Δανία
Etiopía	Αιθιοπία
Francia	Γαλλία
Grecia	Ελλάδα
Indonesia	Ινδονησία
Irlanda	Ιρλανδία
Jamaica	Τζαμάικα
Japón	Ιαπωνία
Laos	Λάοσ
México	Μεξικό
Pakistán	Πακιστάν
Portugal	Πορτογαλία
Rusia	Ρωσία
Siria	Συρία
Sudán	Σουδάν
Ucrania	Ουκρανία
Uganda	Ουγκάντα

Pájaros
Πουλιά

Águila	Αετόσ
Canario	Καναρίνι
Cigüeña	Πελαργόσ
Cisne	Κύκνοσ
Cuco	Κούκοσ
Cuervo	Κοράκι
Flamenco	Φλαμίνγκο
Ganso	Χήνα
Garza	Ερωδιοσ
Gaviota	Γλάροσ
Gorrión	Σπουργίτι
Halcón	Γεράκι
Huevo	Αυγό
Loro	Παπαγάλοσ
Paloma	Περιστέρι
Pato	Πάπια
Pelícano	Πελεκαν
Pingüino	Πιγκουίνοσ
Pollo	Κοτόπουλο
Tucán	Τουκάν

Pesca
Ψάρεμα

Agua	Νερό
Aletas	Πτερύγια
Barco	Βάρκα
Branquias	Βράγχια
Cable	Σύρμα
Cebo	Δόλωμα
Cesta	Καλάθι
Equipo	Εξοπλισμόσ
Exageración	Υπερβολή
Gancho	Άγκιστρο
Lago	Λίμνη
Mandíbula	Σαγόνι
Océano	Ωκεανόσ
Paciencia	Υπομονή
Peso	Ζυγίζω
Playa	Παραλία
Río	Ποταμόσ
Temporada	Εποχή

Plantas
Φυτά

Árbol	Δέντρο
Bambú	Μπαμπού
Baya	Μούρο
Bosque	Δασοσ
Botánica	Βοτανική
Cactus	Κάκτοσ
Fertilizante	Λίπασμα
Flor	Λουλούδι
Flora	Χλωρίδα
Follaje	Φύλλωμα
Frijol	Φασόλι
Hiedra	Κισσόσ
Hierba	Βότανο
Hoja	Φύλλο
Jardín	Κήποσ
Musgo	Βρύα
Pétalo	Πέταλο
Raíz	Ρίζα
Sol	Ήλιοσ
Vegetación	Βλάστηση

Profesiones #1
Επαγγέλματα #1

Abogado	Δικηγόροσ
Astrónomo	Αστρονόμοσ
Atleta	Αθλητήσ
Bailarín	Χορευτήσ
Banquero	Τραπεζίτησ
Bombero	Πυροσβέστησ
Cartógrafo	Χαρτογράφοσ
Cazador	Κυνηγόσ
Científico	Επιστήμονασ
Doctor	Διδάκτωρ
Editor	Επεξεργασία
Embajador	Πρέσβησ
Enfermera	Νοσοκόμα
Entrenador	Προπονητήσ
Fontanero	Υδραυλικόσ
Geólogo	Γεωλόγοσ
Músico	Μουσικόσ
Pianista	Πιανίστασ
Psicólogo	Ψυχολόγοσ
Veterinario	Κτηνίατροσ

Profesiones #2
Επαγγέλματα #2

Agricultor	Αγροτησ
Astronauta	Αστροναύτησ
Biólogo	Βιολόγοσ
Cirujano	Χειρουργόσ
Dentista	Οδοντίατροσ
Detective	Ντετέκτιβ
Filósofo	Φιλόσοφοσ
Fotógrafo	Φωτογράφοσ
Ilustrador	Εικονογράφοσ
Ingeniero	Μηχανικόσ
Inventor	Εφευρέτησ
Investigador	Ερευνητήσ
Jardinero	Κηπουρόσ
Lingüista	Γλωσσολόγοσ
Médico	Ιατροσ
Periodista	Δημοσιογράφοσ
Piloto	Πιλοτική
Pintor	Ζωγράφοσ
Profesor	Δάσκαλοσ
Zoólogo	Ζωολόγοσ

Química
Χημεία

Alcalino	Αλκαλικό
Ácido	Οξύ
Calor	Θερμότητα
Carbono	Άνθρακασ
Catalizador	Καταλύτη
Cloro	Χλώριο
Electrón	Ηλεκτρόνιο
Enzima	Ένζυμο
Gas	Αέριο
Hidrógeno	Υδρογόνο
Ion	Ιόν
Líquido	Υγρό
Metales	Μέταλλα
Molécula	Μόριο
Nuclear	Πυρηνική
Oxígeno	Οξυγόνο
Peso	Ζυγίζω
Reacción	Αντίδραση
Sal	Αλάτι
Temperatura	Θερμοκρασία

Restaurante #2
Εστιατόριο #2

Agua	Νερό
Almuerzo	Γεύμα
Aperitivo	Ορεκτικό
Bebida	Ποτό
Camarero	Σερβιτόροσ
Cena	Δείπνο
Cuchara	Κουτάλι
Delicioso	Νόστιμο
Ensalada	Σαλάτα
Especias	Μπαχαρικό
Fruta	Φρούτο
Hielo	Πάγοσ
Huevos	Αυγα
Pastel	Κέικ
Pescado	Ψάρι
Sal	Αλάτι
Silla	Καρέκλα
Sopa	Σούπα
Tenedor	Πιρούνι
Verduras	Λαχανικά

Ropa
Ρούχα

Abrigo	Παλτό
Blusa	Μπλούζα
Bufanda	Κασκόλ
Camisa	Πουκάμισο
Chaqueta	Σακάκι
Cinturón	Ζώνη
Collar	Κολιέ
Delantal	Ποδιά
Falda	Φούστα
Guantes	Γάντια
Joyas	Κοσμήματα
Moda	Μόδα
Pantalones	Παντελόνι
Pijama	Πιτζάμα
Pulsera	Βραχιόλι
Sandalias	Σανδάλια
Sombrero	Καπέλο
Suéter	Πουλόβερ
Vestido	Φόρεμα
Zapato	Παπούτσι

Salud y Bienestar #1
Υγεία και Ευεξία #1

Activo	Ενεργή
Altura	Υψοσ
Bacterias	Βακτήρια
Clínica	Κλινική
Doctor	Διδάκτωρ
Farmacia	Φαρμακείο
Fractura	Κάταγμα
Hambre	Πείνα
Hábito	Συνήθεια
Hormonas	Ορμόνη
Huesos	Οστά
Lesión	Τραυματισμό
Medicina	Ιατρική
Nervios	Νεύρα
Piel	Δέρμα
Postura	Στάση
Relajación	Χαλάρωση
Suplementos	Συμπληρώματα
Terapia	Θεραπεία
Virus	Ιόσ

Salud y Bienestar #2
Υγεία και Ευεξία #2

Alergia	Αλλεργία
Anatomía	Ανατομία
Apetito	Όρεξη
Caloría	Θερμίδα
Deshidratación	Αφυδάτωση
Dieta	Διατροφή
Digestión	Πέψη
Energía	Ενέργεια
Enfermedad	Αρρώστια
Estrés	Πίεση
Genética	Γενετική
Higiene	Υγιεινή
Hospital	Νοσοκομείο
Infección	Μόλυνση
Masaje	Μασάζ
Peso	Ζυγίζω
Recuperación	Ανάκτηση
Saludable	Υγιή
Sangre	Αίμα
Vitamina	Βιταμίνη

Selva Tropical
Τροπικό Δάσος

Anfibios	Αμφίβια
Botánico	Βοτανική
Clima	Κλίμα
Comunidad	Κοινότητα
Diversidad	Ποικιλία
Especie	Είδοσ
Insectos	Έντομα
Mamíferos	Θηλαστικά
Musgo	Βρύα
Naturaleza	Φύση
Nubes	Σύννεφα
Pájaros	Πουλιά
Preservación	Διατήρηση
Refugio	Καταφύγιο
Respeto	Σέβομαι
Restauración	Αποκατάσταση
Selva	Ζούγκλα
Supervivencia	Επιβίωση
Valioso	Πολύτιμα

Senderismo
Πεζοπορία

Acantilado	Βράχο
Agua	Νερό
Animales	Ζώα
Botas	Μπότεσ
Camping	Κάμπινγκ
Cansado	Κουρασμένοσ
Clima	Κλίμα
Cumbre	Κορυφή
Guías	Οδηγοί
Mapa	Χάρτη
Montaña	Βουνό
Mosquitos	Κουνούπια
Naturaleza	Φύση
Parques	Πάρκα
Pesado	Βαριά
Piedras	Πέτρα
Preparación	Παρασκευή
Salvaje	Άγριο
Sol	Ήλιοσ

Tiempo
Χρόνος

Ahora	Τώρα
Antes	Πριν
Anual	Ετήσια
Año	Ετοσ
Ayer	Χθεσ
Calendario	Ημερολόγιο
Década	Δεκαετία
Día	Μέρα
Futuro	Μέλλον
Hora	Ώρα
Hoy	Σήμερα
Mañana	Πρωί
Mediodía	Μεσημέρι
Mes	Μήνασ
Minuto	Λεπτό
Momento	Στιγμή
Noche	Νύχτα
Reloj	Ρολόι
Semana	Εβδομάδα
Siglo	Αιώνασ

Tipos de Cabello
Τύποι Μαλλιών

Blanco	Λευκό
Brillante	Λαμπερά
Calvo	Φαλακρόσ
Corto	Κοντό
Delgada	Λεπτή
Gris	Γκρι
Grueso	Παχύ
Largo	Μακρύ
Marrón	Καφέ
Negro	Μαύρο
Plata	Ασημένιο
Rizado	Σγουρά
Rizos	Μπούκλεσ
Rubio	Ξανθά
Saludable	Υγιή
Seco	Ξηρό
Suave	Μαλακό
Trenzado	Πλεγμένο
Trenzas	Πλεξούδεσ

Universo

Σύμπαν

Asteroide	Αστεροειδήσ
Astronomía	Αστρονομία
Astrónomo	Αστρονόμοσ
Atmósfera	Ατμόσφαιρα
Celestial	Ουράνιο
Cielo	Ουρανόσ
Cósmico	Κοσμική
Ecuador	Ισημερινόσ
Galaxia	Γαλαξίασ
Hemisferio	Ημισφαίριο
Horizonte	Ορίζοντα
Longitud	Γεωγραφικό
Luna	Φεγγάρι
Oscuridad	Σκοτάδι
Órbita	Τροχιά
Solar	Ηλιακή
Solsticio	Ηλιοστάσιο
Telescopio	Τηλεσκόπιο
Visible	Ορατή
Zodíaco	Ζώδιο

Vacaciones #2

Διακοπές #2

Aeropuerto	Αεροδρόμιο
Camping	Κάμπινγκ
Carpa	Σκηνή
Destino	Προορισμόσ
Extranjero	Ξένο
Hotel	Ξενοδοχείο
Isla	Νησί
Mapa	Χάρτη
Mar	Θάλασσα
Montañas	Βουνά
Ocio	Αναψυχή
Pasaporte	Διαβατήριο
Playa	Παραλία
Restaurante	Εστιατόριο
Taxi	Ταξί
Transporte	Μεταφορά
Tren	Τρένο
Viaje	Ταξίδι
Visa	Βίζα

Vehículos

Οχήματα

Ambulancia	Ασθενοφόρο
Autobús	Λεωφορείο
Avión	Αεροπλάνο
Balsa	Σχεδία
Barco	Βάρκα
Bicicleta	Ποδήλατο
Camión	Φορτηγό
Caravana	Τροχόσπιτο
Coche	Αυτοκίνητο
Cohete	Ρουκέτα
Ferry	Πορθμείο
Furgoneta	Βαν
Helicóptero	Ελικόπτερο
Metro	Μετρό
Motor	Μηχανή
Neumáticos	Λάστιχα
Submarino	Υποβρύχιο
Taxi	Ταξί
Tractor	Τρακτέρ
Tren	Τρένο

Verduras

Λαχανικά

Ajo	Σκόρδο
Alcachofa	Αγκινάρα
Apio	Σέλινο
Berenjena	Μελιτζάνα
Brócoli	Μπρόκολο
Calabaza	Κολοκύθα
Cebolla	Κρεμμύδι
Ensalada	Σαλάτα
Espinacas	Σπανάκι
Guisante	Μπιζέλι
Jengibre	Τζίντζερ
Nabo	Γογγύλι
Oliva	Ελιά
Patata	Πατάτα
Pepino	Αγγούρι
Perejil	Μαϊντανόσ
Rábano	Ραπανάκι
Seta	Μανιτάρι
Tomate	Ντομάτα
Zanahoria	Καρότο

Enhorabuena

Lo has conseguido!

Esperamos que hayas disfrutado de este libro tanto como nosotros al diseñarlo. Nos esforzamos por crear libros de la máxima calidad posible.
Esta edición está diseñada para proporcionar un aprendizaje inteligente, de calidad y divertido!

¿Te ha gustado este libro?

Una Petición Sencilla

Estos libros existen gracias a las reseñas que se publican.
¿Podrías ayudarnos dejando una reseña ahora?
Aquí tienes un breve enlace a la página de reseñas

BestBooksActivity.com/Opiniones50

¡DESAFÍO FINAL!

Reto n°1

¿Estás listo para tu juego gratis? Los utilizamos siempre, pero no son tan fáciles de encontrar. ¡Aquí están los **Sinónimos**!
Escribe 5 palabras que hayas encontrado en los rompecabezas (#21, #36, #76) y trata de encontrar 2 sinónimos para cada palabra.

Escriba 5 palabras del ***Puzzle 21***

Palabras	Sinónimo 1	Sinónimo 2

Escriba 5 palabras del ***Puzzle 36***

Palabras	Sinónimo 1	Sinónimo 2

Escriba 5 palabras del ***Puzzle 76***

Palabras	Sinónimo 1	Sinónimo 2

Reto n°2

Ahora que te has calentado, escribe 5 palabras que hayas encontrado en los Puzzles 9, 17 y 25 e intenta encontrar 2 antónimos para cada palabra. ¿Cuántos puedes encontrar en 20 minutos?

*Escriba 5 palabras del **Puzzle 9***

Palabras	Antónimo 1	Antónimo 2

*Escriba 5 palabras del **Puzzle 17***

Palabras	Antónimo 1	Antónimo 2

*Escriba 5 palabras del **Puzzle 25***

Palabras	Antónimo 1	Antónimo 2

Reto n°3

¡Genial! Este desafío final  no es nada para ti.

¿Preparado para el reto final? Elige 10 palabras que hayas descubierto en los diferentes rompecabezas y escríbelas a continuación.

1.	6.
2.	7.
3.	8.
4.	9.
5.	10.

Ahora escribe un texto pensando en una persona, un animal o un lugar que te guste.

Puedes usar la última página de este libro como borrador.

Tu Composición:

CUADERNO DE NOTAS :

HASTA PRONTO !

Todo el Equipo

www.ingramcontent.com/pod-product-compliance
Lightning Source LLC
Chambersburg PA
CBHW082214120626
46553CB00010B/3135
* 9 7 9 8 8 9 6 7 0 1 9 0 3 *